Fun Facts
of the
HAN DYNASTY

著

朝冷知识

中国文联出版社

图书在版编目（CIP）数据

汉朝冷知识 / 朱耀辉著. -- 北京：中国文联出版社，2024.4
ISBN 978-7-5190-5484-7

Ⅰ.①汉… Ⅱ.①朱… Ⅲ.①中国历史－汉代－通俗读物 Ⅳ.①K234.09

中国国家版本馆CIP数据核字(2024)第067734号

汉朝冷知识

著　　者：朱耀辉
责任编辑：张超琪　黄雪彬
责任校对：胡世勋　田宝维
封面设计：汤　妮
版式设计：高　洁

出版发行：中国文联出版社有限公司
社　　址：北京市朝阳区农展馆南里10号　　邮编：100125
网　　址：http://www.clapnet.cn
电　　话：010-85923091（总编室）　010-85923058（编辑部）
　　　　　010-85923025（发行部）
经　　销：全国新华书店等
印　　刷：三河市龙大印装有限公司
开　　本：787毫米×1092毫米　　1/32
印　　张：15.25
字　　数：295千字
版　　次：2024年4月第1版
　　　　　2024年4月第1次印刷
书　　号：ISBN 978-7-5190-5484-7
定　　价：65.00元

版权所有　侵权必究
如有印装质量问题，请与本社发行部联系调换

目录

CONTENTS

帝王诸侯

1. 嬴政和刘邦竟是同龄人…003
2. 刘邦为何选择定都长安…006
3. 刘邦分封的异姓诸侯王下场如何…010
4. 鸿门宴其实没那么凶险…013
5. 巨鹿之战究竟是如何打的…016
6. 一手好牌的项羽为什么会输…019
7. 最惨"背锅侠"…022
8. 贵为皇帝的刘邦为何没有安全感…024
9. 田横为什么要自杀…027
10. 吕雉为何放过了刘肥…031
11. 弑父者冒顿：草原王的崛起…034
12. 刘邦是如何逃脱白登之困的…036
13. 刘邦为何废除不了太子刘盈…039
14. 汉文帝如何"捧杀"亲弟弟…042
15. 汉文帝上当受骗记…045
16. 刘恒的惊险之路…047
17. 下棋惹出的"七国之乱"…051
18. 汉景帝一夜风流，却给大汉王朝续了命…054
19. 史上最长命帝王，熬死了8个皇帝…056
20. "推恩令"的真实意图…059
21. 汉武帝真的"罢黜百家，独尊儒术"吗…062
22. 汉武帝的封禅梦…064
23. 汉武帝是如何搞钱的…067
24. 算缗和告缗…070
25. 汉朝超级大风暴：巫蛊之祸…073
26. 汉武帝的检讨书…077

· 001 ·

27. 27天做了1127件坏事…080

28. 一道浪漫的诏书…083

29. 一个"小萝卜头"的逆袭…085

30. 汉宣帝为什么要给汉武帝定庙号…088

31. 一次关于儒学的学术会议…091

32. 汉哀帝为什么不想当皇帝…093

33. "穿越者"王莽…096

34. 改名狂魔…098

35. 王莽篡权时,刘氏宗室在干什么…101

36. 废太子的生存秘诀…103

37. 刘秀如何走上造反之路…106

38. 刘秀一生的隐痛…110

39. 致命的阴谋…113

40. 刘秀的隐忍…116

41. 九锡——篡逆的前兆…119

42. 王莽的荒唐"自保"…122

43. 刘秀的"死里逃生"…124

44. 刘秀如何笼络人心…127

45. "摆烂"的皇帝…130

46. 放牛娃抓阄当皇帝…133

47. 公孙述,割据的悲歌…136

48. 刘秀与豪强最大的一次较量…138

49. 刘秀是如何集权的…141

50. 刘秀为什么想封禅泰山…144

51. 柔道皇帝…148

52. 刘秀有多迷信…150

53. 一心"作死"的皇子…152

54. 东汉版"雍正"…155

55. 疏勒城生死战…157

56. 梁冀为什么要毒杀汉质帝…161

57. 汉桓帝是怎么除掉权臣梁冀的…163

58. 汉桓帝为何信任宦官…165

59. 汉灵帝刘宏到底有多贪财…167

60. 两次"党锢之祸"…170

61. 悲惨的大汉末代皇帝…173

职官名士

62. "春秋三传"是怎么回事儿…179

63. 为什么人人都袒护季布…182

64. 穷小子陈平如何"软饭硬吃"…185

65. 都是开国功臣,凭啥萧何排第一…187

66. 刘邦的"超级替身"…189

67. 英布是怎样被挖走的…191

68. 张良到底是不是韩国贵族…194

69. 从武将到国相的秘诀…197

70. "萧规曹随"是不是"懒政"…200

71. 名相萧何为何走上"腐败之路"…203

72. 韩信到底有没有造反…206

73. 如何以微末之人到汉世儒家…209

74. 怎么用《春秋》审理案件…213

75. 汉朝最敏感的问题…216

76. 东方朔的口才有多厉害…218

77. 为了写《史记》，司马迁有多拼…221

78. 《史记》为什么不完整…224

79. 被活活饿死的西汉首富…227

80. 司马相如布的局…230

81. 董仲舒往"儒学"里塞了哪些私货…234

82. 贾谊究竟是不是怀才不遇…237

83. 《尚书》再造者…240

84. 晁错不得不背的"锅"…242

85. 一场劝酒引发的处决…245

86. 卫青、霍去病为何能屡屡击败匈奴骑兵…248

87. 怎么也捧不红的角儿——李广利…251

88. 汉朝的超级游侠…254

89. 汉朝最伟大的一次辩护…258

90. 70多岁的最佳辩手…260

91. 张骞出使有多难…264

92. 张骞回国之后…267

93. 最著名的私生子…270

94. 李广到底冤不冤…273

95. 大汉第一劳模…277

96. 李陵的"疯狂计划"…281

97. 战绩平平为何却在后世诗词中备受推崇…284

98. 霍光是如何得到汉武帝信任的…286

99. "狱中学霸"黄霸…289

100. 真假卫太子…291

101. 汉朝的赘婿…294

102. 马革裹尸的英雄…297

103. 义军首领刘䌽为什么当不了皇帝…300

104. 硬脖子县令…303

105. 历史上第一位国师…306

106. 汉朝第一豪门…309

107. 敢怼两朝皇帝的狂生…312

108. 东汉初年的豪族有多强…315

109. 深刻影响东汉命运的名臣…318

· 003 ·

110. 因为一场酒桌演讲，他被迫辞官…321

111. 宁可当众尿裤子，也不当宰相…323

112. 不为人知的使节郑众…325

113. 东汉时代楷模…329

114. 班超如何凭一己之力降伏整个西域…332

115. 灭了北匈奴的窦宪为什么知名度远不如霍去病…335

116. 班固与《汉书》的一波三折…338

117. 东汉第一"杠精"…341

118. 认死理的盖宽饶…343

119. 儒生灭叛贼…345

120. 东汉官场模范…348

121. 东汉首恶…351

122. 怕老婆的"魔王"…353

123. 感动了刺客的读书人…355

124. 反腐先锋…357

125. 以血祭道德…359

126. "李""郭"同舟…362

127. 李膺为什么能获得"天下楷模"的盛誉…364

128. 名士张俭的逃亡之路…367

129. 东汉名士排行榜…369

女性掌故

130. 汉朝最凄惨的皇后…375

131. 一封情书背后的危机…377

132. 比窦娥还冤的女人…380

133. 缇萦救父的背后…383

134. 卫子夫受宠几十年，为何最终自尽…385

135. 皇帝的母亲竟是二婚…388

136. 阿娇为什么被汉武帝嫌弃…391

137. 钩弋夫人为什么必须死…395

138. 被严重黑化的赵飞燕…398

139. 大汉第一贤妃…400

140. 意外得来的太子妃…403

141. 王政君的巅峰人生…405

142. 陆续母亲的高端教育…408

143. 历代皇后楷模：中国第一位女史家…410

144. 东汉第一女强人…412

145. 权力的奴隶…415

146. 优柔寡断的恶果…418

147. 了不起的母亲…421

大汉逸事

148. 汗血宝马真的存在吗…425

149. 从长安到西域…428

150. 汉朝与罗马之间的互相仰慕…431

151. 汉朝人吃什么…433

152. 汉朝的流行乐器…436

153. 从皇帝到百姓都爱玩的桌游…439

154. 汉朝的酒…442

155. 海昏侯墓里都有什么宝贝…445

156. 传国玉玺的下落…447

157. 匈奴人最后去哪儿了…450

158. 西汉与东汉有啥区别…452

159. 真假地动仪…454

160. 大汉与罗马的擦肩而过…457

161. 佛教是怎么传入中国的…460

162. 士大夫是怎么诞生的…462

163. 巨量黄金消失之谜…464

164. 造纸术到底是不是蔡伦的发明…467

165. 差点被抛弃的凉州…470

166. 东汉为啥搞不定羌人叛乱…473

167. 东汉的"血亲复仇"…476

168. 第一场学生运动…478

汉朝冷知识
帝王诸侯

1. 嬴政和刘邦竟是同龄人

秦朝和西汉是两个完全不同的朝代，提起两位开国皇帝，我们潜意识里也会认为他们是两个年代的人物。然而事实是，嬴政和刘邦是活在同一时空下的人，二人年龄只差三岁。

先看秦始皇嬴政，生于公元前 259 年，去世于公元前 210 年。

再看汉高祖刘邦，生于公元前 256 年，去世于公元前 195 年。

很显然，二人几乎就是同龄人。

嬴政和刘邦出身悬殊，一个是皇室贵族，一个是农民的儿子。然而命运作弄人，二人的童年却是截然相反。嬴政是秦国公子，但他的童年是很不幸的，父亲异人作为人质被困于赵国，后来在吕不韦的帮助下回到秦国继承了王位，而年幼的嬴政却和母亲留在了赵国邯郸，饱受凌辱，备尝辛酸。

反观刘邦，生活虽清贫，却是父母掌上明珠，日子过得简单而幸福。

13 岁那一年，少年嬴政登上王位，开始接受超一流的教育，开始见习国家治理和征伐大事。而刘邦从小不爱干农活，只喜欢和自己的小伙伴遛狗撵兔。

权力的王座并不安稳，周围有太多窥探的目光。数年间，嬴政平定了王子成蟜之乱，粉碎了嫪毐政变，铲除了吕不韦，他的性情也日益变得冷酷。而刘邦还沉浸在乡野生活中，丝毫看不出他有成大事的潜力。

37岁时，嬴政消灭了楚国，刘邦的家乡沛县丰邑成了大秦的一个县。作为同龄人，嬴政俯视着这个崭新的帝国，而34岁的刘邦不过是他治下芸芸众生中的千万分之一，活得犹如蝼蚁一般，根本入不了嬴政的视野。

拜嬴政所赐，40岁时，刘邦终于结束了荒唐的无业生涯，当上了泗水亭的亭长，成了帝国最基层的一名小小公务员。

彼时，修长城、修陵寝、修驰道已然成为大秦的重大工程，急需各地人手。刘邦也接到了通知，挨家挨户上门征丁，而后带着壮丁赶赴咸阳。

在那里，两人曾有过短暂的交集。那一日，刘邦在大街上溜达，正好碰上始皇帝出巡，便混在围观的百姓中，仰观了千古一帝秦始皇的威仪。看着始皇帝冠盖如云的排场，刘邦激动了，那一刻，潜藏在刘邦胸中的雄心壮志被点燃了，他脱口而出：大丈夫当如此也！

嬴政的各种征发，将天下民力透支到了极致，骊山陵墓工程已经进行了数十年，依然没有竣工的迹象，征发愈急，一批批刑徒劳累致死。刘邦也扛不住了，不得不亡命芒砀山，当起了山大王。

49岁那年，嬴政走完了自己的漫长的一生，次年陈胜吴广发动起义，刘邦积极响应，时年48岁。

也就是说，作为同龄人，嬴政已经走到人生终点了，刘邦才踏上人生的后半程。

刘邦投身义军后，率2万偏师孤军破武关，迫使秦王子婴投降，秦朝正式寿终正寝，而刘邦的精彩人生才刚刚开始。

此时的刘邦已经不是当年的亭长，他的新目标是比他大3岁、但已经死去3年的嬴政。

4年后，刘邦终于战胜了项羽，逼得楚霸王乌江自刎，而他则开创了一个伟大的时代。

面对新生的帝国，刘邦继承了嬴政的构想，选择了郡国并行制。62岁那一年，刘邦在打英布的过程中被射中了一箭，回来后病重去世，此时的大汉帝国已经稳稳地立于世界东方，而那个比他大3岁的男人嬴政也才死了不到15年。

2. 刘邦为何选择定都长安

秦朝灭亡后,刘邦曾一度想定都关中,但由于项羽一把火将咸阳化为白地,所以楚汉之争结束后,他又看中了洛阳。

洛阳自周公营建后,作为周朝都城,享国数百年。朝堂上,群臣们各持己见,众说纷纭。而此时,一个小人物的出现,替刘邦下定了决心。

此人名叫娄敬,齐国人,本是一名戍卒。这一年,娄敬到陇西戍守边塞,经过洛阳时得知刘邦有意在此定都。在他看来,洛阳不适合定都,只有关中最合适。

娄敬想去给刘邦提建议,问题在于他一个小喽啰,怎么才能见到刘邦?

这倒难不倒脑袋灵光的娄敬,他找到刘邦身边一个叫虞将军的老乡,请他帮忙牵个线。

虞将军看他穿了一身羊皮袄,就差头上戴个白头巾了,调侃他道:"你想见陛下,也得先换身衣服吧?不知道的还以为你是羊倌呢!"

不料娄敬却说:"我穿着丝绸衣服来,就穿着丝绸衣服去拜见;穿着粗布短衣来,就穿着粗布短衣去拜见,我是决不会换衣服的。"

虞将军也很无奈，只得将他引荐给了刘邦。

刘邦倒也接地气，得知有人要给自己提意见，很是开心，给他准备了一大桌子饭。娄敬也不客气，坐下后大快朵颐，让一旁的刘邦都看饿了。

好不容易等他吃完饭，刘邦就问他要谈什么大事。

娄敬："陛下建都洛阳，难道是要跟周朝学习吗？"

刘邦："然也。"

娄敬："陛下学不了周朝！"

刘邦有点蒙了，"为何？"

见唬住了刘邦，娄敬开始给刘邦上了一堂历史课：

"陛下获取天下的方式和周朝不一样。周朝的祖先来自后稷，尧帝将邰地封给后稷，此后族人在邰地积德行善，前后有十几代人。再后来周的祖先公刘因为逃避夏桀，又迁徙到豳地。太王古公亶父因为狄人的侵扰，离开豳地，拖家带口来到岐山，在岐山实施仁政，其他氏族的人纷纷前来归附。

"到了文王做了西伯，为虞国人、芮国人调解纠纷，更是众望所归，吕望、伯夷从遥远的海滨来归附文王。武王伐纣，没有邀请别人，竟然有八百个诸侯在黄河渡口孟津聚会，要协助武王伐纣，因此才一举灭掉了殷商。

"等到成王继位，周公带领着官员辅佐成王，营建国都洛阳，并以此地作为天下中心，诸侯国从四面八方前来朝贡，天道苍苍，有德的君主得以称王，无德的君主最终灭亡。所以居住在洛阳的君王，一定要以德来治理天下，而不是凭借着险阻，后世的继承人也不能骄奢，虐待自己的臣民。

"等到周王室衰落后，分为东西二周，天下的诸侯不再来洛阳朝贡，周王室也无可奈何。这并不是周王室的德变了，而是天下的形势变了。陛下从丰沛起兵，率领的义军不过3000人，带领着他们纵横天下，在蜀汉称王，后来又平定了三秦，在荥阳与项籍对峙，大战七十，小战四十，天下的黎民百姓肝脑涂地，父子亲人暴尸荒野，几年的时间内，死者难以计数，哀哭之声，遍布寰宇，现在还有伤者躺在床上。陛下却要和周王室比仁德，臣以为，这不知应该从何比起。

"关中之地则不同，背靠秦岭，面对黄河，有四座险关，犹如金汤之固，即使有危机发生，还有关中的百万大军可以凭借。除此以外，秦地还是天下少有的膏腴之地，资源丰富。陛下在关中设立国都，即便崤山以东有乱，秦地仍可以保全，这就像跟人打架一样，想要制服他，必须扼住他的咽喉，按住他的脊背。现在陛下进入关中设立国都，充分利用秦地的有利条件，就是扼住了天下人的咽喉，按住了他们的脊背啊！"

娄敬的话听着很有道理，但迁都这么大的事也不是刘邦一个人能拍板的，他决定听听大家的意见。

听说老大想迁都，大部分人心中都有抵触情绪，因为大伙儿的老家都在东部，谁也不愿意大老远跑到关中去上班。

就在气氛尴尬的时候，张良站了出来，力挺刘邦：

"洛阳东有成皋，西有崤山、渑池，背靠黄河，面向伊、洛二河，虽地势也不错，但方圆不过几百里，况且土地贫瘠，容易四面受敌，这也是自周平王东迁以后，再难以振兴的原因。关中则不然，东有崤山、函谷关，西有陇山、蜀地的岷山，关隘险阻，防守不成问题，况且土地肥沃，南有巴、蜀，资源富饶，北有胡地，畜牧便利。关东诸侯无事，可借黄河、渭河转运天下之粮，以供给京城，一旦诸侯有变，亦可顺流向东，第一时间将战略物资运输到前线。娄敬说得很到位，愿陛下采纳。"

听到自己的第一谋士张良也赞同定都关中，刘邦不再犹豫，当即决定动身西进，定都长安。

3. 刘邦分封的异姓诸侯王下场如何

公元前202年，各路反楚联军将项羽围困在垓下，项羽兵败自杀。同年正月，在汜水之北，刘邦以胜利者的姿态郊天祭地，正式称帝。

汉朝能建立，这些异姓王立功不小，刘邦没有忘记他们，封其中7人为异姓王，分别是韩王信、赵王张耳、淮南王英布、楚王韩信、梁王彭越、燕王臧荼及长沙王吴芮。

这几个诸侯王国的封地占当时汉朝疆域的一半，相比之下，朝廷直接控制的汉郡只有15个，出现了诸侯王国与汉郡并存的局面。

如此格局让刘邦心中很是忧虑。刘邦称帝前，充其量也只是诸侯中实力最为强大的一支而已，当时大伙儿有共同的敌人项羽，所以才会联合起来。如今项羽已灭，他们是否还甘愿俯首称臣，刘邦心里根本没底。

分封这些异姓王本来就是权宜之计，这些大佬手中握有重兵，对刘邦的统治已构成很大的威胁。从分封那一天起，他就开始考虑将这些异姓王一一铲除，以绝后患。

不过刘邦万万没想到，第一个挑头造反的竟然是燕王臧荼。

臧荼的燕王和刘邦的汉王一样，都是项羽封的，楚汉战争时，臧荼偏安北方，既不助项，也不帮刘，政治立场不明朗。直到韩信以破竹之势荡平赵国，臧荼才主动投诚，然而刘邦即位后，接连通缉昔日项羽的追随者，这让臧荼坐卧不安。毕竟，他是诸侯中唯一多年追随项羽之人，说不定刘邦下一个目标就是自己。

臧荼越想越慌，与其坐以待毙，不如反了！

就在刘邦登基那一年，臧荼起兵反叛，结果被刘邦收拾了。此后，刘邦又加封卢绾为燕王，但后来卢绾被迫逃到了匈奴。同年，赵王张耳病死，其子张敖继位，4年后因一场未遂的刺杀事件，张敖被贬为宣平侯。紧接着，韩王信投靠匈奴，被汉军斩杀。

紧接着，已被贬为淮阴侯的韩信也被吕后处死。之后梁王彭越被捕，刘邦将其贬为庶人，流放蜀地。流放途中，彭越碰到了吕后，陈述他的冤情，想回到故乡去。吕后假意答应，回到洛阳后却指示人告彭越谋反，将其剁为肉酱。

韩信与彭越相继被杀，在异姓王中引起一片恐慌，在接到彭越的肉酱后，英布更加惶恐，他已经预料到了自己的下场，立即采取应急措施，暗中派人调集兵力，窥伺旁郡的动向。

不料英布的布置被下属告发，他只得提前举兵造反，刘邦闻讯，亲率大军平叛。

两军对垒，刘邦遥问英布："何苦反叛？"

英布挑衅道："想当皇帝！"

经过一番战斗，英布兵败南逃，最终被人诱杀。

至此，刘邦当初亲封的7个异姓封国只剩下一个长沙王吴芮不是被刘邦下令铲除的。

为什么长沙王吴芮能在这场大清洗中得以幸免？原因也很简单，长沙国地处汉朝南境，人口稀少，吴芮及其后人又一向小心谨慎，表现出一副人畜无害的样子，故此长沙国一直延续至文帝初年，才因吴氏无人承继王位而除国。

消灭异姓王后，刘邦又与大臣、列侯们订立了白马之盟，约定："非刘氏而王者，天下共击之。"他希望自家宗室子弟能够出于宗法血缘来拱卫朝廷，然而面对强大的功臣集团，刘邦依然无力对抗，只能将这个问题留待子孙解决了。

4. 鸿门宴其实没那么凶险

"鸿门宴"可以算得上是我国历史中最危险的饭局之一，彼时还是小弟的刘邦得罪了项羽，项羽很生气，后果可能很严重，刘邦只得提着脑袋去见项羽。也正因为这个原因，鸿门宴在历史上几乎成了凶险的代名词。

但如果仔细分析会发现，鸿门宴其实没那么凶险，因为项羽在宴会上根本没想过杀刘邦。

为了说明这一点，我们不妨做个复盘。

彼时怀王与诸将约定，谁先入关，便封为关中王。项羽在巨鹿大破秦军后，听说刘邦已到咸阳，非常恼火，攻破函谷关，直抵新丰鸿门。

这时刘邦的左司马曹无伤暗中派人告诉项羽，说刘邦想在关中称王，项羽听了更加恼怒，决定第二天发兵攻打刘邦。

可问题在于，项羽真的能杀刘邦么？

不妨看看当时的局势。

项羽虽然出身贵族，也在巨鹿一战击败了秦军主力兵团，但只得到上将军的名号。他号称有40万大军，但这当中有很大一部分是其他诸侯的军队，项家的基本盘只有8000江东子弟兵，渡过淮河后才收拢了英布、蒲将军等人，兵力也不过六七万。也就是说，项羽的底牌只有这嫡系六七万人，其他诸侯都是利益结合体。

反观刘邦有10万部队，骨干基本都是丰沛老乡，士兵也是一路上招来的，一路跟着刘邦拿下了关中，属于独立团，凝聚力显然比项羽的部队要强。

项羽进入咸阳后分封的诸侯就有18个，如果在鸿门宴真杀了刘邦，其他17支队伍怎么想？会不会一起倒戈对抗项羽？因为项羽能对刘邦下手，也能对他们下手。

在当时局势未稳的情况下，项羽但凡还有点政治头脑，都知道刘邦不能动。

明白了这些，我们就不难理解鸿门宴上项羽的一系列举动了，项羽在接受刘邦赴宴之时就已被项伯说服，放弃了战争，所以无论范增怎么使眼色都是白搭的，项庄舞剑也注定只是徒劳。

宴会上还发生了一个意外，守护在门外的樊哙直接闯进宴会大厅，斥责项羽背离贵族道义。

项羽面对斥责显得很愧疚，赏赐了生猪肩和酒给樊哙，并称赞他是勇者。樊哙趁机再度阐明刘邦的立场：

"秦王有虎狼之心，杀人无数，唯恐杀不完；给人加刑，唯恐用不尽，结果导致众叛亲离。楚怀王跟大伙儿曾有约定：先入关中者为王。如今我家主公击败秦军进入咸阳，财物丝毫没有动，封闭秦王宫室，把军队撤回到灞上，等待大王您的到来。之所以派遣将士把守函谷关，为的是防备其他小毛贼。沛公如此劳苦功高，没有得到应有的赏赐，您居然听信小人之言，对沛公动了杀心，您这是卸磨杀驴啊！"

这话显然让项羽面子上有些挂不住，可项羽是什么反应呢？沉默以对，半天没吭声。想想看，如果项羽想杀刘邦，樊哙的冒失就是个最好的借口，还不摔杯为号，将他们捆了？

鸿门宴上，项羽威压刘邦，迫其让出关中，而后开始分封天下，已然是人生赢家。至于刘邦，可以留待以后慢慢收拾。可他不知道，这次不成功的利益分配引发了大家的不满，又开启了江山争霸的序幕。

5. 巨鹿之战究竟是如何打的

众所周知，巨鹿之战是历史上著名的以少胜多的战役之一，项羽以5万兵力大破40万秦军，堪称是军事史上的一个奇迹。但人们对这场战役最多的印象只是"破釜沉舟"，这对于一场决定天下归属的战役来说，是不严谨也是不客观的。今天我们就来复盘一下这场战役，看看项羽在巨鹿一战中究竟做了些什么。

彼时项羽的叔父项梁拥立楚怀王熊心为王，起兵反秦，一开始局势大好。不料胡亥听取章邯的建议，大赦天下，征发骊山刑徒为兵，东出函谷关。杀死项梁后，章邯认为楚地已不足忧，于是渡过黄河，与王离的长城军团一起攻打赵国，包围了巨鹿。

我们来看一下双方的兵力对比：秦军方面，章邯的骊山军团和王离的长城军团合计兵力约40万；楚军方面，项羽手上只有5万人马。

乍一看，项羽的兵力远少于章邯，这就是双方对决的人数么？

当然不是，别忘了，战场周边还有一群吃瓜群众呢！我们来数一数：

赵国的陈馀手上有数万人，张敖手上有万余人，齐国的田安亲自带队协助项羽，齐将田都宁可背叛齐王田荣，也要前来助项羽一臂之力，魏国的魏豹也在一旁观战。

这些诸侯联军虽然互不统属，也没有加入战场，但总数加起来也有数十万，让章邯不得不有所顾忌。

再看布置，王离的长城军团负责围困巨鹿城，章邯的骊山军团在巨鹿南面的棘原驻扎。为了保证长城军团的粮草补给，章邯沿水路修了一条甬道，给王离供应军粮，双方互为犄角。

如何才能打破僵局？看着眼前的沙盘，项羽的目光落在了连接双方的甬道上。

打蛇打七寸，甬道就是秦军的七寸！

想到这里，项羽立即找来英布和蒲将军，命他们带两万人开展试探性进攻。初战胜利后，项羽紧接着下了第二道命令：全员紧急渡河，扔掉一切不必要的物资，砸碎锅碗瓢盆，烧毁船只，每人只带3天干粮，跟秦军决一死战。

紧接着，战场周边的吃瓜群众见证了极为震撼的一幕：

楚军个个就像打了鸡血一般，嗷嗷叫着冲向数倍于己的秦军，前面的人倒下了，后面的人继续往前冲。秦军大惊失色，他们纵横天下，经历过无数恶战，见过不要命的，没见过这么不要命的。楚军与对面的秦军交战九次，打得秦军开始怀疑人生。

各路诸侯一看局势开始明朗，收起小板凳披挂上阵，一窝蜂冲向秦军大营。

这一战，秦军损失惨重，几乎全军覆没，主将王离被俘，苏角被杀，涉间自焚。

战争结束了么？并没有，因为棘原还有章邯的20万军队。

项羽正打算一鼓作气拿下章邯，老同志范增拦住了他："眼下诸侯联军刚刚打完一场硬仗，急需休整，章邯的骊山军团不可硬拼。"

那怎么办？

范增说："我得到消息，胡亥对章邯的工作很不满，已经派人找他谈话了。此时此刻，章邯的压力比我们大，不如我们暂且观望。"

范增所料不差，此时的章邯正承受着巨大的政治和军事压力，军事压力来自对面气势正盛的项羽，政治压力则来源于身后的咸阳宫。

得知前线战事不利，大老板胡亥派了调查组到章邯军中，章邯派人去咸阳汇报工作，结果被赵高从中阻拦。而此时，他收到了陈馀以项羽名义寄来的劝降书。

章邯有心投降，却还在犹豫。项羽见他犹豫不决，索性搞了一把偷袭，断绝了章邯待价而沽的念想。

无奈之下，章邯最终选择了投降，围困巨鹿的秦军就这样被瓦解了。

从整个过程来看，巨鹿之战并非如大家所想象的那么简单，"破釜沉舟"不过是项羽战术安排的一环罢了。项羽先是断敌粮道，再渡河破釜沉舟，最后攻心为上，才是逆转全局的原因。

6. 一手好牌的项羽为什么会输

纵观楚汉这段历史，很多人心里都会有一个疑惑，项羽手里明明有一手好牌，可为什么打到最后，却输给了中年大叔刘邦？

关于这个问题历史上有很多讨论，有人说项羽不善用人，韩信、英布、范增这些人原本是他这边的，可结果呢？韩信不受重用，离他而去；英布被他猜忌，最终背叛了他；范增跟他翻脸，负气而走。

也有人说项羽过于迷信武力，每到一处动辄屠城，最终失去了民心。

这些解释都有道理，但却不是根本原因。

项羽和刘邦，最根本的区别是战略和战术。而战略上的缺失，无法用战术上的勤奋来弥补。

战略和战术到底有什么区别？战术仅能决定一场战斗的胜负，而战略却可以决定一家公司的兴衰。一个不明白战略的人当上最高决策者，极容易产生方向性的决策失误，毁掉整个团队。而项羽无疑就是那个眼中只有战术、没有战略的人。

为了说明这一点，我们不妨来对楚汉战争做一场复盘。

毫无疑问，项羽的起点要比刘邦高太多，他身高八尺，力能扛鼎，骁勇善战。不是以一当十而是以一当百，擒获敌军将领如探囊取物。从出身来讲，他是项氏家族的继承者，身上流淌着贵族的血液。

项羽拥有如此高的起点，他的战术一直都很出色，身经70余战，无一败绩，以少胜多乃家常便饭，只用3万人都能打败刘邦56万大军。可惜他缺乏全局观念，他知道怎么去获取胜利，却不知道怎么样运用胜利。战术上的巨大优势并不能弥补他在战略上的巨大缺陷，这就是项羽最终失败的根源。

同时代的西方也有一位悲剧英雄——汉尼拔。

他曾在神坛前对父亲宣誓：永远做罗马的敌人。那一年，他带着军队奇迹般地穿越阿尔卑斯山，横扫意大利，搅得整个罗马天翻地覆，打出了令罗马几乎全军覆没的坎尼之战。

但是，他的副手在坎尼之战大胜后说了一句话："汉尼拔啊，你比任何人都懂得如何获取胜利，但你不懂得如何利用你的胜利！"

汉尼拔失败的根源在于战争只服务于他个人的目标，而不是服务于政治。项羽也是一样，他虽然每战必胜，但并没有考虑到取胜能带来什么，能达成什么样的政治目的，在常年的军事生涯中，他越来越感到力不从心。他们都是被对手耗死的，对手有源源不断的政治补给，而他们没有，以战养战只能维持一时而无法长远。

彭城之战，刘邦战败后，退至荥阳一线收集残部，在荥阳以东打败了乘胜追击的楚军，暂时稳定了战局。在这里，刘邦跟项羽对峙了两年半，为了彻底孤立项羽，刘邦积极拉拢彭越和韩信，完成了对项羽的战略包围，而项羽竟然无动于衷！

汉尼拔以及项羽的对手，虽然军事能力不如他们，但政治能力远远超过了他们。即便是每战必输，只要有政治为后台，那么战争就能一直持续下去，最终就不会输。

7. 最惨"背锅侠"

上中学的时候，我们就学过唐代大诗人杜牧那篇有名的《阿房宫赋》，一千多年来，《阿房宫赋》里的"楚人一炬，可怜焦土"一直被认为是阿房宫最后命运的凭据，大伙儿都认为阿房宫是项羽烧的。

传说西楚霸王项羽的军队入关以后，看到阿房、骊山两宫楼阁华丽，连绵不绝，觉得对他没有用处，便命令军士将这两宫烧毁。相连宫院尽皆延烧，大火烧了三个月，烟焰不绝，咸阳城中人人怨恨。

这一说法流传了两千年，然而很可惜，这一切都是后人的想象。事情的真相是，项羽并没有烧阿房宫。

为什么？

因为阿房宫是个烂尾工程，根本没有建成。

21世纪初，中国社会科学院考古研究所与西安市文物保护考古所组成的阿房宫考古工作队，对秦阿房宫前殿遗址进行了全面钻探。经过数年的发掘和分析，考古工作者在阿房宫前殿遗址20万平方米的勘探面内只发现了几处红烧土遗迹，未见大面积的红烧土、草木灰以及瓦当残片，而这本应该是建筑物遭到大火的焚烧后留下的遗迹。

换句话说,阿房宫前殿并没有建成,只建成了夯土台基及其北墙、东墙和西墙,台基上面也没有宫殿建筑。

从地图上看,阿房宫位于渭河南侧,项羽根本没有必要渡过渭河来放火烧一个没有宫殿建筑的夯土台子。

有人或许要问了,《史记》中不是有"烧秦宫室,火三月不灭"的记载么?

《史记》记载不假,但这里烧的不是阿房宫,应该是咸阳宫,因为咸阳宫遗址发现大片烧过的遗迹。

从史书上看,也没有明确记载项羽火烧阿房宫的事情。《史记·秦始皇本纪》载:"项籍为从长,杀子婴及秦诸公子宗族。遂屠咸阳,烧其宫室,虏其子女,收其珍宝货财,诸侯共分之。"这里面根本没有提到烧阿房宫。

阿房宫只是一座杜牧想象的恢宏宫殿,因为他的这篇文章,让项羽背锅千年,堪称历史上最惨的"背锅侠"。

8. 贵为皇帝的刘邦为何没有安全感

汉高帝十二年（公元前 195 年）冬，刘邦在击溃英布之后，决定顺道回沛县老家看看。

面对热情的家乡父老，刘邦举杯痛饮，选了 100 多个年轻人，教他们唱歌。喝到兴起处，刘邦亲自击筑，写了一首歌：

　　大风起兮云飞扬，
　　威加海内兮归故乡，
　　安得猛士兮守四方！

歌声苍凉悠远，刘邦心头却涌起莫名的惆怅，不觉泪流满面。

很多人看到这里，都有一个疑问：此时的刘邦已经消灭了 6 个异姓诸侯王，外有刘姓子弟的诸侯国，内有从丰沛起家时跟随自己的功臣，为什么他还会发出没有猛士守四方的感慨？他到底在担忧什么？

如果我们仔细审视当时的局势就会发现，刘邦有理由对天下的局势备感忧虑，帝国的危机仍未解除。

刘邦虽然贵为皇帝，但帝国的直接统治区域依然有限，功臣们占据了大量封地，在自己的地盘上就是独立王国，诸侯王自行选聘除丞相之外的官吏，而且官吏的名称、印绶、俸禄和汉廷等同，自己征税自己用。汉廷给这些诸侯王发的文书，形式上相当于外交文书，诸侯国的边境线上也互设关卡防备，俨然如同敌国。

刘邦活着时，能做的就是从洛阳迁都长安以防备关东诸国，同时把异姓诸侯王基本上换成刘姓诸侯王。然而对于庞大的功臣集团，他无力根除。

天下初定时，刘邦与功臣们在洛阳南宫聚会，他让功臣们说说为什么自己能代替项羽拥有天下，功臣们纷纷坦白："论人品，陛下您待人傲慢，不懂得尊重人，肯定不如项羽，但您能把打下来的土地给群臣，项羽却嫉贤妒能，因此才众叛亲离。"

这个对比看似赞美，细想来却大有问题，功臣们明显是在"告诫"刘邦，大伙儿之所以跟你，不过是想跟着你有肉吃，能够分天下。若不然，你的下场不会比项羽好到哪里去！

刘邦显然明白这一切，所以汉初选择"郡国并行制"，并不是主动选择，而是被逼无奈。

刘邦没有安全感，吕后更没有安全感。

刘邦去世前，吕后问他："陛下驾崩，若萧相国也去世，谁能代替他？"

刘邦说："曹参可以。"

吕后又问："下一位呢？"

刘邦说："可以让王陵和陈平搭班子，让周勃当太尉管军队。"

吕后再问继任者，刘邦说："这就不是我们能知道的了。"

刘邦已经明确授意功臣继续执掌大权，但吕后依然对功臣没有信任，刘邦去世后她选择了秘不发丧，向这些勋臣们隐瞒。

直到四天后，郦商才通过吕后的宠臣审食其告诉吕后，秘不发丧意味着对功臣不信任，而现在功臣们内掌大权，外领重兵，再这样下去，功臣们绝对会群起而攻之，吕后这才发丧。

面对这一情况，即位的皇帝刘盈无力应对，只能靠吕后及其外戚勉力维持。

外戚坐大，这让功臣和诸侯王们很不爽，所以吕后一死，关东的齐王刘襄率先发难，意图夺取帝位。功臣们里应外合，一举诛灭了吕氏家族，不过彼时诸侯王的势力也很强大，功臣们当然不敢取刘氏而代之，只得选择诸侯王即位。选来选去，他们看中了远在边疆、毫无根基的代王刘恒。

刘恒战战兢兢上路了，入主未央宫后，他连夜任命宋昌为卫将军，接管长安军队；张武为郎中令，负责未央宫保卫，一颗悬着的心总算放了下来。至于要彻底削弱诸侯王和功臣，那得等到他的孙子汉武帝了。

9. 田横为什么要自杀

刘邦一生中最重要的对手只有一个：项羽。按理说项羽死后，刘邦可以高枕无忧了，然而每当夜深人静的时候，刘邦看着汉帝国的万里江山图，依然长吁短叹。

难道刘邦心中仍有遗憾？

有的，这个让他睡不着觉的人叫田横。

田横是原齐王田荣的弟弟，田荣不满项羽分封，跳出来反抗项羽，结果却被项羽反杀。田荣死后，弟弟田横接过对抗项羽的旗帜，继续跟项羽杠。随着刘邦越来越嚣张，项羽只能跟田横讲和，然后掉头就去剿灭刘邦了。

在楚汉相争的岁月里，田横先是两不相帮，在齐地坐山观虎斗，后来没想到战火烧到了自己的身上，韩信把齐国给灭了，田横果断选择了跑路，一口气跑到了彭越那里。

田横和彭越的关系那还是相当铁的。但是，到了刘邦封彭越为王之后，田横意识到彭越也靠不住。彭越已经投靠了刘邦，如果到时候刘邦想抓自己，彭越会不会为了自身利益，出卖自己？

想来想去，田横带领着自己的500小弟，逃到黄海的一个小岛上当了岛主。

田横想当韦小宝，刘邦却没有康熙的雅量，他对田横这个曾经的造反头子很不放心，田氏兄弟在齐国很有威望，如果这小子回过头来，鼓动齐国的不稳定分子继续造反，那可是个麻烦事儿。

为了消除这种潜在隐患，刘邦决定招安田横，田横却担心被秋后算账，婉拒了刘邦。

刘邦得知田横不来是因为忌惮郦商，警告郦商不得搞打击报复，而后又派使者去请田横出山，这下你总该没有理由拒绝了吧？

使者告诉田横："陛下已经给郦商说好了，若是胆敢对你有非分之想，陛下就会灭他全族。陛下还说了，只要你回来，大小是个王侯，如果不回来，即刻发兵诛尽。"

话都说到这个份儿上了，再拒绝那真就找死了。

得知老大要走，小弟们纷纷挽留，都说刘邦言而无信，千万不能上他的当。田横摆摆手道："从齐国临淄到这荒凉的海岛，你们愿意追随我，我很感激。如果我不去，刘邦一定会派大军前来讨伐，到时候大家都受到牵连，我于心何忍？"

在婉拒了众人后，田横带着自己的两个小弟，踏上了前往洛阳的路。一路上风尘仆仆，在距离洛阳还剩 30 里地时，田横找了一个借口，告诉刘邦的使者："我听说人臣见天子前是一定要先沐浴更衣的，这样才显得对皇帝更加尊重。"

使者一听，这小子很上道嘛，准了！

田横带着自己的两个小弟进了屋内，对二人道："想当年，我也和刘邦一样，都是一方诸侯。如今他贵为皇帝，而我成了通缉犯，四处逃亡。我若是真去见了他，那才是我的奇耻大辱呀！更有甚者，我曾经烹杀郦食其，如今要与其弟郦商比肩而立，一起服侍他们的主子。纵使他畏惧天子的诏令不敢动我，我岂能问心无愧？"

悲愤之余，田横平静地交代道："想来，刘邦之所以召见我，不过是想看一看我的相貌，抖抖他的威风罢了。如今刘邦身在洛阳，你们砍下我的头送到洛阳吧，这么近的距离，我的容貌尚未改变，可供一看。"说完拔剑自刎。

两位小弟大哭一场，遵从田横的遗言，带着田横的头，与使者一道疾驶前往洛阳。

身在洛阳的刘邦一心想见到田横，体验他匍匐在自己脚下的荣耀感。田横离岛启程、抵达洛阳郊外的消息，源源不断地传送到洛阳，然而，刘邦最终等来的却是田横的人头！

刘邦惊诧之余，感慨道：田横自布衣起兵，兄弟三人相继为王，都是大贤啊！当即拜田横的两位小弟为都尉，又调集2000名士兵修筑陵墓，组织葬仪，以王者的规格将田横埋葬于洛阳郊外。

葬礼结束后，两个小弟在田横墓旁拔剑自刎。刘邦再一次震惊了，对二人的忠勇气节深感敬佩。他得知田横部下500人还在岛上，马上派遣使者前往，想招揽剩余的500人回朝。

为什么刘邦还要固执地让那500人回来？

我们不妨做一个腹黑的猜想：田横和他的小弟视死如归，表现出了与刘邦坚决不合作的态度，那剩下的500人态度也可想而知。这样一股势力，如果哪天上了岸，招揽齐国的不稳定分子对抗朝廷，那还了得？

为了清除隐患，必须将那500人安置在自己眼皮子底下！

不料使者抵达海岛，500名部下得到田横的死讯后，选择了集体自杀。

田横的死，是一种对气节的坚持，以及对故国灰飞烟灭的无奈和绝望；当大多数人对强权低头时，田横和他的500壮士昂起高傲的头颅，表达了绝不合作的态度。

这也许就是人最为宝贵的——了解之后的拒绝，选择之后的坚持。

10. 吕雉为何放过了刘肥

汉高祖刘邦有8个儿子，其中有3个儿子（赵王如意、淮阳王刘友、梁王刘恢）直接或间接死在吕后手中，然而吕后却独独放过了势力最大的庶长子刘肥，这究竟是为何？

刘肥是刘邦的长子，但没有被立为太子，因为刘肥的母亲曹氏没有名分，只是曾经同刘邦有过一段激情燃烧的岁月而生下了刘肥。这之后，刘邦敲锣打鼓迎娶了吕雉，曹氏母子自然就被晾在了一边。

既然吕雉是正妻，儿子刘盈就成了太子。刘邦心里对刘肥有愧疚，于是将齐国封给了刘肥。

齐国拥7郡，辖70余城，素有渔盐之利，是汉朝最大、最富的诸侯国。刘肥做诸侯王，刘盈当皇帝，兄弟各得其乐，相安无事，然而吕后还是对他看不顺眼，在除掉刘如意后，她将屠刀指向了刘肥。

公元前193年，刘肥进京朝见刘盈。兄弟相聚，刘盈难得放开一次，安排席位之时觉得刘肥是兄长，将他安排到了上首，自己在一旁陪坐，倒也算是兄友弟恭。却不料，吕后从旁边经过，看到这一幕顿时就怒了！

刘盈是皇帝，你刘肥一个诸侯王，怎么能坐在上首？难道想凌驾于皇帝之上不成？

吕后二话不说，直接命人在刘肥面前桌上端上两杯毒酒。

吕后的出现让刘肥颇感意外，面对太后的这杯酒，刘肥受宠若惊，接过酒正准备一饮而尽，不料却被一旁的刘盈给拦住了。

刘盈太清楚母亲的手腕了，他抢过刘肥手里的酒杯，笑意盈盈地向母后祝酒。

吕后吓坏了，这逆子竟敢从中作梗，难道他看破了自己的心思？

不能啊！

刘盈再不听话，毕竟是自己的儿子，绝不能让他喝下这杯酒！

眼看着刘盈举杯就要一饮而尽，吕后这才反应过来，扑过去打翻了那杯酒。

什么情况？

其实这种局面，智商再低都能看得出来，那杯酒绝对有问题！吕后这是没安好心呀！

想到这里，刘肥惊出一身冷汗，他立即装作醉酒的样子退了出去。

出了宫，刘肥一路小跑，回到自己在京城中的公寓，马上派人去打探消息。没多久就传回消息，吕后赐的确实是一杯毒酒！

这下子，刘肥肠子都悔青了，一向老实巴交的他可从来没有想过篡位之类的事，他只想每天有吃有喝，继续过自己幸福快乐的日子。早知道会招来杀身之祸,自己说什么也不会跟刘盈没大没小地喝酒了,后悔啊!

想到这里,刘肥马上让人收拾东西,准备回自己的大本营齐国。才出门,就看到有不少暗哨在盯梢。想溜?门儿都没有!

刘肥绝望了,这时齐国的内史给他出了个主意:"太后只有皇上和鲁元公主两个孩子。如今大王您拥有70多座城,而公主只有几座城,大王如果能把一个郡的封地献给太后,来作为公主的汤沐邑,太后一定很高兴,您也就不必再担心了。"

刘肥立即入宫,求见吕后。得知刘肥主动要让出齐国最富庶的城阳郡给鲁元公主,吕后很高兴,这小子还是很上道嘛!

回到京城公寓的刘肥惊魂未定,他觉得这不够,索性尊鲁元公主为王太后。

是的,你没有听错,哥哥刘肥主动要求尊妹妹为王太后,认了一个妈!

消息传来,吕后很是欣慰,既然这样,这次先放过你,回去老老实实当你的齐王吧,别给我惹事儿就行。

有了吕后的应允,刘肥收拾好东西,出了长安城,一溜烟就跑回了自己的大本营——齐国。长安城真不是人待的地方,他发誓以后再也不会来这里了。

刘肥回到齐国后,没几年就病死了,但这并不代表他和吕氏的恩怨就此完结。多年以后,刘肥的3个儿子将接过老爹的接力棒,跟吕氏死磕到底。

11. 弑父者冒顿：草原王的崛起

公元前202年，刘邦在垓下一战击败项羽，建立了一个崭新的帝国。而此时，遥远的北方草原，一个叫匈奴的游牧民族正在迅速崛起。冒顿以一代枭雄的姿态，正式踏上了历史的舞台。

冒顿原为其父头曼单于的太子，后来头曼单于喜欢上了一个年轻的阏氏。阏氏为头曼单于生了个儿子，鼓动单于让小儿子取代冒顿。

在阏氏的不断央求下，头曼单于终于下定决心换掉冒顿，为此他想出了一条计策。当时的北方草原上还有两个部落非常强大，一个是匈奴东部的东胡，另一个是西部的月氏。头曼单于让冒顿到月氏去当人质，然后计划找个机会除掉他。

冒顿去后没多久，匈奴与月氏的关系就开始恶化，月氏人很恼火，将冒顿关了起来，商量着如何处置。

直到此时，冒顿才醒悟过来，自己掉入了一个陷阱之中。为了逃命，他偷了一匹马，一路向东疾驰。

月氏人发现冒顿逃跑后立即派人去追。从草原到荒漠，冒顿带着一把弓箭，不断击退追兵，凭借着求生的本能，硬是逃回了匈奴。

头曼单于震惊了,为了补偿儿子,他把一支一万人的精锐骑兵交给了冒顿。

冒顿没有推辞,为了复仇,他设计了鸣镝,一种会发出声响的箭。他把骑兵召集到一起道:"这是一种响箭,从今以后响箭即是军令,响箭射到哪里,你们的箭也要跟着射到那里,违令者斩!"

为了考验骑兵是否服从自己,冒顿用自己心爱的战马来做试验。大部分的骑兵下意识地将手中的箭射向战马,只有少部分人不敢出手,被冒顿下令处死。

这之后,冒顿又把自己的宠妾作为猎物,随着他的响箭射出,一阵箭雨向他的宠妾铺天盖地射来,将其射成了刺猬。看着身边没有将箭射出去的骑兵,冒顿冷冰冰地吐出一个字:斩!

最后一次考验,冒顿将父亲心爱的战马偷了出来,在外打猎时,突然将鸣镝射向了父亲的战马。所有骑兵下意识地做出回应,一阵密集的箭雨射向单于坐骑,没有一个人犹豫。

冒顿知道,时机成熟了!

为了完成自己的计划,冒顿邀请自己的父亲打猎。父子二人驰骋在大草原上,追逐着飞禽走兽。眼看着父亲离自己的卫队越来越远,冒顿意识到,机会来了!

他悄悄张弓搭箭,射向了自己的父亲。身后骑兵不假思索,迅速将手中的箭射向了头曼单于。可怜头曼单于一世英雄,却栽在了自己儿子手上,他望向世界的最后一眼,看到的是铺满天空的一片箭雨。

12. 刘邦是如何逃脱白登之困的

公元前 200 年，刘邦御驾亲征与匈奴交手，结果被围困在白登山七天七夜。

匈奴此次出兵号称 40 万，多半是虚张声势，实际兵力当然没有这么多，但围困刘邦绰绰有余；刘邦出门时带了 32 万兵马，但主力部队都被周勃带去追击韩王信的残部了，刘邦带的士兵也就 10 万左右。

白登山位于山西大同附近，北方的冬季，零下十几摄氏度很正常，当时正值冬季，刘邦没有带多余的物资，更何况他们还在山上。

刘邦手下的士兵有 30% 都被冻掉了手指头，战斗力严重下降。

汉军扛不住了，刘邦找来了身边唯一的谋士陈平，问他可有良策？

陈平随后献上一条"密计"，刘邦听罢连连称善。

当天晚上，陈平派人带了一大批珠宝玉器，秘密去见冒顿单于最宠爱的一位阏氏。密使还带了一张美人像，告诉她："汉朝有一位绝代佳人，貌美如花，天下无双。汉军今日被围困，焦急万分，已经派人去接那位美女，准备献给单于。如果冒顿单于见到这位美女，肯定会一见钟情，到时候就没你什么事儿了。不如趁着美女没来时想办法让汉军逃脱，到时汉军自然不会舍得将那美女送过来了。"

阏氏是女人，是女人就有妒忌心理。阏氏于是给冒顿吹枕边风："汉匈两国不应该互相逼得太狠，现在汉朝皇帝被困在山上，汉人怎肯就此罢休？自然会拼命相救。就算你今天打败了汉人，夺取了他们的城地，咱们也没法在中原久居。万一灭不了汉军，等救兵一到，内外夹攻，咱们就危险了。"

说到这里，阏氏泪如雨下。单于一时也不知怎么办才好了，问她："那你说怎么办？"

阏氏早有准备："汉人皇帝被我们围困多日，可他们一点都没有慌乱，这肯定是有神灵在帮助他们。如此看来，我们是奈何不了他们的，您又何必逆天而行，干脆放他们走就是了，免得日后神灵怪罪。"

冒顿单于一听，反正自己也对汉军的防御工事无可奈何，不如就放汉朝皇帝一条生路，于是在西南方向留下了一个缺口。

由此也传出了一个说法：刘邦之所以能从白登山突围，靠的是陈平的计谋，也就是冒顿经不起阏氏的枕边风，退兵了，刘邦这才得以脱困。

这套说辞你信么？

要知道，那个苦心设计了包围圈的冒顿单于，可不是什么模范丈夫。当年做王子时，为了训练自己的精锐卫队，敢拿自己的老婆当箭靶子。后来为了争夺单于的宝座，亲爹也是说杀就杀。这样一个冷血人物，怎么可能因为阏氏几句话，放弃到嘴的肥肉？

这背后一定还有原因。

事情的真相是，当时刘邦虽然被围了，但匈奴人也打得艰难。打攻坚战本就非匈奴所长，何况此地还有赵国遗留下来的防御工事，匈奴骑兵的机动优势丧失了。

更何况，汉军使用的劲弩射程远，威力大，很容易就能刺穿匈奴人的甲胄，其性能远远优越于匈奴人的弓箭。匈奴人狂攻七天七夜却前进不得，落入进退两难的地步，这哪里是放弃到嘴肥肉？分明是块硬骨头，而且还硌牙。阏氏一番话，正好就坡下驴。

如果把视野再放大一点就会发现，就在白登山血战的同时，周勃率领的近20万汉军主力已经完全击败了韩王信部队，正调头朝着代谷杀来。如果再不撤，匈奴人即将成为夹心饼干，想走也走不了了。

冒顿单于以退为进，虽然在战场上没有占到太大的便宜，但在面子上却赢了，刘邦从匈奴的包围圈中冲了出来，双方都赢麻了。

13. 刘邦为何废除不了太子刘盈

公元前202年，刘邦统一天下，吕雉苦尽甘来，位尊皇后，儿子刘盈也顺利成为一朝太子，成为刘邦的"合法继承人"。

然而不久之后，刘邦就以"不类我"为由，想要废掉太子刘盈，改立戚夫人所生的儿子刘如意为太子。

戚夫人是刘邦在战场上遇到的，能歌善舞、善解人意，很得刘邦的宠爱。在刘邦看来，刘盈太过仁厚，性格上偏柔弱，这样的人如果继承皇位，怕是搞不定周围这些人。刘如意虽然年龄小一点，但从性格上来看更像刘邦。所以，刘邦虽然把刘如意封为赵王，但是没有让他去赵国，而是留在身边。在戚夫人的唠叨下，刘邦逐渐有了换太子的念头。

问题在于，太子刘盈是吕后的儿子，有娘家人支持，而且没犯啥错误，哪么么容易说换就换？

无论如何，刘邦决定试一试。叔孙通得知后坚决反对："陛下你难道忘了，晋国因为骊姬废了太子，导致晋国乱了十几年；秦国没有立扶苏，导致秦国灭亡。太子仁慈，海内皆知，怎么可以随便废呢？如果要废的话，就先杀了我吧！"

刘邦只好说："行啦，我只是开玩笑而已。"

叔孙通揪住话把儿不放，太子是国家的根本，根本一旦动摇，天下就会震动，这种事情怎么能开玩笑呢？

刘邦简直无语了，但他明白群臣的心都向着刘盈，只得暂时放下此事不提。

郁闷而惶恐的吕后跑去找张良，请他想个一劳永逸的法子。

张良本不想再参与政治争端，但碍于吕后的权势，只得委曲求全，给吕后出了个主意，请出商山四皓，让四位隐士来辅佐太子。

有一天，刘邦举行宴会，太子刘盈带着商山四皓进宫赴宴，这四人年龄都在80岁以上，胡子头发都已经花白，刘邦就问这四个老头是谁，询问之下才知道这四人就是刘邦一直请不来的商山四皓。

刘邦大吃一惊："多年来我一直征辟你们，你们都避而不见，如今为何又来追随太子？"

四人答："陛下一向轻慢士人，动辄辱骂，我们都义不受辱，所以避而不见。如今听说太子仁孝，恭敬爱士，天下人都愿为太子效力，所以我们才出山帮助太子。"

刘邦听后喃喃道："那就有劳你们好好辅佐太子了。"

宴会结束后，刘邦望着这四位老人离去的背影，对一旁的戚夫人说："我本来想行废立之事，但现在太子羽翼已成，已经动不得了。吕后将会是你的主人了。"

为什么连张良、萧何都改变不了刘邦的主意，而商山四皓只露个脸就成功了?

我认为,在各种反对声中,刘邦的压力已相当大,而商山四皓就是压倒他的最后一根稻草。

刘盈即位时只有16岁,他能把握住帝国的航向么?显然不能,只能依靠母亲。吕氏集团羽翼已成,刘盈作为正牌太子,身后还有沛县的功臣集团。反观刘如意,年龄比刘盈还要小,能依靠的只有自己的母亲,而戚夫人身后没有任何政治势力的支持。

刘邦虽然宠爱戚夫人,但脑子并不糊涂,一个没有人支持的太子,将来这皇位必定是坐不稳的。正如叔孙通所言:"太子,天下本,本一摇,天下振动,奈何以天下为戏乎!"

14. 汉文帝如何"捧杀"亲弟弟

刘恒即位时,刘邦的 8 个儿子仅剩了 2 个,即汉文帝刘恒与淮南王刘长。

刘长的母亲叫赵姬,当年被张敖牵连,生下他不久后就自杀了,所以刘长是由吕后一手拉扯大的。受环境的影响,刘长自小娇生惯养,天生神力,据说力能扛鼎,跟霸王项羽有得一拼。

刘恒即位后,对这个异母的弟弟格外迁就。刘长却蹬鼻子上脸,不仅完全不领兄长宽厚之情,反而变本加厉,越发狂傲无礼。

有一次,刘恒去上林苑打猎,刘长吵着要一同前往,而且要跟皇帝哥哥坐同一辆车。更出格的是,刘长常常当众直呼刘恒为大哥,而不称陛下。

面对大臣们的质疑,刘恒唯有苦笑:"他还是个孩子,不要跟孩子一般见识。"

刘长长大后,得知了自己的身世,认为母亲自尽是因为审食其没有和吕后据理力争,一怒之下拿了一把铁锤藏在袖子里,上门将审食其锤死了。此事一出,直接轰动了整个长安城,但刘恒却力排众议,将其赦免。

回到封国后，刘长越发狂妄，每次出门都要按照皇帝的警卫规格，连车驾上的遮阳伞都要按照皇帝专用黄缎伞盖。

眼看着刘长越来越无法无天，刘恒这才着手处理，他让舅舅薄昭给刘长写了一封规劝信，结果刘长看完，更是火冒三丈，他招呼了70多个小喽啰，准备了40多辆马车，准备举兵谋反。

还没等他动手，朝廷就收到了消息，立马派人将刘长逮捕押到长安。

事情发展到这一步，又到了刘恒的表演时间。面对大臣们的喊杀声，刘恒却执意要留刘长一命，还说自己这个弟弟饭量大，一路上不准亏待他，必须保证每天供应5斤肉，2斗酒，还让刘长昔日的妃嫔10人随行伺候。

刘长被发配后，袁盎来劝谏，说："陛下一直娇宠淮南王，没给他配备一个严厉的师傅，我担心陛下会落下一个杀亲兄弟的罪名啊！"

刘恒听完，却是无动于衷。果不其然，刘长被发配的一路上，途经各县负责押送的人都不敢给刘长打开囚车的封门。刘长也不愿意遭受这样的折辱，绝食而亡。

得知刘长死了，刘恒这才对着袁盎说，都怪自己当初不听你的话，害死了自己亲弟弟，随后问袁盎有没有补救之法。

袁盎听完，立马就懂了皇帝的意思。人都死了，补救是补不回来的，皇帝这是想找人背锅，顺便出口气啊。

他提议说，把丞相和御史大夫杀了就好了，毕竟当初处置刘

· 043 ·

长,他们都提议处死。

刘恒知道,丞相和御史大夫不能杀,沿途各县负责押送刘长的人员是可以杀的。这些人不给刘长打开囚车封门,致使刘长自尽,该杀,于是将这些人全部处死。

刘恒自以为对待兄弟算是仁至义尽了,大伙儿应该挑不出啥毛病,可没想到,几年以后,民间忽然流传起一首有关淮南王刘长的民谣:"一尺布,尚可缝;一斗粟,尚可舂,兄弟二人不相容。"

意思再浅显不过了,别以为大伙儿看不出来,你刘恒不就是害怕刘长跟你争皇位,才想尽办法除掉了他么?

15. 汉文帝上当受骗记

在普通人的印象中,汉文帝向来躬行节俭,从未兴建过一所宫室、苑囿,就连身上穿的衣服也都是几十年如一日。但其实,世人眼中的好皇帝刘恒也曾有过上当受骗的经历。

公元前166年,一个名叫公孙臣的人给朝廷上书,说汉朝如今是土德旺盛之期,不久将有黄龙降临成纪(今甘肃东南部)。现如今陛下要做的当属改正朔,易服色。

公孙臣的话却让汉文帝兴致颇高。他当即下令召公孙臣入宫,当堂与丞相张苍辩驳。

张苍对这些封建迷信不以为然,然而不久之后,朝廷接到官员奏报,称有百姓见到了"黄龙"。

张苍傻眼了,而公孙臣借各种祥瑞混得风生水起。

眼看公孙臣得到重用,一个叫新垣平的赵地方士坐不住了,在恶补了专业术语后,他也来到长安,给汉文帝普及神的旨意:"臣观天象,发现长安东北角有一团挥之不去的五彩神气。臣知道,东方是神仙居住的圣地。如今东北角惊现神气,想必是上天感念陛下所作所为,准备降福汉室,陛下宜早建五帝庙。"

汉文帝果然动心了,找来能工巧匠为上古五帝修庙。在新垣平的指导下，渭阳五帝庙正式落成，刘恒在这里举行了规模空前的郊祀大典，拜新垣平为上大夫，赏赐了不少好东西。

新垣平从中尝到了甜头，开始满嘴跑火车，一会儿说有神人献杯，一会儿又说会有日食。有一次，新垣平不知上哪儿找来5个人，给文帝演了出"五帝下凡"的戏码。临走前，五帝顺带给汉文帝赠送了一个刻有"人主延寿"的玉杯。沉迷其中的汉文帝，为此啧啧称奇。

这一天，新垣平又告诉刘恒，说今天会出现日食。正在众人疑惑之际，果然发生了日食！

不过很快，新垣平就玩脱了。

有一次，他对刘恒夸下海口说，他看见东北的汾阴河边有宝气，该不会是周代遗失的九鼎吧？

刘恒立马激动了，这可是大宝贝啊！立即派使者去建立祠庙，想找出周鼎。

然而这一次，新垣平口中的九鼎没能找到。

刘恒脸色有点不太好看了。

这时，朝中有人举报新垣平，说他是个骗子，所有的一切都是他在背后搞鬼。刘恒还不太信，结果在严刑峻法之下，这货居然啥都招了。

汉文帝感到无比耻辱，立即诛杀新垣平。

16. 刘恒的惊险之路

陈平、周勃、灌婴等大臣铲除诸吕后，商量了半天，决定迎接代王刘恒进京当皇帝。

23岁的刘恒看到朝廷派来的使者，着实吓了一跳。要知道，朝廷那帮还活着的人都是玩阴谋的高手，他们刚刚诛杀诸吕、血洗京城，这次突然迎自己入京，到底是何目的？

想到这里，刘恒赶紧找来自己的智囊团，匆匆召开了一个内部讨论会。

郎中令张武认为这当中变数太多，不建议去，中尉宋昌却不这么看，他告诉刘恒，刘氏的帝位源于天授，不是靠人力夺来的。即使大臣们另有图谋，百姓也不一定会听他们的。现在朝内有朱虚侯、东牟侯等宗室大臣，外有强大的宗室诸国，那帮人不敢另生他念。

更何况，如今高祖皇帝仅存的儿子中，只剩下大王您和淮南王刘长了。大王您年长，圣贤仁孝之名广布天下，大臣们为了稳定天下大众之心，也不得不拥立大王您啊，大王不必猜疑！

两边都有道理，刘恒一时也不知道该听谁的了，他想起了自己的母亲薄氏。

薄氏安分守己活了这么多年，面对这种关乎家族性命的选择，没有任何可供参考的经验。她也不知道天上掉下来的是馅饼还是炸弹。

得，干脆去问巫师吧，问问老天爷是几个意思。

巫师占了一卦，结果是大横之兆。

刘恒满脸迷茫，这是什么意思？

巫师告诉刘恒，大字加一横就是天字，意思是你要当天王了。

刘恒继续装傻充愣："我现在不就是王了吗？还有什么王可以当？"

巫师告诉他，这里所谓的天王，就是天子呀！

刘恒心中一阵激动，连老天爷都同意了，看来这事儿十有八九是真的了，还等什么呢？赶紧出发吧！

张武拦住了刘恒：老大，保险起见，还是先派个人去长安城打探一下情况吧！

刘恒想了想，决定派舅舅薄昭出马。

到了长安城，陈平等人热情接待了薄昭，拍着胸脯向他表示，咱绝对是诚心诚意为了汉朝政权和天下的安定，才拥立代王刘恒当皇帝。不要再犹豫了，赶紧来当接班人吧。

薄昭回去后，把自己这一路的见闻都告诉了刘恒，最后得出一个结论：我看那帮大臣们都是诚心诚意的，这事儿应该假不了！

听了舅舅的汇报,刘恒这才放下心来,决定出发。

队伍到高陵时,刘恒仍不放心,派宋昌前去探路。而此时,陈平和周勃带着朝中所有官员已经排好队伍,在渭桥专门等候。

宋昌回报刘恒,说:"大伙儿都排好队了,就等您呢,咱赶紧的吧!"

刘恒这才放下心来,继续前进。一行人到达渭桥时,以陈平和周勃为首的满朝文武哗啦啦全部跪倒,恭迎刘恒。

刘恒有些受宠若惊,连忙下车,向众人还礼。

现场的气氛很和谐,双方客气了一番,周勃忽然来到刘恒的身旁,小声说:可否借一步说话?

宋昌此时正站在刘恒身边,立马警觉起来,抢先一步对周勃说:为什么要私下谈?太尉如果谈的是公事,请当着大家的面儿说;如果谈私事,不好意思,此时不是谈私事的时候!

周勃一脸尴尬,只得献上皇帝的玉玺、印章以及符节。

一行人簇拥着刘恒进了长安城,刘恒并没有急吼吼地入宫,而是先到了代国驻长安办事处。陈平等人随即上演了一场劝进大戏,刘恒这才同意登基。

一行人将小皇帝刘弘请了出去,而后举行了隆重仪式,恭迎刘恒入宫。

这一夜对于刘恒而言,注定是一个不眠之夜。此次进京,刘恒带了两个心腹,一个是宋昌,一个是张武。二人都是代国的老臣,能力资历都没的说,办事也牢靠。如今在这群狼环伺的宫城内，自己能信任的只有这俩人。

当天晚上，刘恒火速提拔宋昌为卫将军，管理南北军。作为京城中两大武装力量，南北军在铲除诸吕的行动中起到了关键作用，刘恒也深知，只有掌握了枪杆子，皇帝的位子才能坐得安稳。

张武被提拔为郎中令，主管皇宫内务事，这样自己好歹也能睡个安稳觉了。

两个心腹，一内一外，掌握了京城的主动权。

刘恒正式坐上龙椅，发布诏书大赦天下。一个混乱的时代结束了，一个名为"文景之治"的黄金时代已悄然降临！

17. 下棋惹出的"七国之乱"

汉景帝三年（公元前154年）正月，帝国发生了一件大事，吴王刘濞组织了七国联军起兵叛乱了！

消息传来，朝野大惊，汉景帝连忙和晁错商量出兵事宜。慌张之余，不知道他有没有过后悔，因为刘濞起兵，他要负主要责任。

将时间拨回刘启当太子时，那一年，刘濞派了儿子刘贤进京拜见文帝。

对于这位远道而来的侄子，文帝自然是热烈欢迎，安排他跟太子刘启联络联络感情。

那时候又没啥娱乐设施，两个年轻人浑身荷尔蒙无处发泄，决定下棋！

孰料刘启是个臭棋篓子，根本不是刘贤的对手，连输了好几盘后，俩人发生了矛盾纠纷。刘启是个暴脾气，抄起桌上的棋盘，朝刘贤的脑袋上狠狠地砸了过去。

刘贤的脑袋顿时血流如注，当场身亡。

这下子，事情闹大了。

文帝得知这一消息，感觉非常棘手。人家大老远来拜见自己,结果被自己的儿子冲动之下给打死了,上哪儿说理去?吴王刘濞能善罢甘休么?

虽说王子犯法与庶民同罪,可问题在于,这可是朕的儿子,汉帝国的太子,难道真要为了你一个小小的藩王之子偿命?

想来想去,刘恒也没有好的办法,决定将此事低调处理,派人将吴太子收殓了送回吴国,大伙儿就当没看见。

千里之外的刘濞左盼右盼,结果盼来的却是自己儿子的棺材,自然是无比愤怒:"天下一宗,死长安即葬长安,何必来葬?"

自此,刘濞和刘恒感情破裂,吴国和朝廷离心离德。每到入朝觐见的时候,刘濞都是称病不朝,拒绝接受中央指令。

刘恒对刘濞的不合作深表不满,下令逮捕吴国使节,来一个抓一个,来两个抓一双。

自己的使者接连被扣,刘濞内心深感不安。此时的他正在暗中为谋反做着准备,不过时机还不成熟,还不能跟皇帝翻脸。

这年秋天,朝廷依惯例举行朝贺,刘濞派使者前往长安,希望能消除刘恒对自己的敌意。

使者到了长安,照例替刘濞请病假。刘恒很不高兴,朝贺是国家大事,吴王长期请病假,这么多年都不露面,几个意思?

使者答:"吴王现在确实没病,但朝廷数次逮捕吴国的使者,吴王心里害怕啊。至于当初吴王是怎么得的病,陛下您心里是有数的,何必一定要说出来呢?过去的事都已经过去了,希望陛下网开一面，舍弃前嫌，给吴王一次改过自新的机会。"

刘恒听完，脸色有些尴尬。当初确实是自己包庇了儿子，吴王心里有气，也在情理之中。既然吴王已经服了软，那索性就坡下驴，给他一个机会吧，这事儿算翻篇了。

刘恒给刘濞送了一根拐杖，告诉他，既然老了，那就多注意身体，不用来朝请了。

到景帝时，吴王刘濞随着自己实力的增强，再加之杀子之恨未报，反迹越来越明显。御史大夫晁错建议削夺诸侯王的封地，收归朝廷直接统治，景帝欣然同意，大张旗鼓地开始削藩。

吴王刘濞眼见时机成熟，诛杀朝廷派来的两千石以下官员，以"诛晁错，清君侧"为名，联合六国正式发动叛乱。

18. 汉景帝一夜风流，却给大汉王朝续了命

都说风起于青萍之末，浪成于微澜之间。历史上的众多重大历史事件，往往发轫于一些小事情。

新莽末年，群雄并起，天下大乱。一片混乱之中，一个叫刘秀的农家小伙在南阳郡起兵，最终结束了乱世，成就了一番帝业，开启了东汉王朝。

刘秀能为大汉王朝续命近200年，其实可以追溯到他的七世祖汉景帝。

汉景帝后宫妃子不多，一只手就可以数过来，在一次醉酒之后，汉景帝来到了宠妃程姬的后宫，想宠幸程姬。不巧的是，那天程姬来了例假，无法服侍汉景帝。

但程姬又不能抗旨不去，怎么办？思来想去，她把目光盯到一个叫唐儿的侍女身上，干脆将唐儿打扮一番，送到皇帝那里侍寝。

汉景帝在醉眼蒙眬之中根本没看清对方，一夜风流后，汉景帝才发现身边的女子并非程姬，但他并不感到意外。毕竟，整个后宫的女子，都是为皇帝所准备的，对他而言，谁来侍寝都一样。

这之后，程姬依然受宠，不过唐儿因为这次意外临幸，后来生下了一个儿子——刘发，封长沙王。

虽然刘发贵为皇子，可母亲只是身份卑微的侍女，根本不受宠，所以比起其他兄弟，刘发不仅封地面积狭小，而且还都是贫瘠之地。

无奈，刘发只能闷着头皮去封地生活。直到有一次，刘发回长安为父亲汉景帝祝寿，席间为讨父亲欢喜，刘发跳了一支舞。他跳舞时故意动作笨拙，非常不协调，逗得大家哈哈大笑。

汉景帝问他原因，刘发回答："臣国小地狭，不足回旋。"

汉景帝听后深感惭愧，当场就把武陵、零陵、桂阳三郡送给刘发，并入了长沙国的版图。

这之后，刘发一脉就在长沙扎下了根。后来的汉武帝为了巩固皇权，实行推恩令，刘发一脉逐渐没落。到刘秀的父亲刘钦一辈时，已经只是当地一个小县令了。

刘发虽然没有什么政治作为，但他的后代中出了一个佼佼者刘秀。汉景帝在酒后犯下的一个小小错误，却没想到拯救了汉朝江山。

19. 史上最长命帝王，熬死了8个皇帝

汉高祖十一年（公元前196年），陆贾第一次到番禺（今广州）拜访南越王赵佗，劝赵佗向汉朝称臣。

赵佗穿着越人服饰，摆出一副倨傲不恭的样子。陆贾见到赵佗，从容道："足下这是要大祸临头了。当今皇帝承天意，定天下，连霸王项羽都不是他的对手。听闻足下在岭南称王，不助天下诛暴逆，皇帝本想派兵攻打，但怜惜百姓劳苦，暂且休战，命臣前来赐予印绶。您应该北面称臣，否则大汉派大军收复南越，易如反掌。"

赵佗问他："我与萧何、曹参、韩信相比谁更有才能？"

陆贾说："您似乎较有才能。"

赵佗又问："那和你家皇帝相比呢？"

陆贾正色道："皇帝一统天下，中原之人数以亿计，地广万里，足下所统领的不过是汉朝的一个郡，怎能与皇帝比？"

赵佗大笑说："假如我当时也在中原，哪见得就比不上你家皇帝呢？"

一番争论过后，赵佗接受了大汉皇帝的册封，成了汉帝国的南越王。

赵佗本是河北真定人，陆贾到来时，他已入越20余年。当初秦灭六国后，秦始皇派屠睢率50万大军南征百越之君，此战很不顺利，南征秦军遭受重创，主帅屠睢被杀。任嚣与赵佗再次率军入越，三年内击溃百越的反抗力量，终于将岭南纳入秦王朝的版图。

然而好景不长，秦末天下大乱，岭南尚有几十万秦军不知何去何从。任嚣审时度势，想在岭南独霸一方，但他重病缠身，只得将自己苦心经营的岭南托付给好搭档赵佗。

赵佗没有辜负任嚣，他命人切断通道，严守关口，在岭南自立为王，史称南越武王，将南越治理得井井有条。

刘邦当了皇帝后，下诏封赵佗为南越王，赵佗也接受了刘邦的册封，汉越相安无事。

吕后掌权后，对南越一改怀柔政策，禁止出售中原铁器和牲畜，尤其不可输送雌性的马牛羊。赵佗很不爽，自称为帝，发兵攻打长沙国边邑。吕后派兵讨伐南越，双方形成对峙。

汉文帝刘恒即位后，双方关系有所缓和。刘恒先是对赵佗在老家的亲族加以抚恤，又派人修缮赵佗先人的坟墓，再次派陆贾出使南越，劝说赵佗去帝号，归顺朝廷。

赵佗热情接待了老朋友，给汉文帝回了一封信。他在信中说："老臣在南越49年，如今已有孙儿。然而夙兴夜寐，寝不安席，食不甘味。目不视靡靡之色，耳不听钟鼓之音，只是因为不能侍奉汉室。而今陛下哀怜我，恢复南越王的封号，又准许贸易往来，老夫即使死去，尸骨也不朽灭。我已除去帝号，不敢与汉室为敌。"

双方化干戈为玉帛，此后保持了数十年的和平。在他统治南越期间，秦汉帝国换了8个皇帝，直到汉武帝建元四年（公元前137年），赵佗的孙子赵眜即位。照此推算，赵佗活了100多岁，称得上是名符其实的"长寿翁"了。

20. "推恩令"的真实意图

武帝登基后,如何加强中央集权、削弱地方权力,成为摆在他面前的一大难题。当初刘邦认为秦朝之所以二世而亡,很重要的一个原因就是没有分封同姓子弟为诸侯王。所以他称帝后大搞分封制,将边远地区分封给自己的子孙和兄弟,让地方上的宗室子弟拱卫中央皇权。

然而经过几代人后,皇帝与刘氏诸王之间的血缘纽带越来越淡薄。那些地方上的诸侯王则不断扩充实力,俨然形成了与中央朝廷分庭抗礼之势。

在此背景下,汉景帝采纳了御史大夫晁错的削藩建议,结果引发了"七国之乱"。

汉景帝虽然平定了七国之乱,但削藩导致了军事叛乱,这让朝野对这种明目张胆的削藩政策并不看好。

轮到汉武帝了,前车之鉴赫然摆在眼前,该如何收拾这帮诸侯王呢?

正当武帝绞尽脑汁想寻觅一个合适的解决之道时,一个叫主父偃的人出现了,他为汉武帝想了一个法子,这就是历史上第一大阳谋:推恩令。

贾谊搞的削藩为何推行不下去？晁错的父亲当年就说过，削藩刻薄寡恩，没有亲情，容易引发诸侯们的逆反心理。

主父偃认为，既然削藩有违汉家以孝治国的标榜，那么不妨反过来，把仁孝做到极致。具体怎么做呢？

在此之前，诸侯国都是按照"嫡长子继承制"这一惯例，将自己的地盘传给唯一继承人，其余的儿子一般没有封地。而主父偃提出的"推恩令"，则是授予天下诸侯"推行皇帝恩典的权力"，他规定：诸侯王死后，除嫡长子继承王位外，其他王子也可分割王国的一部分土地成为列侯。

推恩令表面上看是皇帝广施恩泽，让宗室子弟雨露均沾，实际上却是让诸侯王手中的"蛋糕"越分越小，再也无法与朝廷分庭抗礼。

推恩令刚一颁布，各地的诸侯纷纷响应，特别是那些非嫡长子的子弟们顿时看到了希望，所以推行起来非常容易。比如齐国分为七份，赵国分为六份，梁国分为五份，淮南分为三份，原先的王国立即变成一百多个列侯。

这就是被称为最大阳谋诡计的推恩令，它的奇妙之处就在于，朝廷没有直接对诸侯王动手，而是以律法的名义，确保了诸侯王每一个子嗣的权益。实际上，土地也越分越小，有些列侯还会无子嗣继承而归了朝廷。因而，此举被称为帝王统治史上最大的阳谋。

不知道大家有没有想过这样一个问题：既然"推恩令"这么

好用，为什么后世的帝王在面对藩王问题时，没有一个人去抄汉武帝的作业呢？

难道是后世君主读书少，不知道此等妙计？显然是不可能的！

任何命令的顺利推行，都需要强大的实力作为后盾。"推恩令"之所以会推行无阻，并不是它有多独特，而是经过文景两代帝王的布局与努力，到了汉武帝时，各地的诸侯们已经没有实力与朝廷对抗了。

21. 汉武帝真的"罢黜百家，独尊儒术"吗

提到武帝一朝的历史，很多人都会想起中学课本上的一句话："罢黜百家，独尊儒术"。从此，儒学成为官方的显学，深度融入现实政治当中，指导着帝国的方方面面。

然而，汉武帝好大喜功，穷兵黩武，内多欲而外施仁义，挥霍无度，以至于赤野千里，民不聊生，怎么看都不像是尊儒。

那么问题来了，汉武帝在长达56年的执政过程中，真的"罢黜百家，独尊儒术"了吗？

其实不然。

秦用法家，导致二世而亡，汉初以黄老治国，无为而无不为。虽有矫枉过正之嫌，但至少这种思维让大汉顺利度过了危险期，经过休养生息，帝国恢复了繁荣。

汉文帝确实喜好黄老之术，连带着窦太后也颇爱《老子》。太后早盲，但常让宫女读给她听，后来更令诸窦子弟与景帝及三公大臣列侯皆学黄老。

彼时，黄老才是官方的正统学说，儒家是在野的挑战者。武帝继位时雄心勃勃，想要开创一番事业，但掌权的窦太后治黄老言，不好儒术，干涉了朝政，汉武帝的第一次改革就这样被浇

灭了。

与此同时，刚继位的汉武帝遇到了大儒董仲舒，他为武帝上了贤良对策，以"大一统"说动了汉武帝。武帝于是开始尊儒术，表彰六经，设五经博士。

然而，这并不代表汉武帝彻底倒向儒学，罢黜了其余学派。武帝虽然喜好儒术，但亦好刑名，日常行政仍尚法任刑，用多文法吏，以刑名绳下，在治理上多用酷吏。刘彻内心认同并付诸行动的，乃是"霸王道杂之"的汉家制度。至于儒学，只不过是装饰罢了。信奉黄老之术的汲黯，有一次忍不住当场捅破他的真面目："陛下内多欲而外施仁义，奈何欲效唐、虞之治乎！"

这句大实话弄得武帝恼羞成怒，当场黑着脸罢朝而去。

刘彻为汉帝国打造的"汉家制度"，其实是儒法结合，外儒内法，所谓"缘饰以儒术"。

综上，汉武帝时期的"罢黜百家，独尊儒术"不过是一场愚弄大众的骗局，是他对天下人的一种政治姿态，他真正想要的是："儒家中的君权至上，法家的酷吏政治。"

22. 汉武帝的封禅梦

汉武帝一生雄才大略，文治武功，功绩显赫，和秦始皇有得一比。抛开功业，他还有一个爱好和秦始皇类似，那就是封禅。

何为封禅？

封就是祭天，禅就是祭地。把封禅合在一起就是祭祀天地，这在古代是帝王的特权。

为什么要封禅？

封禅是受命之君对上天的应答，是皇帝自认为功业圆满后进行的最高级别的祭天典礼，同时向天下臣民表示，他的崇高地位来自"神授"。

从这里也能看出来，封禅是有门槛的，不是所有皇帝都有资格干这事儿。早在三皇五帝甚至之前的远古时代，就有着关于泰山封禅的各种传说，齐桓公的相国管仲就说过远古时代的伟大君主如神农氏、黄帝、炎帝、尧、舜、禹等等都曾在泰山封禅。

但从周朝失势以后，泰山封禅便中断了，不过这些人都是传说中的人物，到底有没有封禅泰山，谁也无法确定。

司马迁在《史记·封禅书》中提到：帝王在政期间，如果出现太平盛世，或者天降祥瑞，即可封禅。

大致来说，想要封禅，必须满足三个条件：

第一，更朝换代，国家统一；

第二，政绩卓著，要国泰民安、国富民强；

第三，有祥瑞出现。

历史上第一位真正举行过封禅仪式的是秦始皇，他为封禅树立了超高的标准，没有功德是不敢擅自封禅的。这也是封禅帝王少的原因，连帝王典范的唐太宗都思忖再三，最终还是放弃了封禅。

汉武帝之所以喜欢频繁封禅，除了夸耀功德之外，还有一个特殊的目的——升仙。

汉武帝一生迷信神仙，追求长生，他身边聚集了很多方士，不少方士都跟他讲过黄帝封禅升仙的故事。最早是一个叫李少君的方士，他告诉武帝："通过封禅可达到不死的境界，黄帝就是先例。"

还有一次，有人在汾水南岸得到一个大鼎，公卿大臣视如"宝鼎"，认为是一种祥瑞。方士也认为，"宝鼎出而与神通"，应举行封禅典礼，"上封则能仙登天矣"。

这些话说得汉武帝心里痒痒的。

方士还给他讲了一个故事："相传黄帝到泰山封禅，天上出现一条龙，把胡须垂到地面上，黄帝顺着这个胡须往上爬，骑上龙背化仙而去。"

武帝对黄帝成仙的故事十分痴迷，还发过一句感慨："要能像黄帝那样得道成仙，那我抛弃妻子儿女就像脱鞋子一样了。"

随着时间的流逝，武帝对封禅泰山的愿望也越发强烈，可问题在于，谁也不知道封禅泰山的礼仪流程该怎么搞。

汉武帝很着急，他请了很多参谋确定相关仪式，然而参与讨论的儒生们都说这仪式不对。他们重新根据儒家经典当中关于祭祀天地的礼仪搞了一套仪式，交了上去。

然而武帝对这套方案很不满意，认为太拘泥于《诗经》《尚书》，创新能力不够。刘彻把封禅的礼器给儒生们看，儒生们纷纷说不合古制，但要问具体应该怎样做，他们又说不出来。

武帝很不爽，让你们拿方案，半天拿不出来，我自己搞一个你们又说不对，要你们有何用？一怒之下索性让他们全都靠边站了。

踢开不中用的儒生后，武帝根据自己的理解搞了套仪式，正式到泰山封禅。此后的几年中，武帝频繁外出封禅，梦想着像黄帝一样升仙，然而终究是镜花水月罢了。

23.汉武帝是如何搞钱的

汉武帝统治期间几乎连年开战，北征匈奴，南服滇、越，招降羌族，定朝鲜四郡，通西南夷道。然而战争是要烧钱的，是要劳民的，虽然战绩好看，但对国内的社会来说，却不失为一场灾难。连年战争让帝国的财政不堪重负，有时候一场战争的花费就是中央官吏俸禄的几十倍。

都说兵马未动，粮草先行，汉武帝哪来这么多钱呢？

主要有以下几招：

第一招：吃老本！

汉武帝的爷爷和父亲省吃俭用，开创了"文景之治"，给他留下来了一份好大的家底。《汉书·食货志》中记载，这一时期京师仓库中的钱放的时间太长，导致串钱的绳子都朽烂了，无法统计数目；国家储备粮仓中因为存放了太多的粮食都放不下了，甚至堆在地面上腐烂了。

正是因为有钱、有粮，汉武帝才一改汉初"和亲政策"的屈辱，放开手脚和匈奴干一场。

可问题在于，国库里的储蓄是有限的，连年的战争很快耗尽了积攒的财富，元朔六年（公元前123年），卫青大胜的喜讯传到京师时，大农令表示，国家库存的钱财已经不足以应付巨额军费开支。

怎么办？

汉武帝想出了第二招：卖爵位。

汉文帝当年就用过这招，他采纳晁错的建议，沿用秦代二十等爵制，规定有人向边关输送粮食，就授予爵位，高等爵位的人享有免赋免役的特权。

汉武帝玩得更狠，下诏设十一级武功爵，鼓励民众踊跃购买，明码标价，童叟无欺。

有人要问了，这爵位又不是官位，买来有啥用啊？

别急，汉武帝早有安排，这爵位的用途可大着呢，买爵的人可以免罪，可以优先选任官吏，不用通过"公务员考试"就可以进入政府单位任职，大者封侯卿大夫，小者郎吏。

这么搞的弊端显而易见，官吏素质下降，官僚系统愈发腐败，社会风气也被彻底带坏了。

这么搞显然不是长久之计，汉武帝很快发现了问题的源头：货币！

朝廷既然没钱，直接印钞票多好，干脆还省事！

这里要交代一个背景：当时诸侯国和民间私自铸造货币之风盛行，贾谊就曾建议文帝收回铸币权，甚至要从源头禁止，不许民间开采铜矿，以免搞乱市场。

然而汉文帝不愿与民争利，未予采纳。直到后来，一些掌握铸币权的豪强地主权力日盛，甚至威胁到了中央。

元狩四年（公元前119年），汉武帝采纳张汤的建议，推出了"白鹿皮币"和"白金币"。"皮币"就是一张方尺宽的白鹿皮，饰以紫色花纹，价值40万钱。"白金币"是以银、锡熔铸而成的合金货币，本身价值不高，当时银价每两不过50钱。而白金币的定价却已接近黄金的三分之二。

诏令一发，大伙儿都傻了，大农令颜异以廉洁正直著称，强烈反对："王侯朝贺的玉璧一个价值才几千钱，而作为垫子的皮币却值40万钱，这不就是本末倒置吗？"

汉武帝很生气，找了个借口处死了颜异。

此后几年，汉武帝继续推行币制改革，不断更铸新钱，先后推出了三铢钱、郡国五铢、赤仄五铢等货币，结果货币流通更为混乱。后来朝廷终于下定决心垄断了铸币权，总算遏住了民间私铸货币的风气。

24. 算缗和告缗

元狩四年（公元前119年），卫青、霍去病领军出击匈奴，取得重大胜利，匈奴十余年再无南下之力。

胜利的代价是巨大的，国库彻底没钱了，连军饷都发不出来了。

没钱还要继续打，怎么办？

除了垄断盐铁酒等重要产业，汉武帝还把刀指向了"中产阶层"。

在张汤和桑弘羊的谋划操盘下，朝廷很快印发文件，正式推出了"算缗""告缗"。

所谓"算缗"，其实就是征收财产税。朝廷规定，工商业主、高利贷者、囤积居奇者及一般商人，不论有无市籍，每家都应估计财产多少呈报政府，2000钱抽税1算，1算是120钱，相当于征收6%的财产税。而对于一般小手工业者，4000钱抽税120钱，相当于征收3%的财产税。

车船税方面，除了官吏和乡官三老以及北边骑士外，一般人有轺车者，每辆抽税120钱，商人加倍。5丈以上船只，每只抽税120钱。

让大家主动申报财产乖乖交税,显然不太可能,皇帝一句话就要"剪羊毛",有产者当然激烈反对。算缗令下达后,富豪们纷纷顶风作案,藏匿自己的财富,与朝廷玩起了"躲猫猫"。

这样一来,正好落入了汉武帝挖好的陷阱中。为了应对富豪藏匿钱财,发动群众,采用告缗手段,鼓励告发。

所谓告缗,就是鼓励民众互相揭发举报。政府规定,对于隐瞒财产不报,或是呈报不实的人,罚戍边一年,没收财产,并把一半的财产赏给告密者。

从算缗到告缗,汉武帝从容地实现了从税收到没收的质变,民间财富眨眼便滚滚流入皇帝的腰包中。由于没收的财产太多,政府不得不设置专门的机构管理没收的财物。

毫无疑问,这是历史上一次空前的对有产者的剥夺!

政府有钱了,财政宽裕了,但商业被摧毁了,中产阶级基本破产。更可怕的是,举国鼓励告状,重赏之下遍地"勇夫",匿名实名举报者比比皆是,蔚然成风。百姓不再勤劳致富,民心和民风败坏了。这种风气还导致享乐主义盛行——"民偷甘食好衣,不事畜藏之产业。"

反正自己的钱是靠举报他人得来的,今天我可以举报别人,明天别人也可以举报我而发财,既然如此,何不及时行乐,把钱尽可能地花光,反正今朝有酒今朝醉,明日愁?明日再说!何况有没有明日还不知道呢!

算缗和告缗实施了将近十年的时间(公元前119—前110

年），政府信用也在这次运动中被严重透支，民间看清政府的无赖，毫无契约精神，不稳定的因素逐渐生根发芽。

太史公作为亲历者感叹道："外攘夷狄，内兴功业，海内之士力耕不足粮饷，女子纺绩不足衣服。"

经济政策是用来富国的，如果沦为政府敛钱的手段，就是误国了。

25. 汉朝超级大风暴：巫蛊之祸

武帝一生雄才大略，是封建王朝皇帝中的代表性人物，然而人无完人，晚年的武帝屡屡犯错，甚至将整个国家带向了深渊之中。

66岁这一年，武帝又掀起了一场政治风暴：巫蛊之祸。

故事其实很简单，武帝病重，江充趁机进言说武帝的病正是因为巫蛊诅咒：有人在埋木头人！

武帝大怒，命江充查明此案，江充用酷刑和栽赃迫使人认罪，甚至将皇后卫子夫和太子刘据也拉下了水，二人被逼得相继自杀。

一场木头人引发的祸乱，随着太子之死，终于落下帷幕。然而杀戮却没有停止，守护汉高祖祭祀庙的田千秋又给汉武帝上书："儿子擅自调动父亲的军队，其罪当受鞭刑；如今天子的孩子误杀了人，该当死罪吗？我梦到一白头翁教我这么说的。"

汉武帝终于相信自己的太子是被逼而反的，哀痛不已。他夷江充三族，修建了"思子宫"，在太子被害处建了一座"归来望思之台"，以志哀思。

乍一看，武帝就是一个被蒙蔽的老父亲，可杀伐果敢的武帝真是这么好糊弄的吗？江充真的胆大妄为到敢拉太子下水了吗？

要捋清这一切，我们还得回到故事开头。

某天，刘彻在建章宫忽然看见一个男子带着佩剑，直入中龙华门。刘彻急忙下令抓捕，不料却给他逃了。皇宫立即展开搜索，竟不见踪影，刘彻大怒，扩大搜索范围，还是一无所获。

此时武帝正在通缉阳陵大侠朱安世，丞相公孙贺主动请缨，请求负责追捕，为儿子公孙敬声赎罪，很快就将朱安世逮捕。

朱安世随后举报公孙敬声和阳石公主在武帝专用的驰道两旁埋小木偶，还请巫师作法诅咒武帝。

就问你巧不巧？

武帝的神经一下子绷紧了，下令彻查，调查官员回复说确有此事。

有没有觉得很奇怪？公孙敬声的老爹公孙贺是当朝丞相，自己是妥妥的官二代，好端端的为何非要去咒皇帝死？即便武帝死了，太子登基，对自己有何好处？更何况如果事情败露，就会脑袋搬家，怎么看都不划算。

很快，公孙敬声和阳石公主被杀，被牵连的还有公孙贺、诸邑公主、卫伉等人。

我们来捋一捋这些人物的关系，诸邑公主是卫子夫的女儿，卫伉是卫青的长子，公孙贺是卫子夫的姐夫，公孙敬声是卫子夫的外甥。看明白了吧？这些人都有一个共同的身份，他们都是卫家人！

更诡异的是这并非故事的结局，而是一场政变的序幕。有一次，武帝梦见很多木头人手持棍棒想要袭击他，惊醒后精神恍惚，身体不适。

江充趁机说武帝的病是因为有巫蛊作祟造成的，自告奋勇负责督察此案。他带人到处掘地寻找木头人，抓捕了一大批人，施以酷刑强迫他们认罪。

一时间人心惶惶，然而武帝似乎并没有罢手的意思，江充洞察到了主人的心思，索性到宫中搜寻。一帮人掘地三尺，硬是在皇后宫和太子宫挖出了木偶人！

这就更扯淡了，皇后和太子为何要诅咒武帝？动机何在？退一万步讲，即便真的做过，还不销毁证据，等着被别人挖出来吗？

不管你信不信，武帝是相信了。

太子被江充栽赃陷害，又无法亲自向老爹陈情，只好起兵诛杀江充，而"受了蒙蔽"的武帝毫不犹豫派兵镇压，皇后卫子夫和太子刘据相继自杀。

至此，事情已经很明朗了，这场轰动一时的"巫蛊"案，终极目标就是清理卫家人。

那么问题来了，为什么武帝要对外戚卫氏痛下杀手？

当初武帝之所以能当上太子，得益于3个女人：母亲王夫人、长公主刘嫖和窦太后。这3个女人牢牢控制着武帝，导致皇权被架空。

成年掌权后，面对日渐崛起的外戚卫氏，武帝的内心深处更多的是警惕而非欣赏。即便卫子夫恭谨克己，即便卫青谨慎隐忍，武帝始终放不下心。

对于太子刘据，武帝的心思和始皇帝别无二致，武帝性格刚毅，用法严厉，任用了不少酷吏，太子则性格宽厚，喜好仁政，总喜欢搞平反，推翻自己的政策，让武帝很是不爽。

就在他犹豫的当儿，钩弋夫人生下了皇子刘弗陵。

这个儿子的到来真是恰到好处，武帝终于找到了替换太子的合适人选，而一场血腥风暴也拉开了序幕。

26. 汉武帝的检讨书

汉武帝是古代最具有雄才大略的皇帝之一，他生于"文景之治"的西汉盛世，继承了父祖的遗产，对内加强中央集权，经济上管制盐铁，对外三次大规模击败匈奴，一洗高祖以来几代人的耻辱，大扬国威。

然而，晚年的他用错了将，对匈奴的战争屡战屡败，丧师十数万，差点将卫、霍早年的胜利全输回去。他的性情也越来越暴戾，总怀疑有人要下蛊诅咒他，弄得天下人人自危。

直至酿成巫蛊之祸后，汉武帝才清醒了点，开始反思先前的过错。

公元前89年，刘彻到齐郡钜定县亲自下地耕田。一个喜好征战杀伐的皇帝，如今肯俯下身来，亲自示范耕作，其用意不言自明。

而后，他最后一次去了泰山，举行了封禅典礼。

从泰山下来后，刘彻召见群臣，追说了这样一番话："朕自即位以来，做了许多狂妄悖谬之事，使天下人因此受累，朕后悔莫及。从今往后，凡是伤害百姓、浪费天下财力的事情，一律废止！"

一生醉心于用武力开疆拓土的刘彻，终于从自己的执念中走了出来。田千秋见刘彻态度有变，鼓起勇气提了个建议："如今很多方士一直谈论神仙之事，却都没什么效果，请求陛下将他们全部遣散。"

刘彻道："先前是我糊涂，被方士所骗。天下哪有什么仙人？尽是些妖言妄语罢了。要想保持身体健康，唯有注意节食，有病服药，其他一切都是虚的。"

长久以来，刘彻将寻访仙人和不死神药作为个人的终极追求，而现在，他却不得不怀疑不死之荒谬、神仙之虚无。

桑弘羊向刘彻提了个建议：西北边境的轮台地区，有五千多顷土地可以耕种，请陛下下旨移民戍边屯田，并在轮台以西修筑碉堡线，以震慑西域各国。

不料这一次，刘彻却没有批准这项军事计划。

他下了一道诏令："上次有人主张每人加税30钱作为边防经费，这次又请派士兵和百姓到轮台开荒。轮台在车师以西1000余里，上次汉军攻打车师时，虽然取得了胜利，迫使车师王归降，但因路途遥远，粮草缺乏，数千人死于路途。先前由于朕糊涂，屡次派李广利出击匈奴，士兵多战死，妻离子散，至今朕还感到痛心。现在又请朕派人到遥远的轮台筑垒屯田，这不是又要扰乱天下、劳苦百姓吗？朕不想再听了。当今之务，在于禁官吏之苛暴，废止擅自增加赋税之法令，全力务农，对为国家养马者要免其徭役赋税，补充这些年战马的损失，不使国家军备短缺即可。"

这就是历史上著名的"轮台罪己诏"。

这道诏令中，刘彻否定了桑弘羊建议在西域轮台屯田的建议，同时对自己过去不停进行战争、劳民伤财的行为进行了反省和检讨，表明要把国家的工作重心转到发展经济和富民上面来。

本来已要沸腾的大鼎，总算冷却了些。

司马光在《资治通鉴》中说，汉武帝干的事和秦始皇没多大差别，之所以汉朝延续，而秦朝灭亡，一是老爹和爷爷打下了好基础，二是汉武帝长寿，在晚年的时候，有机会检讨自己的过失，亡羊补牢，安排好了后事。所以，做了很多错事的汉武帝，最终避免了身死国灭的悲剧，把汉朝的接力棒给传承了下去。

这就是后人常说的，武帝有亡秦之失，而免于亡秦之祸。

27. 27 天做了 1127 件坏事

元平元年（公元前 74 年），一个山东的 19 岁少年被天上掉下来的馅饼砸晕了，他被通知去长安城当皇帝！

这位少年就是刘贺，从幸福的眩晕中缓过劲儿后，他带着随从立即出发，半天时间跑了 135 里路，直奔长安城，顺利当选为帝国皇帝。然而就在 27 天后，这位少年皇帝却被霍光废黜，孤零零回到了昌邑。

霍光曾当众宣读刘贺罪过，在位 27 天，做了 1127 件坏事，包括：

奔丧路上忙着找女人；带领昌邑随从、马官等人进出宫殿，嬉戏玩闹；赏赐无度；昭帝灵柩尚在殿前，就召人击鼓歌唱、吹奏乐器；祭祀完毕，同随从的官员大吃大喝；让宫奴乘坐皇太后的御用小马车……

按照这个计数法，平均每天 41 件坏事，可能么？

这当中还有许多刘贺在入京即位前所做的荒唐事，占据了大量篇幅，给人一种"罄竹难书"的即视感。问题在于，为什么在此之前霍光没有发现刘贺的人品很渣？身为大汉帝国的首席 HR，难道他都不做背景调查的么？为什么上位后短短 27 天，刘贺这些陈芝麻烂谷子的事儿就被抖搂出来,写进史书里了呢?

抛开刘贺的荒唐行为,我们再来看一下整个过程。

皇位看似风光无限,却也危机四伏。早在刘贺入京时,王府的中尉王吉特意提醒他:"大将军霍光仁爱勇智,忠信之德天下莫不闻,在武帝身边兢兢业业20余年,没有犯过错误。武帝驾崩后,将江山托付给霍光,而霍光也扶持幼君治国理政,海内晏然,不比周公和伊尹差。如今昭帝去世,霍光愿意主动提携您,这是您的幸运!

"您只是霍光选择的傀儡,即位后只能像昭帝一样做个老实人,对他言听计从,尊之敬之,绝不能触怒霍光。"

刘贺即位后,有一次梦见苍蝇屎积在西阶东面,用大瓦覆盖。他问龚遂是怎么回事,龚遂趁机给他提了个醒儿:"陛下读的《诗经》有一句话:营营青蝇,止于樊;岂弟君子,无信谗言。意思是说,青头苍蝇嗡嗡飞,飞到篱笆上面停;开朗平和的君子,不要相信那谗言。陛下身边进谗言的小人太多,这些人就像苍蝇一样可恶啊!应该选拔先帝亲近的人作为侍中人员,如果不能疏远昌邑旧人,恐怕会有祸事。"

不仅如此,龚遂还表示,自己愿意第一个离开长安,给大伙儿做个表率。

然而刘贺并没有在意他的话,还准备大干一番。

如果仅仅是处理一些日常政务,霍光或许不会在意,然而刘贺的一系列操作很快触碰到了霍光的底线。

生长在江湖之远的刘贺太过单纯，缺乏政治头脑。他掩饰不住意外当上皇帝的巨大喜悦，继位之初就开始大肆封赏自己的昌邑旧部。刚来首都没几天，政治上的在野势力——"山东帮"就甚嚣尘上了，已经远远脱离了霍光的掌控。

思之再三，霍光决定废黜刘贺，另选流落民间的刘病已当皇帝。刘贺终究是大梦一场空，回到自己的地盘后郁郁寡欢，每天被人监视，几乎没自由。

28. 一道浪漫的诏书

巫蛊之祸发生的那一年,长安郡邸狱里的两名女囚正在做一件事:奶大一个刚满月的孩子。

这个孩子叫刘病已,是在巫蛊之祸中丧生的太子刘据的孙子、刘彻的曾孙。

刘病已能在这场大清洗中逃过一劫,除了自身的运气之外,还应该特别感谢一个人:监狱长丙吉。

武帝生病,望气者说长安狱中有天子气,武帝命令使者到长安各监狱杀囚犯。丙吉拒不让使者进入,刘病已方得保全性命,后遇大赦,刘病已被送到祖母史良娣家里。

刘病已长大后,迎娶许广汉的女儿许平君为妻。许平君是个勤劳贤惠的女子,在刘病已最艰难的日子里与他相依为命,用自己的柔情让这位落魄皇子感受到了家的温暖。

刘贺被废后,霍光思之再三,扶立刘病已为皇帝,改名刘询。

彼时,权势滔天的霍氏家族想进一步向权力中心靠拢,让霍光的小女儿霍成君成为皇后,主掌后宫。

但刘询没有忘记与自己患难与共的许平君,他下了一道"寻故剑"的诏书:"我在贫微之时曾有一把旧剑,现在我非常怀念它,谁能否帮我把它找回来呢?"

朝臣们善于揣测上意,很快品出了这道诏书的真实含义:连贫微时用过的一把旧剑都念念不忘,自然也不会将自己相濡以沫的女人抛舍不顾。

于是大伙儿联合奏请立许平君为后。依例,皇后的父亲一定要封侯,但霍光却始终不允,后来才给许广汉封了个"昌成君"。

这就是历史上著名的"故剑情深"的故事。

许平君成了皇后,霍光的妻子霍显仍不死心,她一心想让女儿成君做皇后。许平君怀孕后生下了一个女儿,霍显暗中命御用女医淳于衍在滋补汤药中加入孕产妇禁服的一味中药,让许平君在坐月子时服用,许平君服用后不久毒发逝世。

刘询悲痛不已,追封她为"恭哀皇后",葬于杜陵南园。

29. 一个"小萝卜头"的逆袭

武帝晚年，巫蛊之乱四起，刘彻听信谗言，诛杀了太子刘据全家，刘据的孙子刚出生几个月，也受到牵连，被丢进了监狱。

监狱长丙吉为人忠厚，他看孩子可怜，找来两个女囚轮流照顾，又自己花钱请乳娘喂食，起名刘病已。

在丙吉和女囚的照顾下，刘病已总算活了下来，可没过多久，大祸再次降临。

一次武帝生病，有个术士告诉他，长安监狱之上有天子气。武帝是个迷信的人，下令将长安监狱中的所有囚犯全部处死。

当传达诏令的宫廷内务官郭穰抵达丙吉所在的监狱外时，丙吉大门紧闭，将郭穰拒之门外。郭穰在外面喊话："这是陛下的旨意，你要抗命不成？"

丙吉隔着门答，皇曾孙在此，其他人尚且罪不致死，更不要说是皇曾孙！

武帝听了郭穰的汇报，又得知了丙吉是为保护刘病已才拼命阻拦，叹道：天意啊！

那一夜，长安城的监狱中人头滚滚，只有丙吉所管的监狱中的囚犯得以幸存。

后来巫蛊冤案被平反，刘病已虽然摆脱了罪囚身份，但他无依无靠，无处可去，连吃饭都是问题。又是天性纯良的丙吉收留了他，给他饭吃，护他周全。

后来丙吉找到了刘病已的亲人，将他送到了祖母史良娣的娘家。6岁时，刘病已住进宫中由掖庭抚养，在这里，他遇到了人生中的第二个贵人。

张贺时任掖庭令，他曾做过刘据的宾客，受巫蛊一案牵连，被判处死刑。好在弟弟张安世向刘彻苦苦求情，张贺被改判宫刑。

即便受了此等大辱，张贺也没有形成反社会人格，他感念刘据旧恩，悉心照顾年幼的刘病已，供其吃穿，教其读书。刘病已长大后，张贺到处宣扬刘病已天生异相，脚底板有长毛，还打算把自己孙女嫁给刘病已，弟弟张安世告诫他别乱说话，这才作罢。

刘病已虽住在掖庭，却喜欢往外跑，闲暇的时候，他常常一个人出门，游走于市井之间。事实上，他本就是普通人，没有人在意他的皇族身份。长安有一百六十个里，街衢通达，十分热闹。他喜欢斗鸡走狗，喜欢街市上的人情味和烟火气，磨刀霍霍的狗屠、路边摆摊的老者、卖布的中年汉子，偶尔还会有高鼻深目的西域客商牵着骆驼走过，各种嘈杂声叫卖声此起彼伏，这一切都让他感到无比亲切。

也正是有着这样的生活，才让刘病已对大汉王朝的基层社会现状和运作有了清晰的认识，也对民间疾苦有了更深切的体会。

在充满阴谋、算计与杀戮的宫廷中，丙吉与张贺，用不计得失的慈爱和善念照亮了刘病已的童年，让他看到了人性最光辉之处。

刘病已本以为这就是自己的全部人生。但历史的轨迹总是奇妙的，十七岁那年，他的人生迎来了转机！

昭帝去世，昌邑王刘贺被废，帝位空虚，丙吉瞅准时机，极力向权臣霍光推荐刘病已。在霍光的主持下，刘病已顺利登基，开启了武帝之后的另一个盛世。

30. 汉宣帝为什么要给汉武帝定庙号

历史上不是所有皇帝都有庙号的，汉宣帝即位时，只有两个皇帝有庙号，一个是刘邦，有夺取天下之功，庙号太祖；另一个是汉文帝，有治理天下之德，庙号太宗。

这两位入选是毫无争议的，汉惠帝和汉昭帝在位时间太短，没资格，汉景帝虽有平七国之事，天下翕然，大安殷富，却连庙号都没混上。

雄才大略的汉武帝虽然有过非常辉煌的执政成绩，但也将国家和百姓折腾得够呛，一度导致民生凋敝，差点重蹈秦始皇的覆辙，所以没能混上庙号。

本始二年（公元前72年）五月，即位不足两年的汉宣帝下了一道全面颂扬他的曾祖父汉武帝的诏书，要求丞相、御史与列侯、二千石（年俸二千石的官员）、博士讨论武帝的"尊号"和"庙乐"。

汉宣帝这么搞，是想摘掉自己身上"名不正言不顺"的帽子，结束刘据这一支在政治上不清不楚的尴尬地位，进一步承认汉武帝在位时取得的成绩，把他放到和汉高祖刘邦、汉文帝刘恒一样的高度来尊崇。

结果，汉宣帝的提议遭到了大臣们的反对，长信少府夏侯胜更是发表了惊人的反对意见：

"孝武皇帝虽然有攘四夷、广土境之功，却穷兵黩武，杀戮太重，挥霍无度，让老百姓财力穷竭，天下虚耗，户口减半，蝗灾四起，赤地数千里，甚至发生人吃人的惨剧，原先的储备积累至今还未恢复。所以武帝对老百姓没有恩泽，不应该给他制定庙乐。"

汉宣帝听完，面子上有点挂不住了。大伙儿赶紧拉住夏侯胜，老夏，你清醒一点，这是皇帝的诏书啊！难道你敢反对诏书？

也有好心人劝他不要冒违抗最高指示和否定伟大先帝的风险，可夏侯胜不为所动，依然一副耿直的样子："这道诏书不应该执行。当臣子的职责，必须坚持真理，直言不讳，而不是为了讨好皇帝而顺从他的旨意。我的话已出口，绝不收回，即便是死我也不后悔。"

为了坚决维护皇帝的权威，不折不扣地落实诏书，丞相蔡义和御史大夫田广明带头声讨夏侯胜"非议诏书、毁先帝"的罪行，定性为大逆不道，又揭发丞相长史黄霸事先知道夏侯胜的态度而没有举报，犯有包庇怂恿之罪。

最终结果是，两人被扔进了监狱。

不过汉宣帝并没有按惯例将夏侯胜和黄霸按"大逆不道"罪处死，而是直接将二人晾在一边。两年后二人赶上大赦出狱，继续当官。

此后大臣们很快拟订方案：尊孝武庙为世宗庙，在庙中演奏《盛德》《文始》《五行》等舞曲，武帝生前巡行过的四十九个郡国（约占全国郡国的一半）都建立世宗庙。汉宣帝批准，下令在全国实行。

汉宣帝为武帝立庙一事确实是他初即位时的一招好棋，他以为武帝立庙的方式来宣示自己才是武帝的嫡系遗脉（戾太子是武帝的嫡长子），证明自己继承的是武帝的事业和遗志，自己的继位天经地义且完全合法，并借以提高自己的个人威信，而且也是标榜孝道，以示为武帝尽孝。

31. 一次关于儒学的学术会议

甘露三年（公元前51年），汉宣帝刘询组织了一次关于儒学的学术会议，史称"石渠阁大会"，堪称华山派内部的剑宗与气宗之争。

石渠阁位于未央宫北，由萧何建造，用于存放入关所得秦之图书典籍，因阁下凿石为渠以导水，故名石渠阁。

这次大会邀请的都是五经博士，公羊派和穀梁派的掌门人及弟子同台竞技，争夺对《春秋》的最终解释权。著名经学家梁丘临主持发问，其余儒生一一作答，太子太傅进行点评。

很多人不理解，汉宣帝为何要发起这样一场会议？

很简单，因为时代变了。

公羊派着重阐释《春秋》的微言大义，强调尊王攘夷、大一统的思想，风格偏狠辣，正好对武帝的胃口；相比之下，穀梁派就没那么狠厉了，这一派强调礼乐教化，尊王而不限王，力主仁德之治，可以说是部分回归了儒家传统，将官方政治思想从"更重法家"转变为"更重儒家"，更符合汉宣帝的性格。

更何况，汉宣帝继位时，帝国江山早已稳固，随着儒学成为主流思想，已经没有人质疑王朝的正统性。而此时，公羊派的一些主张开始变得不合时宜。它虽然强调大一统，但加入了董仲舒的天人合一，还强调谶纬，容易被人当枪使。

反观穀梁派就平实多了，它强调仁义和礼仪，更有利于皇帝对社会的控制。

这次大会上，汉宣帝以帝王之尊对儒学内部的争论进行裁决，抬高了穀梁学的地位，并正式设置穀梁春秋的博士，将其纳入正统。

很显然，官方的儒学，不论是公羊学还是穀梁学，越来越倾向于维护帝国的统治，接受皇帝对儒学的裁决。

从汉武帝时代开始，帝国统治者开始重视起儒学来，但他们推崇儒学，并不是将其当作一门私家学问，而是为了建立帝国的经学，维护自身统治。

32. 汉哀帝为什么不想当皇帝

很多人不理解，汉哀帝为什么几次三番想把皇位让给董贤？安安稳稳当皇帝不好么？

深入了解才会发现，汉哀帝其实一直有一个心结，他太迷信谶纬，对刘氏当皇帝的合法性产生了怀疑。

其实，汉朝的合法性危机，早在汉昭帝时就有了苗头，当时朝野都在传刘姓皇室即将失去天命。当时在上林苑中发生了一桩震动朝野的怪事：苑中有一棵枯死已久的古树忽然复活，也立了起来。更奇怪的是，枝上有个叶，叶上有个虫，这虫子不走寻常路，居然在叶面上啃出了一行小字："公孙病已当立。"

一时间朝野内外议论纷纷，莫衷一是。有个叫眭弘的大臣通晓经术，他预言道："此乃天意！有个姓公孙的人将会代汉而兴。恳请陛下颁旨寻找，然后禅位给他……"

不出所料，眭弘被拉出去砍了。5年后汉昭帝驾崩，霍光先是扶持刘贺继位，后又改立刘询，是为汉宣帝。

至此，天下人才恍然大悟：刘询是戾太子刘据之孙，称"公（之）孙"完全说得通；更巧的是，刘询原名就叫刘病已！

原以为是预示汉朝灭亡的灾异，原来是汉宣帝登基的预言！

这事儿过后，大家开始越发迷信，坚信汉室必定会退位，汉朝迟早会改朝换代。

为了对冲这种舆论，汉宣帝上台后大力宣扬各种祥瑞，当时不断有凤凰在全国各地出现，甘露频繁降临未央宫、上林苑，神雀多次出现在泰山和皇家祭祀地雍城，五色鸟铺天盖地飞过，甚至还出现了黄龙。

祥瑞大量出现自然是好事，可以烘托出汉朝的伟大和自己的神圣。可问题在于，大量的祥瑞还产生了一个副作用，汉宣帝这么搞，虽然巩固了天下对刘姓仍然葆有天命的信心，但也对灾异和祥瑞的信仰推波助澜，使得大家越来越迷信。一旦大家对现实政治不满，就满眼都是灾异；而所有的灾异都会指涉政治，从而侵蚀着汉朝统治的合法性。

合法性危机的种子一旦种下，就会生根发芽。

到汉宣帝的儿子汉元帝、孙子汉成帝时，这类预言已经在民间广泛流传，一些人根据"五德终始""汉家尧后"等说法，相信只要祥瑞不断出现，尧的后代刘姓一定会禅让给舜的后代，火德终究被土德取代，这是不可违的天命。

到汉哀帝时，朝野上下已经弥漫着浓厚的改朝换代的氛围，大家都说汉德已衰，作为尧的后代，接下来会由舜的后人来继承天命。

汉哀帝很紧张，为了寻找破解之法，他找到了精通天文灾异之学的夏贺良。夏贺良说："汉家已衰，只能禅让给舜的后人……

陛下您先放下刀,我还想到一个办法,要想继续当皇帝,可以来个再受命,改个年号,以示重新开始。"

汉哀帝照办,把建平二年(公元前5年)改为太初元将元年,还给自己加了个舜的称号,自称"陈圣刘太平皇帝",还大赦天下。

就在他以为可以坐稳皇位时,却发现夏贺良这伙人居心不良,欲攫取更大的权力。汉哀帝大怒,处死了夏贺良。

他本想禅让给自己最喜欢的宠臣董贤,可惜董贤烂泥扶不上墙,很快被王莽收拾了。不过当时的人对五德始终说的那一套理论还是迷信,坚信汉家会禅让,结果被王莽下山摘了桃,以和平禅让的方式夺取了汉家江山。

33."穿越者"王莽

最开始评价王莽的历史超前性的是胡适，胡适曾提出要给王莽说一句公平的话，称他是"1900年前的一个社会主义者"。

胡适为什么这么评价王莽呢？因为他确实搞了很多颇具现代性的改革，我们一起来看一下。

第一，土地国有，平均分配。

西汉末年的土地兼并相当严重，地方豪强占有大量土地，而大量贫农没有土地。王莽认识到，土地私有和自由买卖是土地兼并问题产生的根源，而土地兼并是导致贫富差距加大、社会矛盾加深的根源。于是在他登基的第二年，朝廷正式下发通知，大力推行"王田制"。具体来说就是将土地收归国有，然后重新分配，人均土地一百亩。没有土地的农民每对夫妻会分到一百亩田地，不足的由国家补偿。多占土地的人家，不管是富豪巨室还是普通百姓，立刻要无条件交出土地分给贫民。

第二，废除奴婢，人人平等。

西汉末年，奴婢的数量高达380多万，占全部人口的15%。深受儒家文化熏陶的王莽对这些很是看不惯，他十分痛恨奴婢制度，禁止买卖奴婢，决不允许草菅人命。即便是自己的儿子杀了家奴，王莽也要逼他自杀偿命。

第三，国家专卖，稳定市场。

王莽颁布了国家专卖的国企政策，将酒、铁、盐等重点物资全部收为国有，并推出了"五均六筦"。五均就是在长安、洛阳、邯郸、临淄、宛、成都六大一线城市设立五均官，由原来的市令、市长兼任，称为"五均司市师"，主要职责是把控物价和市场供应。

王莽规定，五均官在每季度的第二个月将商品分类定价，将每种商品按质量分为上、中、下三等，再分别评估出不同等级的商品价格，称作"市平"，也就是法定价格。当市场价高于法定价格时，政府就抛售物资以平抑价格；如果低于法定价格，则听任百姓自由买卖。

百姓如果手头缺钱了，可以向政府申请办理贷款；贫民遇有丧葬、祭祀等事，可向政府申请无息贷款；想经商没有启动资金的，也可以申请低息贷款。

34. 改名狂魔

王莽上台后，除了推出一系列奇葩政策外，还发起了一场轰轰烈烈的改名运动。

按说改名这事不算罕见，每个朝代都干过，可谁也没王莽改得这么神经，细数他的骚操作，严重怀疑他有重度强迫症。

比如，他改官名。

在中央官职中，他把大司农改为羲和（后又改为纳言），大理改为作士，太常改为秩宗，大鸿胪改为典乐，少府改为共工，水衡都尉改为予虞，光禄勋改为司中，太仆改为太御，卫尉改为大卫，执金吾改为奋武，中尉改为军正。

地方官职名称也有不少改动，太守改为大尹（或卒正、连帅），都尉改为太尉，县令改为宰。此外还增加了很多官职，名字都是新编的。

他还喜欢改地名。

当时帝国有东海郡、南海郡、北海郡，王莽觉得不够完美，于是硬生生凑了个西海郡出来。那么西海郡在哪里呢？王莽的目光顺着地图往西找，一眼就看到了青海湖，当时这里还是羌人居住的地方。王莽为了凑够四海郡，强逼羌人"献"出了这块地方,又强制移民,让罪犯前去填郡。

当时首都长安分为三辅:京兆、冯翊、扶风,王莽将其中的二辅分成了六尉:京尉、师尉、翊尉、扶尉、光尉、列尉。

河西走廊本有四郡——张掖、武威、酒泉、敦煌,王莽觉得武威名字不好听,想改成张掖。可问题是,已经有一个张掖了,怎么办?王莽说,那张掖也改呗,就叫设屏吧!

王莽把很多地名改成了反义词:

上党有个谷远县,改成了谷近;太原有个于离县,改成了于合;陈留有个东昏县,改成了东明。无锡改有锡,亢父改顺父,曲周改直周,曲梁改直梁,曲逆改顺平,曲平改端平,曲阳改从阳。

不只在国内改名,王莽连国外的友邦也没放过。

东夷西戎南蛮北狄是传统的叫法,怎么改?王莽大笔一挥,北边的郡统统改成填狄、厌狄、仇狄,西边的郡改成伐戎、威戎、厌戎,东边的就叫填夷,南边的就叫填蛮。匈奴单于被改成了"降奴服于",高句丽被改成了"下句丽",弄得匈奴和高句丽都挽起袖子要扁他。

这么一通瞎搞,不但普通群众搞不清楚,连自己人都弄不明白。有的地方一年之内改了5次名,连官印都来不及刻,更别说普及了。

这个事对地方官吏和普通老百姓都造成了极大的影响。想象一下,你放暑假回家买火车票时,突然不知道该买到哪儿的了,只好回去查。好不容易查到了，售票员说不对，这是上个月的地名，这个月又改了，您得回去再找找。

就问你崩溃不？

有人做过统计，和西汉末年对比，新莽的郡从106个增加到116个，连改带增，一共改了91个郡名，只有25个保留了原名；县从1587变成1585个，其中730个县改了名字。

朝廷每次发文，不得不在地名后头加括号，备注原来的名字。连王莽发诏书，都不得不加旁注"故汉×××"，否则没人看得懂。

这么一通瞎搞，新朝若是不亡，真是没天理了。

35. 王莽篡权时，刘氏宗室在干什么

居摄元年（公元6年），年仅14岁的皇帝刘衎崩于未央宫。帝国首都的最高地方行政长官适时地呈上一块写有上天符命的石头，上面写着："告安汉公莽为皇帝。"

王莽在众人的呼声中当了汉朝的代理皇帝——假皇帝，摄行国事，一切礼仪均同天子。而后，他立刘婴为皇太子。

王莽的野心已经昭然若揭，那么问题来了，身上流淌着高皇帝血脉的刘姓宗室到底在干什么？为何没人站出来反对？

彼时各地的宗室算起来有10多万人，算是一个庞大的群体。可问题在于，当舆论压力空前强大时，很多宗室选择了沉默。他们的态度开始分化，有人观望，有人不问世事，也有人选择了谄媚迎合。

安众侯刘崇对王莽很是不爽，他拉来国相张绍，准备造反。他坚信，大多数宗室虽然没有发声，但并不代表他们不知耻，只差一个带头大哥而已。只要自己站出来振臂一呼，全国的宗室必定会群起响应！

刘崇的想法是先攻下南阳郡的首府宛城，宛城是富庶的中原大郡，如果能拿下这个地方，必定可以一呼百应！

说干就干，刘崇率领100多人就起兵了，他们原本以为沿路刘姓诸侯必定会应者云集，队伍会迅速扩大。不幸的是，他猜中了宗室"知耻"的心态，却高估了他们"后勇"的决心，这一路上居然无人响应！

结果可想而知，刘崇的队伍因为人数太少，连城门都没攻进去就失败了。

刘崇死后，刘氏宗族愈发不敢出头，刘崇的族叔刘嘉害怕被牵连进去，央求张绍的从弟张竦写了篇文章，给自己进行辩白，顺带将王莽狠狠地夸了一通。

王莽很是满意，刘嘉给他带了个很好的头。宗室们见此情景，更加心灰意冷，有些宗室索性比一般谄媚者表现得更加忠诚，他们开始为王莽摇旗呐喊，请求王莽称帝。

比如新乡侯刘佟，在王莽嫁女时站出来请求增加王莽的封邑，泉陵侯刘庆在王莽赐九锡时第一个公开主张王莽居摄，广饶侯刘京和刘宏也抓住机会，在王莽即位前夕向王莽报祥瑞，请求王莽即位为真皇帝。

这就是当时刘氏宗室的反应，没有我们想象中的义愤填膺、振臂一呼，绝大多数都选择了苟着，或是争着向王莽献媚。

36. 废太子的生存秘诀

建武十七年（公元41年）十月，刘秀发下一份诏书，废黜郭皇后，立阴丽华为皇后。

当年在长安求学时，刘秀就发过一个宏愿：仕宦当作执金吾，娶妻当得阴丽华。在他最艰难的时候，阴丽华来到他身边，给了他一个完整的家。

与此同时，为了获得真定王刘杨的支持，刘秀违心迎娶了刘杨的外甥女郭圣通。

天下初定，刘秀面临一个问题：谁来当皇后？

阴丽华是刘秀的梦中情人，也是他的发妻；郭圣通则陪伴他南征北战，还为他生下了一个孩子。要说他与郭圣通没有感情，那也说不过去。

刘秀纠结了一番，打算立阴丽华为皇后，但阴丽华认为郭圣通已经有儿子，始终不肯接受这一封号。

无奈之下，刘秀只得立郭圣通为皇后，册封她的儿子刘彊为皇太子，阴丽华为贵人。

随着阴丽华生下长子刘阳，刘秀对郭圣通的感情越来越淡薄，导致郭氏因此心怀怨怼。刘秀于是下诏，废黜郭圣通的皇后之位，降为中山王太后，而立贵人阴丽华为后。

郭后被废，直接受影响最深的人就是16岁的太子刘彊了。

虽然刘秀没有拿走他的储君头衔，但明眼人都知道，皇后这棵大树一倒，刘彊这个位置也就岌岌可危了——让一个废后的儿子接班，哪有这样的先例？

刘彊的老师郅恽看得通透，主动给他建议："你这个位置不好坐，这样下去慈父孝子大家都做不成，历史上这样的先例还少了？为你自己考虑，不如主动辞掉太子之位，回家专心奉养母亲。"

刘彊思虑良久，仰天长叹："何苦生在帝王家啊！"

他多次托老爹左右亲信和能说得上话的宗室、诸侯表达诚意，希望能够辞去太子，退居藩国。刘秀一开始是拒绝的，因为一求就答应，就未免形迹太显、落人口实了，翻来覆去地假意推搪本来也是古时惯例。

终于等到刘彊三番四次地不断恳求，刘秀才表示充分尊重本人意愿——是你自己不要的，不是我要抢你的。

建武十九年（公元43年）六月，刘秀正式下诏："《春秋》大义，选立继承人，以身份高贵为标准。东海王刘阳是皇后之子，理当继承皇位；皇太子刘彊，坚决谦让，愿退居藩国，出于父子之情，我不愿违背他的愿望。今封刘彊为东海王，立刘阳为皇太子，改名刘庄。"

刘彊的主动让贤，避免了一场父子、兄弟间的潜在内斗，此后的他愈发谨慎小心。被封为东海王后，刘疆一直待在洛阳，直到9年后，刘疆才被允许回到封地。

脱离了父亲的掌控，没有了朝堂上的尔虞我诈，刘疆总算过上了安心日子，做了一个真正的闲散王爷。

回到封地的刘疆发现西汉鲁恭王营建的灵光殿尚存，也不新建王宫了，干脆就住在这里面，上疏请求归还东海郡。

这次还是老套路，刘疆几次申请归还东海郡，都被刘秀退了回来，还在朝堂之上将刘疆的奏书遍示群臣。

正是因为这份恭敬、谦让，刘秀对他十分放心。刘疆生命垂危之际，刘庄不断派出使者和太医前往探访刘疆，往来车马络绎不绝。刘疆死后，刘庄下令"赠以殊礼"，以极高的规格为哥哥举办了葬礼。

37. 刘秀如何走上造反之路

众所周知，刘秀经过多年战争，终于完成天下统一，成为东汉王朝的开国皇帝。很多人不理解，刘秀是如何走上造反之路的？他造反真的是被逼无奈吗？

刘秀最初是跟着哥哥刘縯混的，刘縯性情刚毅，锋芒外露，做人行侠仗义，和《水浒传》中晁盖、柴进属于同类人物。自王莽篡汉，刘縯时常愤愤，交结天下雄俊，伺机造反。

那一年，刘縯秘密准备起义，却被官府知道了。他当机立断，分遣亲朋四处招募部队，购置军械。

对于造反这件事，刘氏宗亲的内部意见其实并不统一，不少刘氏子弟听说刘縯要起事，都说："伯升这个莽撞鬼，拉我们入伙，怕是要让我们当炮灰啊！"

更有怕死的，一个个哭天抢地，纷纷哀嚎："伯升要杀我！伯升要杀我！"

刘氏宗亲劝不动刘縯，纷纷找到刘良，希望老爷子能出面阻止刘縯，不要给南阳刘氏惹来泼天大祸。

刘良找到刘秀，面色阴沉地问道："文叔，你大哥是不是要造反？"

刘秀赔笑道："叔父，王莽无道，人神共愤，天下有识之士都在准备反莽。"

刘良怒道："文叔，你和你大哥伯升的志向、品德一向不同，你们这样做想过后果么？聚众造反，是要被满门抄斩、灭三族的啊！一旦事败，刘氏宗族几百口人还能活得成么？你非但不阻止，还与他同谋造反！真是胡闹！"

刘縯过来耐心解释："叔父，这不是胡闹，我们要光复汉室，复兴刘氏！"

刘秀也摆事实讲道理，可老爷子哪里听得进去？

刘縯一看，得了，软的不行，来硬的吧，找人把老爷子软禁，然后送了一桌酒菜。

搞定了老爷子，可刘氏宗亲依然反对者众多，每次开会，大伙儿都是吵吵嚷嚷，搞得刘縯也很头痛。

这一日，刘縯再次组织大伙开会，反对者还是占多数。正在一片吵闹声中，刘秀出场了！

只见他头戴鹖冠，身穿大红袍子，腰间系着黑带，带上镶嵌着玉片，带子的一边挂着绶带，另一边挂着佩剑，精神奕奕，神采飞扬。

大伙儿一看，纷纷张大了嘴巴，这是典型的汉代衣冠啊！

汉代的官服，讲究的是文玄武绯，文官穿玄色官服，也就是黑色官服，武将穿绯色官服，也就是红色官服。文官佩戴进贤冠，武官则佩戴鹖冠。

所谓的鹖冠，就是在头冠上插两根鹖羽。鹖是一种极其好斗的鸟，与其他鸟类争斗，至死不退缩，插上鹖羽，以示英勇。一直到唐代，依然能在一些人俑上看见鹖冠。

可问题是，眼下是新莽王朝，汉朝已经是过去时了，大伙已经很多年未曾见过汉代衣冠了。此时看到刘秀穿上大汉武将官袍，众人心中百感交集，泪点低的已经忍不住热泪盈眶了。

有那么一瞬间，大伙儿仿佛又回到了汉帝国鼎盛时期，又回到了那个"明犯强汉者，虽远必诛"的热血年代。

天天说要光复高祖大业，光嘴上说有什么用？只有当你真正穿上了大汉的官服，堂堂正正站在众人面前，大伙儿才会信服你，这比光用嘴喊一万句都管用。

这一身前朝官服，带给人们的冲击力，实在太大了。

平日里，刘秀给人的印象一直都很低调谨慎，待人温和，跟大哥刘縯截然相反。面对刘秀这一举动，宗室子弟纷纷惊异，向来稳重的刘秀也参与了，还怕什么啊！不就是造个反嘛，同去同去！

原本对造反一事还持观望态度，甚至是反对态度的刘氏宗亲，态度来了个180度大转弯，纷纷应征入伍。

刘良被关了几天禁闭，出来一看，好几千人蓄势待发，现在再跑去告官，就不是检举揭发了，而是挑衅了。

刘秀笑道："叔父还打算去告官么？"

刘良苦笑，只好默认了这既定事实。

短短几天内，刘縯就召集了七八千人，放眼望去，黑压压一片。刘縯血液沸腾，豪情万丈："莽贼代汉，天下大乱，尸殍遍野，民不聊生，当今天下，民心思汉。非常之人，当行非常之事，立非常之功！从今往后，我等将以光复汉室为己任，以复高祖大业为宏志，诛杀莽贼，匡扶汉室，救济斯民，我们的名字当为柱天都部！"

柱天之意，就是擎天之柱！

这一年，刘秀28岁，正式开始了他波澜壮阔的征战生涯。

38. 刘秀一生的隐痛

公元 22 年年底,南阳刘氏家族扛起锄头,拿起耙子,全家男女老少齐上阵,迈出了起义的第一步。

当时这支起义部队和别的部队还不一样,这支部队都是以家乡周边的刘家子弟为核心建立的,一家老小、兄弟姐妹都在军中,都一起上战场。战斗的时候,刘秀骑着大黄牛冲在最前面,虽然他们装备简陋,但在南阳附近却接二连三地打了几场大胜仗。

好在起义军进展顺利,联军一路势如破竹,接连攻克了长聚、唐子乡、新野、湖阳、棘阳,队伍也如雪球一般越滚越大。

每一场战斗结束,众人加紧清理战场,收集武器、盔甲、辎重,当然,还有最为重要的战马。而刘秀也终于获得了一匹马,有了自己的专属坐骑。

此时的起义军在经历了一连串的胜利后,头脑开始发热,迫不及待地向宛城进发了。

从棘阳到宛城,要途经一个叫小长安聚的地方。没有人能预料到,就在这里,联军将遭遇起义以来的第一场失利。

当起义军走到小长安聚时,天色阴沉沉的,远处一片朦朦胧胧，刘秀本能地感到了一丝担忧。

这场雾，刚开始还只是朦朦胧胧的，随着时间的推移，大雾越来越浓，放眼望去，七八步开外的地方已是白茫茫的一片，什么都看不清楚。

刘秀想去找大哥刘縯，劝他等雾散了再进军。不料就在此时，前方雾气中突然出现一条黑影，前方的士卒还没看清楚，胸膛已然被一支锋利的长矛刺穿。紧接着，又有不少黑影从迷雾出来，披甲执戈。

"有埋伏！"刘秀大声示警，但队伍已陷入混乱之中，两侧迷雾中冲出来无数官兵，手持长矛，见人就刺，逢人就杀，惨叫声、哀嚎声连成一片。

战争来得如此突然，汉军毫无防备，刘秀靠手中一杆长矛硬是杀出了一条血路。途中刘秀遇到了妹妹刘伯姬，兄妹二人同骑一匹马，仓皇逃命，沿途又碰到二姐刘元及3个外甥女。刘秀左冲右突，还是无法相救，只能眼睁睁看着她们被官兵包围刺死。

好在大哥刘縯及时赶来，一伙人总算突出重围。

这一战，起义军输得很惨，数万人的队伍逃回到棘阳只剩下3000来人，每个人身上都挂了彩。

部队被打回了原形，败得一塌糊涂，险些全军覆没。刘秀的二哥刘仲、二姐刘元及3个小外甥女、数十位本家叔伯兄弟悉数被杀。

血淋淋的事实浇醒了刘秀：战争是残酷的，麻痹大意的代价就是死亡！

然而刘秀不能停下脚步，一旦踏上这条路，只能一条路走到黑，要么功成名就，要么身败名裂。

39. 致命的阴谋

随着刘縯、刘秀陆续攻破宛城和昆阳，刘氏兄弟的威望如日中天，这让绿林系的大佬们非常不爽。本来就视刘縯为最大威胁的朱鲔等人杀心大起，屡屡找到刘玄，提议刘玄找个机会除掉刘縯。

刘玄摇摇头，刘縯是南阳豪杰和刘氏宗室的领袖，在军队中威望颇高。更何况，刘縯的兄弟刘秀刚刚在战场上立下大功，威震天下。贸然动手，怕会引发动乱吧？

朱鲔告诉他："刘縯就像是一匹脱缰的野马，不是陛下能驾驭得了的。陛下不杀刘縯，他日必为刘縯所杀。"

刘玄还是下不了决心。

这天晚上，皇帝刘玄召集众首领聚餐，新封列侯百余人悉数出席，刘縯也在应邀之列。

酒过三巡，刘玄突然对刘縯说："我看大司徒的佩剑不错，能否借给我看看？"

刘縯二话没说，解下佩剑递与刘玄。

正当刘玄装模作样审视把玩刘縯的佩剑时，早就安排好的绣衣御史申屠建瞅准机会，向刘玄献上了一块玉玦。

刘縯的舅父樊宏大惊，玦者，决也，举玉玦为杀人暗号，申屠建此举，分明是在催促刘玄早点动手！

所有人的目光齐刷刷望向皇帝刘玄，刘玄把玩着佩剑，又抚摸着那块精美的玉玦，面上从容淡定，内心却在进行激烈的天人交战。

借佩剑欣赏，以玉玦为号，一举击杀刘縯，这本是刘玄与绿林系商量好的计划。然而事到临头，他却怂了。

朱鲔见刘玄举棋不定，心中很是焦急，但他着急没有用。刘玄虽然是绿林系的傀儡，但毕竟还是明面上的皇帝，他不可能越过皇帝，直接安排武士动手。

不知是刘玄胆小害怕，还是刘縯威势太盛，直到酒宴结束，刘玄也没有举起玉玦。这场精心设计的谋杀就这么不了了之。

刘縯对危险毫无察觉，舅父樊宏却是惊出了一身冷汗，他第一时间找到刘縯，用鸿门宴的典故提醒他："当年鸿门宴上，范增曾经举起玉玦，示意项羽下决心杀掉高祖刘邦，如今申屠建也给皇帝献玉玦，恐怕不怀好意吧？"

对于舅父的提醒，刘縯却是一笑置之："舅父多虑了吧？我不信这帮无赖敢杀我。再说了，我要是死了，谁能带领汉军定洛阳、取长安？"

刘縯对人不设防，但朱鲔绝不是善罢甘休之人，他找到了一个帮手：李轶。

细心的刘秀从种种迹象中敏锐察觉到了危险。他早就看出李轶是个投机分子，不止一次提醒过大哥要提防绿林系的人搞阴谋诡计，也曾暗示过李轶这个人不能再信任了！

然而刘縯却不以为意，继续拿李轶当自家兄弟。鸿门宴后，刘縯回了自己的军营，这让朱鲔、李轶等人颇为苦恼，怎么才能引出刘縯？

时隔不久，俩人又找到了一个突破口：刘縯的部将——刘稷。

刘稷是刘縯的同宗兄弟，也是他最忠心的马仔。刘稷一直瞧不起刘玄，当初刘玄被立为皇帝，刘稷怒道："带领大家起兵反莽、要做一番大事业的是刘縯兄弟。你刘玄算什么东西？也配当皇帝？"

刘玄找了个借口拿下了刘稷，刘縯当时就急了，带了几个人匆匆就去找皇帝说情。一进去，刘縯就被缴了武器，立即处死。此时，距离刘縯起兵只过了八个月，距离他攻陷宛城只过了十几天。

《史记》中，太史公用近一千字的篇幅，详细描摹了项羽最后的悲壮，反观刘縯之死，这位酷似西楚霸王的一代英豪，临死之时，在史书上只有区区一行字。

可叹刘縯，这位天生的领袖，这位义薄云天的带头大哥，这位志向高远的豪杰，这位在战场上一往无前的勇者，这位让王莽寝食不安的一代英豪，没有死于战场，却死在了一场政治阴谋中。

40. 刘秀的隐忍

公元 23 年，义军首领刘縯惨死于一场阴谋中。消息传来，刘秀的内心陷入了激烈的天人交战。

两天后，刘秀出门了，红着眼告诉众人："我要回宛城。"

众人一阵激动，纷纷叫嚷："是该回宛城为伯升报仇！"

刘秀摇摇头，不是报仇，是谢罪。

在众人不解的目光中，刘秀收拾行囊，也不过多解释，带领少数随从从父城出发，南下直奔宛城。

一进城，刘秀没有回家奔丧，而是先去求见更始帝刘玄。君臣相见，刘秀没有流露出怨愤之色，只是伏地叩首："我大哥违抗君命，今已伏法，特来向陛下请罪。"

望着伏在地上的刘秀，刘玄一时间没了主意。该怎么处置他呢？杀了他？这显然不是刘玄的意愿，可就这么放他走？朱鲔等人能答应么？无论怎么解释，刘縯死在了自己的手上，这是不争的事实，刘秀会放过他么？刘氏子弟和南阳豪杰会宽恕他么？

刘玄不知道。

无论如何，此事先得和朱鲔等人商量后再做决断。计较已定，他扶起刘秀，让他先回家休息。

刘縯的旧部听说刘秀回来了，早早就出门列队迎接，每个人的脸上都有不平之色，大伙儿都等着刘秀拿主意，或是说句话。然而他们失望了，刘秀的脸上没有丝毫悲戚之色，反而显得异常冷静，冷静得让人望而生畏。

有人不甘心，想让刘秀说点什么，但他只管前行，根本无意与他们闲聊。

刘縯下葬后，按照规矩，刘秀必须得为大哥服丧。然而，让大伙儿大跌眼镜的是，刘秀拒行居丧之礼，在人前照样喝酒吃肉，欢声笑语，就跟平常一样。

对于刘秀而言，宛城是另外一个战场，那些野心家和阴谋家就躲在不远处，虎视眈眈。一旦他流露出任何不满或悲戚的模样，那些人必定会从阴暗处跳出来，然后将他扑倒。

刘秀明白，他必须活下去，只有活着，才有希望为大哥报仇。而在此之前，他必须夹紧尾巴做人，表现出一副若无其事的样子，对大哥之死漠不关心。

大伙儿失望了，失望又演变为愤怒。原本指望着刘秀来当大家的主心骨，想不到你却这么怂，真是错看你了！

刘秀主动到宛城请罪，这倒是让朱鲔等人始料未及。从内心深处讲，他们根本不相信刘秀会对刘縯之死无动于衷，然而他们拿着放大镜找来找去，又实在挑不出刘秀的毛病。

在政治对决中，让敌人轻视你，永远占便宜。

刘秀的表现无可挑剔，刘玄见他如此谦恭，反而有些惭愧，毕竟刘秀两兄弟立有大功，于是下诏封刘秀为破虏大将军，加封武信侯。

41.九锡——篡逆的前兆

王莽虽然出身外戚王氏，但由于父兄早亡，早年一直过着孤贫的生活，从一开始就是家族中的一个异类，纨绔子弟中的一股清流。

当其他官二代花天酒地、声色犬马时，王莽却在照顾寡嫂，一心求学。24岁时，他步入仕途，从基层做起，踏踏实实，一步一个脚印，30岁时已官居高位，成为皇帝身边的近臣，汉朝最年轻的"省部级"干部。

尤其难得的是，王莽始终清正廉洁，生活简朴，平时不好色不喝酒不赌博，最大爱好就是帮助他人，每个月工资都拿出来当奖金分给下属。

王莽在篡汉前深受百姓爱戴，连续多年荣获"感动汉朝十大人物""大汉王朝道德楷模""人民最满意的官员"等荣誉称号。他的先进事迹被广为传颂，汉赋大家杨雄高度评价："周公以来，未有汉公之懿也。"称他是周公一样德行高尚的"圣人"。

汉哀帝去世后，9岁的刘衎继位，由于皇帝年幼，国家日常政务由老岳父王莽全权代理。

为了支持这位偶像，朝野不遗余力支持他在权力的台阶上拾级而上，王莽先后接受了"安汉公"和"宰衡"的封号。

可这还不够，大伙儿还想让他更进一步。问题是，宰衡已经是前无古人了，还能怎么升？

有人出了个主意：可以加封九锡。

什么是九锡？

锡在古代通"赐"字，"九锡"就是"九赐"，是天子赐给臣子的九种礼器，这是最高级别的礼遇，具体如下：

1. 车马。指金车大辂（车辕上用来挽车的横木），和兵车戎辂；玄牡二驷，即黑马八匹，其德可行者赐以车马。

2. 衣服。指衮冕之服，加上配套的赤舄（xì，鞋）一双，能安民者赐之。

3. 乐则。指定音、校音器具，使民和乐者赐之。

4. 朱户。指红漆大门。民众多者赐之。

5. 纳陛。有两种说法：一是登殿时特凿的陛级，使登升者不露身，犹贵宾专用通道。二是阶高较矮的木阶梯，使登阶别太陡。能进善者赐以纳陛。

6. 虎贲（bēn）。守门之军虎贲卫士若干人，或谓三百人；也指虎贲卫士所执武器，戟、铩之类。能退恶者赐虎贲。

7. 弓矢。彤弓矢百，玄弓矢千。指特制的红、黑色的专用弓箭，能征不义者赐之。

8. 铁钺。能诛有罪者赐之。

9. 秬鬯（jù chàng）。供祭礼用的香酒，以稀见的黑黍和郁金草酿成,孝道备者赐之。

这九种器物,是对一个臣子最高规格的赏赐。

很快,全国各级官员和百姓纷纷上书,声援王莽。丞相府内,一批又一批竹简被送进来,大小官员都行动起来清点这些竹简,最后一数,竟然达到了487572份!

所有的内容都出奇地一致:请求朝廷赐王莽九锡!

民意不可违,诸侯、王公、列侯们一看这阵势,纷纷去见太后,叩头进言,希望朝廷立即加赏王莽。

王政君亲自到未央宫前殿,主持赐九锡的仪式,王莽欣然接受。

就这样,中国历史上第一次实际执行的赐九锡就这样完成了,后来的曹操、司马昭等人都得到过九锡的赏赐,以至于后来"九锡"就成了篡逆的前兆。

42. 王莽的荒唐"自保"

随着刘秀在昆阳一战成名，新朝的主力部队彻底被打残，朝廷威严扫地。各地听说汉军在昆阳大捷的消息，群情振奋，海内豪杰趁势而起，皆杀其牧守，自称将军，旬月之间，战火遍于天下。

王莽陷入了极度的恐慌中，他想不明白，为什么自己夙兴夜寐、兢兢业业，到头来百姓还要造自己的反？

王莽老了，苍老了许多，仿佛就在一夜之间。岁月剥蚀着他的身体，在他的肌肤上刻上了深深的烙印。这烙印是生命历程的标记，任谁也不能想拥有就拥有，也不是谁想躲避就能躲避的，他的目光愈发呆滞，行动也愈加迟缓。

宫门之外，不断有各类消息传来：原汉宗室钟武侯刘望在汝南反了，陇西成纪人隗嚣、隗崔、隗义反了，公孙述在蜀郡独立了……

王莽忧愁愤懑，吃不下饭，也不近女色。食色性也，这是马斯洛需求理论的最底层，然而此时，王莽对吃饭也失去了兴趣，每天只靠喝几杯酒、嚼几口鳆鱼干度日。

那些曾被他奉为圭臬的儒家经典也被扔到一旁，转而读起了兵书。书读累了，就靠在几案上小睡片刻。

大司空崔发出了个主意："《周礼》和《春秋左氏传》说过，国有大灾时，可以用哭声消解，所以《易经》上才有'先号啕大哭，然后欢笑'之语。我认为朝廷应该组织一场集体痛哭，哀求上天的救助。"

面对这种荒唐的建议，王莽竟然信了，还亲率众臣跑到南郊，声嘶力竭地大哭了一场："老天爷，你既然已经将天命赐给我，为何不助我消灭盗贼？如果我王莽哪里做得不对，那就用雷霆把我劈死！"

王莽捶胸大哭，直到气绝，关键是他给那些主动参与演戏的儒生和百姓提供盒饭，并把哭得入戏的人全部封官。

随后，长安城陷入了一片哭声之中，有干嚎的，有哭诉的，也有抽泣的……荒诞至此，要么放声大笑，要么痛哭一场吧！

43. 刘秀的"死里逃生"

公元 24 年,更始帝刘玄从宛城北迁至洛阳,将目光投向了河北诸地。

刘赐告诉刘玄,河北各州郡都在持观望态度,未曾归附。赤眉军在青徐二州发展迅速,声势日益壮大,还有"河北三王"、铜马等割据势力。宗室各家子弟之中,只有刘秀有能力稳定河北的局势。

然而这个建议却遭到了朱鲔、李轶等人的坚决反对。他们认为,刘秀不得出巡河北,不是他能力不行,而是他能力太出众了。让刘秀去河北无异于放虎归山,将来必然会割据一方,为朝廷大害,绝对不能放他走,最好除掉他!

刘玄犹豫不决。

刘秀知道是朱鲔在从中作梗,找到左丞相曹竟,请他出马为自己说话。

机会!刘秀现在急需一个机会,一个能改变自己处境、改变自己命运的机会!

这一日,曹竟来找刘玄下棋,刘玄几次都输了棋,曹竟淡淡道:"不谋全局者,不足以谋一域,下棋当布局天下,而不只是盯着某个棋子。"

刘玄猛然抬头，左丞相话里有话。

曹竟撒下棋盘，道："如今的河北，各路豪强汇聚，流民军不断，北有铜马、'河北三王'，南有赤眉军，就像一个泥潭，任谁进入，都会陷入其中不可自拔。让刘秀抚慰河北，对付赤眉和铜马等流民军，陛下也可以借此机会梳理内政，提拔人才。"

曹竟点到为止，刘玄也是心知肚明。眼下汉军内部不稳，绿林系一家独大，架空了皇帝刘玄，自己需要稳固根基，徐徐图之。

在曹竟的鼓动下，刘玄有些动心了。

这一日，他召见刘秀，开门见山："眼下河北局势混乱，有铜马军，有'河北三王'，各路豪杰汇聚，纷争不断。有人向朕建议，说你有能力安定河北，建议让你抚慰河北，安抚各路豪强。"

刘秀面色平静，既无欢喜，也无激动。

刘玄接着道："可有人说，你若是出镇河北，必然反叛，是放虎归山，遗祸无穷！"

刘秀道："绿林军与南阳豪杰杀我长兄刘縯，我能幸存至今，全赖陛下庇护之恩。陛下是天命之主，有我没我都一样，重要的不是别人怎么说，而是陛下怎么想。"

刘玄沉默了，自己是刘秀的族兄，无论如何，大家终归是一家人，他不忍步步紧逼。

刘玄道：当年高祖派韩信征讨河北，平定大半天下，愿今日文叔如昔日韩信！

次日，刘玄任命刘秀以破虏将军行大司马事，持节北渡黄河，镇慰河北州郡。

接到消息那一刻，刘秀那颗悬着的心终于落了下来。收拾妥当，他第一时间出了城，重新去开辟另一片天地。

44. 刘秀如何笼络人心

消灭王郎后,刘秀的士兵在搜查时找到了王郎来不及销毁的大批秘密文件,其中有很大一部分是刘秀部下和王郎勾结的书信,有暗送秋波的,有投怀送抱的,简直辣眼睛。

忠臣很多,可叛徒也不少。

刘秀尴尬了,大伙儿也尴尬了。

也难怪,当初王郎在河北声势浩大,威震四方,而刘秀还在四处流亡,看不到希望。革命队伍中有人意志不坚定,倒也在情理之中。

现在的问题是,怎么处理?

名单就在眼前,人员也集中在邯郸城,只要刘秀一声令下,按照名单一抓一个准。

有人提议,应该立即成立专案组对此事进行追查,依法依规处理,该处分的处分,该撸职的撸职,把这些居心叵测的异己分子从革命队伍中清除出去。

只是这样一来,一场大清洗在所难免。

思之再三,刘秀终于做出了决定。

他下令,召见众人!

很快，将领全都来了，看着地上一大摞简牍书信，一个个心惊胆战。这是要清算啊！

刘秀道：取火盆！

一个士兵取过火盆，刘秀捡起一封书信，随手丢入火盆中。火舌缭绕，木制的简牍很快燃烧起来。

紧接着，第二封、第三封书信被丢入火中，即刻被火舌吞卷得一干二净。

当着众人之面，刘秀将这上千份简牍书信一把火烧了个光。然后，他说了一句话："过去的就让它过去吧，让那些晚上辗转反侧的人睡个安稳觉！"

所有将领纷纷施礼，感谢刘秀既往不咎。

那些隐藏在阴暗处的龌龊和秘密，随着熊熊燃烧的火焰灰飞烟灭，再也无人知晓。原来惴惴不安的人也彻底放下心来，坚定了革命理想，此后对刘秀死心塌地。

这一招既往不咎，大家想必很眼熟。当年楚庄王用过，后来的曹操也用过。

官渡之战时，曹操以弱胜强，大败袁绍，冲入敌军营帐后，缴获了一大堆信函，其中有很多是自己的属下和袁绍私下的通信。

如果是一般人处理这件事，接下来的步骤就是按照名单抓人，然后以通敌叛国的名头治罪。事实上，曹操手下有很多人也提了这样的建议。

曹操却不这么想,他说了一句特别耐人寻味的话:"官渡之战前,袁绍兵强马壮、咄咄逼人,就连我曹操也不能自保,其他人就更不用说了。"

说完这句话,曹操就将这些书信付之一炬,既往不咎。如此一来,曹操手下的官员便放宽了心,此后坚定追随。

水至清则无鱼,人至察则无徒。刘秀之所以能在大哥刘縯死后成为南阳刘氏的带头大哥,靠着数十名部下在河北开辟出了一片新天地,吸引越来越多的人前来投奔,都与他独特的管理手段有直接的关系。

45. "摆烂"的皇帝

更始二年(公元24年)二月,更始帝刘玄由洛阳迁都长安,以应汉统。

紧接着,刘玄娶了赵萌的女儿,把政事全都交给赵萌,自己则一头扎进长乐宫中,日夜与后宫粉黛们饮酒作乐,歌舞升平,终日沉醉不醒,大臣都不能相见。

第一天上班时,文武百官井然有序,刘玄从未见过此等场面,紧张得直打哆嗦,垂着头,不敢正视群臣。尴尬了半天,刘玄好不容易憋出一句话,结果一张口就把众人给雷倒了:"你们今天抢了多少东西?收获还不错吧?"

左右侍者以及臣僚无不愕然,面面相觑。身为帝王竟然说出这种上不得台面的话,哪里还有半点大汉天子的威势?

刘玄经常喝得烂醉如泥,不能按时上班打卡。有时非得上班了,就让侍中冒充自己坐在帷帐内与文武大臣议事。大臣们都不傻,很快听出来说话的不是刘玄。出来后,大伙儿气得吹胡子瞪眼睛:"现在谁得天下都还难说,没想到他已经放纵到了这个地步!"

刘玄的宠姬韩夫人特别喜欢喝酒,有一次和刘玄喝酒聚会,正在兴头上,偏偏此时中常侍跑来有急事报告。韩夫人大怒:"你没长眼睛吗?陛下正在和我饮酒,你竟然偏偏拣这个时候来打扰!"

韩夫人一边骂一边猛摔东西,把书案都砸破了,尽显悍妇本色。生性懦弱的刘玄耳根子也软,竟然也不阻止。

老丈人赵萌小人得高位,更是不可一世。有人对他的胡作非为实在看不下去,向刘玄举报赵萌,请皇帝加以管束。不料刘玄听完,居然火冒三丈,拔剑就刺,把那人吓得半死。

事情传出去后,从此再没人敢公开说赵萌的不是。有皇帝罩着,赵萌愈发跋扈,有一次为私事迁怒侍中,揪住侍中就要问斩。正巧这个侍中是刘玄的亲信,情急之下大呼:"陛下救我!"

刘玄看不过去,为他求情,赵萌居然高喝:"臣不受诏!"当场就将侍中给斩了。

皇帝不干正事,臣子胡作非为,长安百姓怨声载道,甚至编了一首歌谣:

"灶下养,中郎将;烂羊胃,骑都尉;烂羊头,关内侯。"

什么意思呢?就是说朝中大臣任人唯亲,滥授官爵,就连家中的阿猫阿狗也都跟着飞黄腾达。灶下添柴的,封你个中郎将当当;能把羊胃煮烂算你有本事,封你个骑都尉当当;能把羊头煮烂,人才难得啊,直接封关内侯!

朝堂之上乌烟瘴气,军师将军李淑实在看不下去,上书劝谏刘玄:"陛下虽然平定了王莽之乱,但多是依靠绿林军,现在公卿的高位无一不被他们霸占,要想让国家稳定发展,必须改革旧制,招揽人才,量才授职,以匡正国家。指望这些莽夫将天下治理好,无异于缘木求鱼、深山寻珠。"

不料,李淑的一番肺腑之言并没有打动刘玄,自己反而被刘玄处死。

这里来讨论一个有意思的问题:刘玄为何会这么快腐化堕落?难道他真的是不堪大用?

生活不是小说,龙套也罢,配角也罢,路人也罢,智商都在线,都是精明至极。

参加革命前,刘玄也有些尚义任侠的习气。弟弟被人杀害后,他也曾广宴朋友,要为弟报仇。绿林起义后,刘玄参加了平林兵,担任安集掾的职务,从此走上反新复汉的道路,被封为"更始将军"。

不难看出,刘玄虽然在革命队伍中存在感不高,但并不是懦弱无能之辈,那为什么一到长安,刘玄会成为一个昏君形象呢?

试着分析一下刘玄的处境:刘玄被推为皇帝,前有朱鲔和张卬擅权,后有老丈人赵萌专权跋扈。也许在这种长期的傀儡身份下,刘玄绝望了,他选择了自暴自弃。

从此,忠臣退场,小人登场,关中百姓离心,四方纷纷怨恨叛变。

46. 放牛娃抓阄当皇帝

西汉是个很有意思的朝代，200年里共出现了12位正式皇帝，而非正式的皇帝却有6位。

吕后临朝称制时立了2个皇帝，前少帝刘恭和后少帝刘弘；大司马霍光立的昌邑王刘贺在位仅有27天，没有正式登基继位；王莽篡汉前立了一位太子刘婴，史称"孺子婴"，王莽败亡之后西汉还有两位皇帝：刘玄和刘盆子。

刘盆子是纯正的皇家后裔，城阳景王刘章之后。刘章死后，后代子孙都袭王爵，但随着王莽的篡位，老刘家人的地位一下子就从天上跌到谷底，都被贬为民，刘盆子由王子成了普通百姓。

问题来了，他是怎么当上皇帝的？

西汉末年，天下大乱，各路起义军风起云涌，其中琅琊人樊崇的赤眉军是规模较大的一个。樊崇曾短暂归顺被绿林军拥立的更始帝刘玄，但不久就和刘玄发生内讧，樊崇再度集结部队，同刘玄的军队作战。

当时在樊崇的军队中发生过一起巫祝事件。这件事在樊崇军中传得沸沸扬扬，引起了恐慌。而这时被更始帝所杀的名士方望的弟弟方阳劝樊崇立一位汉室后裔，如同当年范增、项梁立楚怀王为义帝一样，可以号令天下，一呼百应。

樊崇便开始寻找景王刘章的后裔，结果找到了70多人，但只有刘盆子、刘茂和前西安侯刘孝是刘章最近的后裔。

不出意外，新皇帝将在他们中间诞生，而决赛规则很简单：抽签！

樊崇等人找来一个竹桶，放了三枚签，两枚空白，一枚写有"上将军"三个字。之所以写"上将军"不写皇帝，是因为古时天子将兵，称上将军。

谁抽到"上将军"的签，谁就是皇帝。

为了体现出仪式感，樊崇等人在郊外设了一座坛场，大小首领齐聚，先祭拜城阳景王刘章，然后3位候选人逐一登场，挨个抽签。

前两位选手满怀欣喜地取出竹签，结果表情瞬间就垮了，轮到刘盆子时，表情却有些蒙。

他中了！

天上掉馅饼了，可惜刘盆子却并不开心。

刘盆子当时只有15岁，披头散发，灰头土脸，光着脚丫子，穿着也是破破烂烂的。现在突然见到大家向自己跪拜，吓得不知所措，直接哭了出来。二哥刘茂对他说，赶紧把竹签收好！也不知道刘盆子听成啥了，把竹签放到嘴里一阵乱咬，然后扔掉了。

刘侠卿是赤眉军中的一名低级军官，一看自己的小弟中了签，立马带着刘盆子换了一身干净衣服，然后正式接受众人的庆贺。

赤眉大小首领及部众纳头便拜，三呼万岁，一个新的皇帝由此诞生。

虽然身份发生了转变，但放牛娃刘盆子还是归低级军官刘侠卿管，每天早晚按习惯去叩拜刘侠卿。刘盆子觉得当皇帝无聊，总想跑到外面找其他放牛的小伙伴一起玩耍，弄得刘侠卿经常威胁要揍他才管得住。

没有人真正在乎他，或者说，他们在乎的只是他这个皇帝身份，需要盖章时拿出来用一用，不用了就扔到一边。

随着历史的车轮滚滚向前，最终由刘秀结束了这一动乱时期，建立了以洛阳为都城的东汉政权。至于刘盆子，刘秀知道这一切只是一场闹剧罢了，也就没有怎么与之计较，反而善待他。刘盆子后来生病失明，刘秀封赏给他荥阳一带的均输官地，直至刘盆子去世。

刘盆子前半生始终活得小心翼翼，欲求退位而不得，与皇帝的宝座相比，或许田野间的放牧生活才能让他找到真正的快乐。

47. 公孙述，割据的悲歌

《三国演义》开篇便说道：话说天下大势，分久必合，合久必分。把这个论断验诸历史，百试不爽。回到东汉初年，随着陇右隗嚣政权的彻底覆灭，在这场以天下为棋盘的博弈中，刘秀只剩下了一个对手：公孙述。

公孙述并不是四川土著，他原本是陕西扶风人，但他的发迹和称帝都是在四川。中原大乱之际，公孙述没能抓住机会扩大实力，最后只能依靠蜀道和三峡天险割据一方。

公元25年，公孙述与刘秀先后称帝。公孙述一面对民间敲骨吸髓，一面大肆任用亲信及子弟为官，遭到了知识分子们的疏远。

隗嚣死后，蜀地人心浮动，公孙述想了一个办法，成都城外有座秦朝时修建的粮仓，他将其改名为白帝仓，派人散布小道消息，说白帝仓凭空冒出谷米，堆积如山。

老百姓听说有这等稀奇事儿，本着看热闹不嫌事儿大的精神，纷纷跑到城外凑热闹。

公孙述大会群臣，故意问道："白帝仓真的冒出谷米了么？"

群臣异口同声回答："没有。"

公孙述道："我就说传言不可信嘛，现在都传说隗嚣已被消灭，既然白帝仓冒出谷米的事是假的，那隗嚣被消灭，当然也是假的！"

这逻辑真是神了！

没过多久，隗嚣的手下大将王元逃到成都投奔了公孙述。公孙述慌了，他做了两手准备，以王元和环安拒守河池，防守北边的陆路进攻，又派田戎及大司徒任满、南郡太守程泛率军至江关，击败东汉威虏将军冯骏等，攻陷巫县、夷陵及夷道，进而占领荆门山。

建武十一年（公元35年），东汉征南大将军岑彭与任满、田戎战于荆门，大胜，公孙述城邑守令纷纷投降。刘秀写信劝公孙述投降，公孙述说："国家兴亡乃是天命，我作为天子，怎么能投降？"亲信们再也不敢提及此事。

公孙述随后派人刺杀了岑彭，但东汉的攻势丝毫未减弱。

次年，吴汉和臧宫大破公孙述军，蜀国上下不断有人叛逃。公孙述强行弹压，对叛逃将领一律诛杀全家，然而还是无法禁止。

刘秀苦口婆心再次劝降，然而公孙述终无降意。

大军很快包围了成都，公孙述身先士卒，激战中胸部被吴汉部将一枪刺中，从马上跌落下来，重伤不治。

拿下成都后，吴汉下令尽灭公孙氏，族灭延岑，又放兵大掠三日，焚烧宫室。

至此，帝国的版图大定，东汉的统一大业宣告完成。

48. 刘秀与豪强最大的一次较量

建武十五年（公元39年）六月，刘秀下发了"度田令"，要求各州郡认真丈量土地，清查人口。

这样做有两个目的，一是限制豪强兼并土地和奴役人口的数量，二是便于朝廷征收赋税和征发徭役。

有了王莽之前的例子，刘秀对豪强们的能量已经深有体会。王莽当初可是一上来就宣布土地国有化，限制豪强名下的田亩，还配合以废奴；刘秀则谨慎了许多，只是先摸清各地的田产及户籍，仅此而已。

但即便如此，这一通知还是刺激到了地方豪强们敏感的神经。大伙儿都不傻，朝廷现在虽说只查地，没说别的，但你查清楚了以后，下一步不就是以此为据来征税么？

前面说过，东汉是建立在豪族社会之上的，土地与人口是豪门大族们立身的本钱，刘秀想玩个釜底抽薪，彻底斩断豪族立身的两根支柱，阻力可想而知。

不出意外，"度田"令下发后，各地官吏或执行不力，或错误执行诏令，使诏书在实际执行中完全走样。很多百姓担心清查户口和田亩会增加自己的赋税，在别有用心的地主豪强的鼓动下，纷纷拦路喊冤；地方官员瞒上欺下，对度田工作敷衍推诿，报上去的数据也与实际相差甚远。

甚至有地方官员与豪强串通一气，欺凌侵害无助的百姓，他们以度田的名义将百姓集中到田地中，连宅院、村落也一并测量，以上报充数。百姓遮道号呼，却无人肯为他们做主。

当时各郡各自派使者呈递奏章，刘秀发现陈留郡官吏的简牍上面有一行字："颍川、弘农可以问，河南、南阳不可问"。

刘秀纳闷，便责问陈留的官吏这是怎么回事。官吏不肯承认，说是在街上捡到的，刘秀听到很生气。当时12岁的刘阳就在隔壁，他告诉父亲："那是官吏接受郡守下的指令，将要同其他郡丈量土地的情况做比较。"

刘秀问："既然这样，为什么说河南、南阳不可问？"

刘阳答："因为河南是帝都，多天子近臣；南阳是帝乡，多皇帝近亲。这两个地方问题很大，但又谁也惹不起，所以不能查。"

刘秀命虎贲中郎将责问陈留官吏是否如此，陈留官吏这才据实承认。

刘秀怒了，郡守作为朝廷派去的高官，没有严格执法，竟然根据各地豪强们的势力大小看菜下碟！他当即派出巡视组，到地方上去彻查各地的度田情况。

这一查还真查出了不少问题，大司徒欧阳歙在任汝南太守期间弄虚作假，丈量土地不实，受贿上千万。刘秀立刻将欧阳歙逮捕下狱。

紧接着，一大批度田不实的官吏也被揪出来，皆被刘秀下狱治罪。

刘秀执意要将度田工作落实下去，显然是想要了豪强的命。很多地方豪强按捺不住，联合起来搞起了叛乱。

刘秀不慌不忙，一边搞武装镇压，一边搞分化瓦解。在成功平定那些反叛的地方豪族后，刘秀将带头的豪强们迁到了异地，总算在这场博弈中占据了上风。

那么度田运动到底算不算成功呢？

从后来的历史发展来看，度田令确实得到了贯彻执行，但东汉豪强势大也是显而易见的。只能说，刘秀的度田政策部分成功了，但他对豪强们所做的，也就到此为止了。

豪强们经过这番试探，探出了刘秀的底线，乖乖上报田亩及人口数量，按时交税；作为回报，刘秀也没有采取进一步的行动，继续容忍豪族的存在。

49. 刘秀是如何集权的

三公九卿这个词大家一定很熟悉，西汉初期以丞相、御史大夫和太尉为三公。不过在西汉时期，太尉一职并不常设，只有丞相和御史大夫，因为皇帝不放心将兵权交给臣子。

到汉武帝时，刘彻特别设立内朝来限制相权，大权为内朝和尚书台把持，三公权力有所下降。譬如霍光执政时就是大司马大将军领尚书事，通常在幕府中就与内朝官们敲定所有大事，而后通知丞相、御史大夫和九卿去办。

刘秀登基后，依然以大司马、大司徒、大司空为三公。建武二十七年（公元51年），刘秀改大司马为太尉，并把大司徒、大司空的"大"字去掉，称司徒和司空。

为了将权力集中到自己手中，刘秀进一步强化了尚书台的权力，以尚书台总领朝纲，扩大其职权，相当于皇帝的秘书处。尚书台设尚书令（秘书长）一人，尚书仆射（副秘书长）一人，尚书（秘书）六人，合称"八座"。六尚书分管六曹，每曹下设侍郎六人，令史三人，对应九卿诸部。尚书台直接听命于皇帝，掌管一切政事，成了东汉最重要的行政决策机构。

刘秀的"尚书台中心制"，其实就是汉武帝内朝官制的升级版,将内朝这个非正式组织通过机构化,形成固定的政治模板。

尚书台的工资不高,尚书令每年的俸禄只有一千石,副职尚书仆射和六名尚书俸禄只有六百石。虽然工资待遇远不能和每年万石的三公相比,但实际权力远在三公之上。

除了通过尚书台独揽大权外,刘秀还恢复了西汉时就有的三套监察机构,分别为御史台、司隶校尉和刺史。

御史台不用多说,司隶校尉最早是由汉武帝设立的,相当于皇帝钦命的持节使者,不仅有权督察太子、三公以下百官,而且有逮捕权和惩治权。到西汉中后期,司隶校尉的地位每况愈下,不料却在刘秀这里得到了再度崛起的机会。

东汉初年,刘秀取消了丞相司直一职,扩大了司隶校尉的权势,朝会时和尚书令、御史中丞一起都有专席,当时有"三独坐"之称。司隶校尉的官秩是比两千石,参与议论朝政时,位在九卿之上,朝贺时,处于公卿之下。监察权之大,除了司徒、司空和太尉三公之外,无所不纠,故为百僚所畏惮。

再说刺史。司隶校尉辖区之外,分全国为十二州,每州设刺史一人,秩六百石,负责监察比自己高出很多段位的地方郡守,其间还曾改名为州牧。

在原本的政治架构中,地方郡守的任免由丞相决定,刺史隶属于御史大夫和御史中丞。刘秀却大刀阔斧地进行了改革,郡守的任免由尚书台根据刺史的考核决定,脱离了三府的控制。

刺史于每年八月巡行所属郡国,调查各地有无冤狱,同时考察地方官的政绩，年终奏于皇帝。同时，刺史的权限还突破了传统的"六条问事"范围，直接干预地方行政，甚至军事。

在扩大刺史职权的同时，刘秀三令五申各级官员遵纪守法。一旦发现有违法乱纪的行为，省去三公案验程序，直接由尚书提出处理意见，最后由皇帝裁决，导致地方官员被频繁罢免。

比如朱浮有一次就给刘秀写信吐槽："陛下即位以来，不用旧典，信任州牧之官，废除三公之职，以至只要有人弹劾两千石的大员，不经过三府直接加以免退。陛下以使者为腹心，而使者以从事为耳目，这本是尚书平决之责任，却决于百石之吏，所以群下苛刻，各自为能。"

不仅如此，朱浮还借尧舜治世尚需三年的事例婉转提醒刘秀，你这么做是犯了急功近利的错误。刘秀把朱浮的奏章交下面讨论，结果发现大伙儿都站朱浮这边，于是减少了地方州牧及太守的调动。

说了这么多，概括起来就一句话：从中央到地方，刘秀通过尚书台，架空了三府，实现了对各职能机构和地方的直接控制，完成了自己的集权。

50. 刘秀为什么想封禅泰山

建武三十年（公元54年）二月，刘秀车驾东巡，视察民情。太尉赵熹、司空张纯先后上奏，建议刘秀在即位30周年之际封禅泰山。

刘秀虽然内心很想封禅泰山，但表面上总得谦虚一下，当即下诏道："朕登基30年，百姓尚有满腹怨气未能消解。诚如孔子所言，吾谁欺，欺天乎？难道泰山的神灵会轻易受骗么？难道要让朕去玷污72代圣贤封禅的记载么？昔日齐桓公欲封禅泰山，管仲极力阻止。以后再有借封禅、贺寿等名义来歌功颂德的，一律处以髡刑（削去头发），责罚屯田！"

刘秀断然拒绝，实出张纯等人的意外。此后一段时间内，请求封禅的言论暂时消停了下来。

然而就在两年后，62岁的刘秀还是在泰山举行了声势浩大的封禅仪式。

这又是为何？难道是刘秀自信自己的功业已经可与秦皇汉武相提并论了？

其实，刘秀由拒绝封禅到举行封禅的转变，只因为一本书、一句话。

建武三十二年（公元56年）正月的一个夜晚，刘秀批阅奏章倦怠之际，随手取过一本《河图会昌符》来翻阅。却不料这随手一翻，竟成了刘秀封禅的诱因。

跃入眼帘的，是这样一句话："赤刘之九，会命岱宗。不慎克用，何益于承！诚善用之，奸伪不萌。"

意思是说，刘氏第9代皇帝将会封禅泰山，如果不封禅，不足以表明得到了汉室正统；而封禅之后，则可以确保奸伪灭迹，天下大安。

对于谶纬重度发烧友刘秀来说，大臣的话可以不听，谶书上的话却不得不听。

不过孤证难立，刘秀又令梁松等人翻检所有的谶书，查找封禅依据。这一查，居然查出多达36处，都提到九世封禅之事。

谶书即是天意，见天意如此，刘秀这才着手准备封禅一事。

皇帝批准后，帝国臣民迅速动员起来，封禅大典进入了倒计时：

正月二十八日，刘秀自洛阳出发，诸王、诸侯、文武百官、郡守州牧等帝国高官悉数随行；

二月九日，一行人抵达鲁国，刘秀接见了孔子后人，给他们赐下酒肉；

二月十二日，一行人抵达泰山郡的奉高县。奉高是个小县城，突然到来的百官、王侯及护卫完全超出了它的容纳能力，皇帝和诸王被优先安顿在郡太守府上，其余人只能逐级安顿在郊区。在这里，刘秀正式开始斋戒，做封禅前的准备。

与此同时，各级官员也开始忙碌起来，有一个叫马第伯的人，他事后写了一篇《封禅仪记》，详细记录了此次盛大活动的诸多细节。

二月二十二日，封禅大典正式开始。

一大早，刘秀一行燎火祭天于泰山之下，随后登山。刘秀是皇帝，自然不用步行，早有为他准备的御辇。其他人就惨了，虽然负责接待的官员也准备了三百副辇，但远远不够用，只能优先供给大领导，低一级的官员只能靠双腿步行了。

中午时分，刘秀率先到达山顶，换上正式礼服。山顶上有一块相对平旷的小广场，当年秦始皇和汉武帝封禅所立的石碑和门阙仍在，一南一北，相对无言。中间是一圆形祭台，直径约三丈，高九尺，东、西各有石阶通往台上。圆形祭台上建有方形祭坛，方一丈二尺。

这祭台和祭坛是秦始皇、汉武帝封禅时就加工好了的，省去了许多麻烦。下午，待大臣陆续登上山顶之后，祭天仪式正式开始！

泰山绝顶，空旷肃穆，无限江山尽收眼底。年迈的刘秀在山巅绝顶，一览众山小，豪情万丈！

在泰山之巅，刘秀要将帝国的强盛呈报给上天，就像是儿子拿着成绩单，向父亲汇报一样。

在刘秀之前，天下暗淡无光昏悖混乱，蝗灾旱灾饥荒纷至沓来，流民群盗四处掠食。在他之后，兵火散尽，四海安宁，帝国和它的子民们告别了战争，告别了折腾。从此之后，天下将进入崭新的光明的新阶段！

这份功业，足够向上天汇报了吧？

身着玄端头戴冠冕的刘秀拾级登台，尚书令捧玉牒而上，刘秀以皇帝玉玺封之，然后撬开坛上巨石，将玉牒藏于石下，再用五寸印封石检。

玉牒的内容无人知晓，因为这是刘秀和老天爷的私密对话。群臣面目肃然，跟在皇帝身后，在礼官的吆喝下，朝封土一次次作揖下拜，告成于天。

事毕，刘秀向天而拜，群臣齐声高呼万岁，声动山谷，久久回荡。

51. 柔道皇帝

建武十七年（公元41年），一统天下5年后，刘秀已经走上人生巅峰。一次宴会上，刘秀和同族宗亲举杯畅饮，看着他长大的伯母婶娘们聊起了他的童年趣事。

其中一人说："文叔（刘秀字）年少时谨慎老实，与人打交道也不懂殷勤应酬，只知待人坦率柔和，没想到如今竟然当了皇帝！"

刘秀笑道："我治理天下，也要推行柔和之道。"

从一介没落贵族到一代中兴雄主，刘秀始终以"柔道"善待臣子和百姓。

有一次，刘秀请开国功臣们喝酒。大伙儿频频举杯，开怀大笑，畅谈旧事，回忆往昔的峥嵘岁月，从昆阳之战聊到收编铜马军，从平定赤眉说到得陇望蜀。

酒过三巡，刘秀看着战友们的醺醺醉态，问了一个问题："倘若当初天下不曾大乱，诸卿身处太平盛世，自以为爵禄如何？"

邓禹先答道："臣自幼学习儒家经典，可以在南阳郡中当个文学博士。"

刘秀笑道："高密侯太谦虚了，以你的志向和学问，就算做不了两千石的太守，也可以做个六百石的掾功曹嘛。"

其余人也都依次作答，刘秀一一评论，最后轮到了马武。马武性格大大咧咧，借着酒劲答道："我虽然不如邓禹有学问，但却比邓禹有武勇。我可以做到两千石的都尉，专管抓捕盗贼。"

刘秀大笑道："你自己不做盗贼就不错了，依我看，你最多也就是个当亭长的命。"

众人哄堂大笑，这是中国历史上最温情的一幕。

在经历多年的残酷战争后，刘秀和他的功臣们仍如最初那样其乐融融，开怀畅饮。功臣们谨守着臣子的本分，而刘秀也对功臣们善待有加。

还有一次，刘秀南巡路过汝南郡南顿县，设宴招待当地官员，下令免除南顿县田租一年。

南顿百姓还不满足，叩头说："陛下的父亲曾在这里居住，陛下也熟悉此地，每次来都给我们很多赏赐。请陛下免南顿县田租十年吧。"

面对得寸进尺的乡亲父老，刘秀非但没有生气，反而和他们讨价还价："治理天下责任重大，我经常担心不能胜任，一天天地过还担心出问题，怎敢预期十年之久呢？"

南顿百姓道："陛下就是舍不得减免，何以说得这样谦逊呢？"

刘秀大笑，将免租的期限加了一年。

刘秀以柔道待人，在历代皇帝中，他是少有的发自内心真正将百姓放在心上的帝王。

52. 刘秀有多迷信

谶又称图谶、谶记，是一种神秘性预言。

秦朝流传着一句谶言："亡秦者胡。"秦始皇放眼天下，认为能对自己的江山社稷造成威胁的也只有北方的胡人——匈奴，于是派蒙恬率30万大军北击匈奴。但秦始皇怎么也没想到，此"胡"非彼"胡"，真正亡秦的是小儿子胡亥。

西汉末年，图谶之说大盛，王莽也是个谶纬的重度发烧友，在他代汉自立的过程中，谶纬发挥了重要作用，造成当时一种普遍的社会心理：谁符合图谶，谁就是"真命天子"。

刘秀也学到了王莽的这一套，当他还是个平头百姓时，姐夫邓晨看谶纬里面说"刘秀当为天子"。旁边有人说谶纬肯定说的是国师公刘秀，刘秀说："怎么就知道这不是我呢？"

公元25年，刘秀已经占据了河北一带，一帮小弟开始劝他称帝，刘秀一直拒绝。直到老同学强华从关中千里迢迢跑到河北，献上一部《赤伏符》，里面有这么一句谶语："刘秀发兵捕不道，四夷云集龙斗野，四七之际火为主。"

意思是说，刘秀发兵抓捕无道的人；四方云集，仿佛龙搏斗于郊野；高祖以来228年之际，轮到火德为主。

得到这条谶语，刘秀才正式称帝。

刘秀称帝后，任命前将军邓禹当大司徒，之后商议选任大司空。《赤伏符》上有一句话："王梁主卫作玄武"。刘秀于是任命野王县令王梁为大司空，之后又打算按照谶文中的话任命平狄将军孙咸代理大司马。

但由于群众反对声音太大，刘秀没办法，只得改任吴汉为大司马。

一次朝会上，刘秀当众问桓谭："今公卿商议修灵台（天文观测台）之处所，朕欲以谶决之，何如？"

桓谭坚持己见："臣不读谶。谶非经也！"

刘秀大怒："桓谭非圣无法，将下斩之！"桓谭赶紧磕头求情，磕得脑袋出血，刘秀才饶了他。

公元54年，刘秀东巡齐鲁一带。张纯等大臣提议应该到泰山封禅，结果被刘秀拒绝。到了公元56年，刘秀夜读《河图会昌符》，上面有"赤刘之九，会命岱宗"等语，于是找女婿梁松等人商量。

梁松等人研究后认为，赤刘之九指的就是刘秀，因他是刘邦的九世孙，岱宗就是泰山。于是，张纯、梁松等人再次上书建议去泰山行封禅之礼，刘秀这才批准封禅泰山。

不仅如此，刘秀还宣布图谶为官方规定的必读书，共81篇，将这类妖妄言辞和儒家经典等同。

刘秀为何对图谶如此之执迷？因为他这辈子有太多的命中注定，这让他感到战栗、感到痴狂，这就是他自认为的宿命，逃不掉，躲不开。

53. 一心"作死"的皇子

刘秀去世后,皇子们每天要按时入宫哭丧。有人发现诸位皇子中,有一个人哭得并不怎么卖力,似有点敷衍了事的意思。

这个人正是刘庄的同母胞弟,山阳王刘荆。

刘荆这哥们儿很有才,文章写得不错,可惜人品不行,为人苛刻、心理阴暗,一门心思想着造反。

刘荆的哭戏演得比较假是有原因的,他在密谋造反。他写了一封信,诈称是时任大鸿胪的郭氏外戚郭况写给废太子东海王(首府鲁县,今山东曲阜)刘彊的,内容当然是为刘彊的际遇抱不平,建议趁此机会举兵起事。

刘彊看到这封信,顿时就吓尿了,这太子是那么好当的么?如果不是形势所迫,谁愿意把太子之位让出去?如今我早已不是帝国的继承人,你现在撺掇我起兵造反,是何居心?

刘彊二话不说,命人将快递员绑了,连同这封信一起火速送往洛阳,送至皇帝刘庄处。

诸王造反,这可是大事,无论是鼓动造反的刘荆,还是在地方上当东海王的刘彊,必定要受到皇帝的猜忌。好在刘庄是个聪明人,他太清楚这些弟弟们了,刘秀前脚刚走,如果后脚就收拾弟弟们，必然会引起舆论风波。为此，刘庄压住此事，秘而不宣，大事化小，小事化了，只将弟弟刘荆打发到了河南宫，监视居住。

不料，刘荆非但不领情，反而越发嚣张。羌人造反时，刘荆想浑水摸鱼，跟一伙人密谋，结果还没动手，就被刘庄知道了。

刘庄又一次高抬贵手，将他封为广陵王，遣他去了封地广陵国，算是放虎归山了。

可是刘荆仍不安分，到封地后又私下问相士："我长得像先帝，先帝30岁当皇帝，我今年也30了，可以起兵么？"

相士吓尿了，您要造反？对不起，我可不想陪着送死，于是向郡国的官员打了小报告。

刘荆知道后，害怕刘庄问罪，自己主动进了监狱。

刘庄一看，刘荆有主动认罪服法的意思，倒也没有为难他，只裁减了他的卫队、随从，将其软禁，没有继续追究。

一而再、再而三搞破坏，都被皇帝哥哥宽大了，也该消停了吧？不！没多久，刘荆又作死了，他找了个巫师，用巫术诅咒刘庄，结果皇帝马上又知道了。

刘庄下诏，让长水校尉樊鯈和羽林左监任隗调查核实。调查结束后，樊鯈等人上书，建议处死刘荆。

刘庄很生气："你们只因为广陵王是我弟弟就要杀他，如果是我的儿子，看你们谁敢！"

樊鯈昂起头来，正色道："天下是高皇帝的天下，不是陛下的天下。根据《春秋》大义，君王至亲不得有弑逆图谋的行为，有则必杀。所以周公诛杀弟弟，季友毒死兄长，而经传给予他们高度赞扬。因为广陵王是陛下同母弟，陛下对他恻隐有加，所以我们才向陛下请示。如果是陛下的儿子，我们根本不会汇报，直接就砍了。"

一番话驳得刘庄哑口无言。

这一次，刘荆自己都觉得不好意思了，只得自杀谢罪。

54. 东汉版"雍正"

公元57年，光武帝刘秀驾崩，太子刘庄继位，是为汉明帝。

刘庄登基后，一反父皇刘秀温和敦厚、驭下以宽的作风，为政极为苛察严厉。有人说雍正和他特别像，二人无论是性格为人还是政治举措乃至生平经历，都颇有些相似之处。

曹丕曾经给明帝和章帝下过这样的评价：明帝察察，章帝长者。也就是说，明帝刘庄对臣子和自己要求严苛，章帝刘炟则为政宽和，有点像老好人。范晔在《后汉书》中说，明帝性情偏狭猜疑，喜欢广设耳目打听别人的隐私，并且把这种行为视作自己圣明的表现。所以时常有小人在明帝面前诋毁朝堂上的重臣，而关系比较近的左右侍臣和尚书一类的官员没少被明帝殴打。

刘庄对属下严苛是出了名的。一次，西域使者前来觐见，刘庄很高兴，下令赏赐给使者10匹细绢，却不料，负责记录的尚书郎误记成100匹。

事后刘庄向大司农索要账本查看，发现了这一处错误，当场就火了，命人将那个尚书郎按在地上，刘庄亲自抄起大棒，捋胳膊挽袖子将这个马虎的家伙痛打一顿。

尚书台最高长官钟离意比较护犊子，闻讯后急匆匆跑进大殿，一边磕头认错一边求情，刘庄才悻悻然收手。

还有一次，郎官药崧不知因为什么惹怒了刘庄，刘庄抄起一根棒子砸向药崧。药崧比较机灵，不敢还手，一矮身躲到了床底下。

刘庄没法跟着钻到床底下去，那太有失身份，棒子短，又够不着药崧，气得他大骂道："药崧，你小子给我出来！"

药崧在床底下道："陛下，您是皇帝啊，您得注意身份啊！身为皇帝，您应该庄重肃穆，现在拿根棒子，追打我这个小小的郎官，成何体统？"

刘庄这才扔掉木棍，道："你出来吧，饶你这一回。"

刘庄不仅对身边人严厉，对三公九卿的监督也很严格，每有过错，当面训斥。

在治国方面，刘庄也延续了刘秀的政策，对功臣外戚也以控制和防范为主，严令后妃之家不得封侯，不得干政。

阎章才学出众，工作突出，在尚书的位子上已经待了很长时间，按照惯例应该予以提拔。但因他有两个妹妹是后宫嫔妃，刘庄为防止外戚参政，硬是不提拔阎章，最后仅任命他为步兵校尉而已。

刘庄的妹妹馆陶公主想替儿求个郎官，刘庄宁可送给外甥一千万钱，也不答应。他说："郎官与天上的星辰相应，主管方圆百里内的民众和事务，如果不是合适的人选，则当地百姓要受其祸害。因此要任命谁，我觉得挺为难的，不能随随便便。"

不难看出，刘庄对于外戚、大臣和宗室诸王控御极严，一旦犯法，必定从严治罪，绝不因其官职高或有关系而网开一面。

55.疏勒城生死战

大汉王朝到了东汉时期，国力衰减，已经不像汉武大帝时代那么强盛了，位于天山以北的北匈奴蠢蠢欲动，又起了反叛之心。

公元74年，耿恭跟随名将窦固出征西域，大破匈奴和车师联军，降服了车师后王安得，使得自从西汉末年后一度失去控制的西域再次回归帝国控制。

为了巩固对西域的控制，东汉帝国再次设置西域都护，并在车师金蒲城和柳中城设置戊己校尉，每处屯兵数百人。彼时的耿恭正担任金蒲城的戊己校尉。

由于西域难以长期养兵，汉军不得不东撤到河西走廊。眼见汉军后撤，匈奴随即在次年联合焉耆和龟兹卷土重来，攻杀了新任的西域都护陈睦，驻守柳中城的戊己校尉关宠所部也全军覆没，驻守金蒲城的耿恭所部成了汉帝国在西域的孤军。

耿恭亲自登城和匈奴交战，他让部下把毒药涂到箭镞上，向匈奴兵喊话："汉家箭神，其中疮者必有异。"喊完用强弩发射毒箭。匈奴人中箭者，创口迅速溃烂。

匈奴军队大惊，以为耿恭有神灵相助，正逢天降暴雨，耿恭冒雨纵兵出城，猛攻敌阵，迷信的匈奴人开始慌乱，纷纷说："汉兵神，真可畏也！"引兵而去。

耿恭意识到匈奴人还会卷土重来，金蒲城难以防守，于是转移到了有溪流可以固守的疏勒城内。

从公元75年五月到次年二月，耿恭在疏勒城内坚守近一年之久。为了迫使汉军投降，匈奴将疏勒城下的溪流堵绝，守城部队在水尽援绝情况下仍不放弃，甚至挤榨马粪汁来饮用。

为了坚守，耿恭亲自带领士兵挖井运土，却始终不见泉水。耿恭见状，仰天长叹道："我听说西汉时贰师将军李广利征伐西域缺水，李广利拔佩刀刺山，于是飞泉涌出，如今我汉德巍巍、福运绵长，怎么就没水呢？"

于是耿恭代表全体将士对井再拜，不一会儿，泉水竟然喷涌而出，汉军在近乎绝境的情况下起死回生，皆呼万岁。耿恭命令兵士向匈奴人抛水示意，匈奴人大惊，以为汉军有神明相助，撤兵而去。

水的问题解决了，但食物依然短缺。汉军虽然得到了当地部族的支持，但在坚守数月后，粮食已经告罄，大伙儿已经很久没尝到粮食的滋味了。

车师后王的夫人有汉人血统，她派心腹暗中帮助耿恭守卫疏勒城，向耿恭报告匈奴人的作战计划与分布情况，还为城中汉军提供一些粮食，这让耿恭可以从容不迫，事先做好安排。

但车师王后能提供的粮食有限，守城将士只能将铠甲皮革与弓弩煮了充饥。弓弩上的弦是用动物的筋腱做的,煮熟了可以吃;铠甲的皮革是生牛皮做的,也可以煮熟了吃。

这些东西毕竟有限,吃完后就没得吃了,不少人已饿得连弩机都抬不起来。不断有人倒下,再也没能站起来。

匈奴人不断进攻,但城内的汉军拼死抗敌,寸步不让,汉军大旗始终高高飘扬在城头!

人在,旗在!旗在,城在!

匈奴人从来都是敬重英雄的,左鹿蠡王觉得耿恭杀之可惜,派出使节劝降耿恭:只要你归附匈奴,我封你为白屋王,把女儿嫁与你!

面对匈奴使节的劝降,耿恭假意应允,请使节一同上城头,当着匈奴大军的面,亲手斩杀了使节,冲着匈奴人喊道:有敢来劝降者,同此下场!

随后,汉军在城头点燃火堆,烤其肉食之。耿恭告诉众人,戎狄豺狼也,食豺狼之肉,总好过为豺狼所食!

当时恰好汉明帝去世、国内大丧,汉军救援始终不至,一直到疏勒城被围的第二年,新上位的汉章帝才在司徒鲍昱的极力坚持下,派出7000多人前往救援。

汉军再次出征西域,反复无常的车师国也再次投降,汉军以为耿恭等人已死,不愿再深入救援。耿恭此前派往河西走廊求援的军吏范羌坚持不愿放弃军中同袍,在他的坚持下,汉军分兵2000人,由范羌带领前往营救耿恭。

救援途中，积雪达到一丈多深，当援军终于抵达疏勒城下时，耿恭等人以为是匈奴再次来袭、大为震惊，汉军亮明身份后，耿恭等人痛哭流涕，这才打开城门迎接。

随后，耿恭等残存的 26 人跟随汉军东撤，北匈奴仍然不时派兵袭击骚扰，汉军且战且退。当他们历经千难万险回到玉门关时，曾坚守疏勒城的那 26 位勇士，此时只剩下了 13 人。

尽管衣衫褴褛、形容枯槁，但耿恭等人的胸膛直挺，目光如炬，如同胡杨傲立于天地之间。帝国付出重大代价救回来的不只是 13 个形容枯槁的残兵，更是一腔彪炳千古的英雄热血、一根顶天立地的民族脊梁！

他们是伟大的胜利者。

56.梁冀为什么要毒杀汉质帝

东汉从汉和帝起,即位的皇帝大多是小孩子,甚至还有一个婴儿皇帝。除了前3任皇帝之外,其余的11位皇帝中,登基时年龄最大的是汉桓帝——当时他也只有15岁。

皇帝年幼,只能由太后临朝执政,太后又把政权交给娘家人,这样就导致了外戚轮番专权的局面。

公元125年,东汉第8个皇帝汉顺帝即位,外戚梁家掌了权。梁皇后的父亲梁商、兄弟梁冀先后做了大将军。

公元144年,懦弱的汉顺帝突然去世,年仅2岁的太子刘炳继位,是为汉冲帝。可惜的是,刘炳没有当皇帝的命,只做了5个月的皇帝就去世了。

梁冀不顾众人的反对,坚持立8岁的刘缵为皇帝,是为汉质帝。

刘缵虽然年纪小,但很聪明,老早就看出梁冀不是好人。

可问题在于,在权力的游戏中,太过聪慧不见得是好事,有可能还会给自己招来灾祸。

有一次,刘缵坐在天子宝座上,当着朝会上群臣的面,紧紧盯着梁冀,指着他说:"此跋扈将军也!"

台下的梁冀顿时面色大变，群臣也在心里咯噔一下，没人敢出声。梁冀"跋扈将军"的绰号即由此而来。

梁冀当面不好发作，回去后一琢磨，心里就犯了难，他知道这句话的背后意味着什么。这孩子这么小就对我不满，等他长大，还有我好果子吃么？

梁冀本来就是粗野莽撞的人，什么事都干得出来，既然皇帝不听话，那就除掉他，再换一个！

他明白这其中的利害，他怕了，所以他不择手段。

梁冀派心腹在煮饼中放了毒药，呈给刘缵。刘缵吃完腹胀难受，十分痛苦，对侍从大哭大叫道："我误吃煮饼，胸闷腹痛，快给我水，可能还对付得过去。"

他大概不知道自己是中了毒，只是觉得浑身难受，然后叫来了李固。

梁冀就站在旁边，他担心毒药还没完全发作，此时喝水会前功尽弃，恶狠狠地阻止："千万不能喝水，喝了水就会吐。"

李固连番催促，叫御医来看看，可御医就是迟迟不到，眼睁睁看着这个8岁的孩子倒在地上，滚了几滚断了气。

康熙皇帝在读到这段历史时，感慨道："汉质帝冲龄临御，能识梁冀之奸，固为聪颖。但他指着梁冀说此跋扈将军也，就是自己作死了。聪颖而不善韬晦，适足以为害矣。"

梁冀害死了汉质帝，又从皇族里挑了一个15岁的刘志接替皇帝，是为汉桓帝。

57. 汉桓帝是怎么除掉权臣梁冀的

延熹二年（公元159年），即位13年的汉桓帝刘志对执掌朝政的梁冀忍无可忍，趁着上厕所的机会，问贴身小宦官唐衡："我周围与梁冀集团关系不和的人都有谁？"

堂堂天子被手下臣子严密监视，只能趁着上厕所的空档找心腹说几句悄悄话，真是惨到家了。

唐衡想了想，推荐了四个人："中常侍单超、小黄门左悺与梁冀的弟弟梁不疑有过节，中常侍徐璜、黄门令具瑗痛恨梁氏兄弟专擅朝政，只是梁家的人嚣张蛮横，大伙儿敢怒不敢言罢了。"

桓帝点了点头，让唐衡找来单超和左悺："大将军梁冀把持朝政，内宫和外朝都被梁冀的人控制着，朝中的大臣都是梁冀的人，我想除掉他们，你们看行吗？"

这俩人受梁冀压迫已久，当即答道："梁冀是国之奸贼，早该除掉了。只是我们这些人没什么智谋，不知道陛下可有详细计划？"

刘志摇了摇头："这就需要诸位帮忙了，咱们一起来商量一下如何除掉梁氏。"

单超道："陛下如果真的想灭梁氏，其实也不难，我们就怕陛下中途又犹豫不决。"

刘志一挥手："梁冀乃国贼,必须被消灭,没有什么可以犹豫的,你们尽管直言!"

随后,刘志又叫来具瑗和徐璜,成功说服他俩也入了伙。5名宦官表明忠心后,刘志亲口将单超的手臂咬出血,歃血为盟,约定诛杀梁冀。

几人结盟后,单超对刘志说:"陛下既然已下定决心,那就跟谁也别再提这件事,防止引起梁冀猜疑。"

一切准备停当,刘志将尚书们征召入殿,当众揭发了梁冀等人的罪状,命尚书令尹勋持节领兵守卫内殿,命具瑗带领一千多人和司隶校尉张彪包围梁冀的宅邸,命光禄勋袁盱持节没收梁冀的大将军印绶,将梁冀改封为比景都乡侯。

面对来自皇帝和宦官的突然袭击,梁冀毫无准备,整个人都蒙了,俨然案板上的鱼肉任人宰割。他虽然在朝野内外一手遮天,面对这种突然政变却毫无准备。

回过神来后,梁冀自知早已没了退路,和妻子孙寿双双自杀,结束了肮脏丑恶的一生。

朝廷又让人收捕了梁家和孙家所有的姻亲子弟,无论男女老幼一概诛杀。至此,梁冀集团终于被斩草除根。

这样一个权势熏天的家族,在帝国横行了近20年,却在被打倒的时候没有丝毫的反击能力,束手就擒,令人咂舌。王夫之感慨道:"说到头,梁冀也就是个臭流氓的水平,所以诛杀起来才这么容易啊!"

58. 汉桓帝为何信任宦官

东汉末年，清流党人与宦官集团多次斗争，然而每一次都以清流惨败而告终。汉桓帝依靠宦官集团推翻了外戚梁氏，按理来说清流党人迎来了出头的机会，可汉桓帝依然信任宦官，极力打压耿直敢言的清流党人。

为什么会这样？

往浅了说，因为他们听话，而且是自己扳倒梁冀的重要帮手。

宦官大多文化水平不高，不像那些士大夫，都是读圣贤书长大的，脑子一根筋，动不动就拿大道理来压自己。当初自己在梁冀手里做了13年傀儡，那些清流们干了什么？他们满口仁义道德，却主动阿附梁冀，为梁冀鼓噪呐喊，简直无耻至极！以至于在后来整肃梁冀乱党的时候，整个朝廷都被清空了。

往深了说，这涉及皇权治理问题。

天下原本是天下人的天下，可自从有了皇帝，天下就变成了天子的天下。皇帝高高在上，百姓匍匐在脚下。

这样的政治构架，我们可以分为三层，皇帝和平民，还有夹在中间的贵族阶级。

秦始皇统一六国后，不断加强中央集权，打击、排挤并消灭贵族阶层，让整个帝国置于他一人的掌控之下。可是新的问题又来了，没有了贵族这个中间阶层，皇帝就得直面庞大的平民阶层。如此庞大的帝国，仅靠皇帝一人治理，显然不现实，于是官僚集团应运而生。

官僚集团是平民阶层的精英，他们被皇帝从平民阶层中精挑细选出来，成为行使代理皇权的官员。

有了官僚集团，皇帝就可以高枕无忧了么？

当然不是！

官僚集团不断壮大，逐渐有了自己的利益诉求。这些饱读诗书的官员，借助于联姻、乡党、师生、朋友等关系，结成不同的利益共同体，在皇权面前达成攻守同盟，让皇帝很是无奈。

怎么办？接着打击官僚集团呗！

可问题在于，官僚集团可不好对付，他们有知识有文化，斗争经验丰富。更关键的是，他们是皇帝统治帝国的工具，皇帝必须借助于他们来维系自己的统治。如果皇帝干掉了官僚集团，那么自己就真成了孤家寡人。

皇帝需要帮手，而这个帮手就是宦官。

作为皇帝身边的奴才，他们足够亲密，皇上既是他们唯一的主子，更是他们唯一的依靠，所以不用担心忠诚。

更重要的是，士人天生不喜欢这些没文化的奴才，这就使得宦官备受文官集团歧视，难以与外臣结党营私，所以足够安全。

亲密、忠诚、安全，这就是皇帝宠信宦官的原因。所以一般官僚集团壮大之时，就是宦官集团粉墨登场之际。

59. 汉灵帝刘宏到底有多贪财

在很多人的潜意识里，皇帝是不会贪财的，整个国家都是他自己的，贪财之辈多出于官场。然而这一判断在汉灵帝这里却失灵了。

汉灵帝为了谋财，脑洞大开、创意多多，甚至干起了卖官的生意。他在西园开设了一家机构——西邸，公开出卖官爵。官秩2000石的高官标价2000万钱，400石的官标价400万钱，明码标价，童叟无欺。

有趣的是，刘宏还很重视买家的道德品质，道德品质好的可以打折，打五折，甚至三折，真是良心卖家。

如果某人特别想做官，可又没有钱咋办？不要紧，刘宏也考虑到了这种情况，可以延期付款，先不交钱，上任后有了钱，按原价加倍偿还。

这样做还有一个问题，天下州郡有富有贫，在富裕的地方做官，可以搜刮更多的民脂民膏，而在贫困的地方做官，油水自然少很多。如果按照统一定价购买，买到富裕郡县肯定高兴，买到贫困地方的肯定不乐意了。

为此，有人特意到宫门上书，指定要买某县的县令。刘宏了解这一情况后，立即修改了销售方案，根据每个县的具体情况修改价格，然后一脸得意：我做生意一向讲究公平，童叟无欺，快来买，手快有，手慢无！

不仅小官可以出卖，高官也可以卖，刘宏还让左右亲信宦官、乳母等出卖三公、九卿等高官，当然这个价钱会比较贵，三公的职位卖到了1000万，九卿的职位卖到了500万。

想做官，拿钱来！

东汉以前，皇帝虽然也卖官鬻爵，但所售多为有爵无权的虚官，相当于一个荣誉头衔。而到刘宏时连最起码的底线都不要了，下至县令县长，上至三公，只要拿得出钱，都可买卖。

刘宏不放过任何机会，连有名望的张温、段颎等人，也都是给他先交足了钱才登上公位的。及至后来，刘宏更变本加厉，官员的升迁调动都必须支付三分之一或四分之一的官位标价，搞得许多想做官过把瘾的人都因无法交纳如此高昂的费用而望洋兴叹，徒唤奈何。

崔烈出身于北方名门望族，政绩斐然。为了往上爬，老崔痛下决心，凑了500万钱买了个司徒的位子。

册拜之日，宫廷举行隆重的封拜仪式，刘宏亲临殿前，百官肃立阶下。看着崔烈春风得意的样子，刘宏突然觉得他这司徒一职来得太便宜了，忍不住对随从亲信嘟哝："这位子至少值1000万呀，便宜这小子了！"

旁边的亲信赶紧劝阻他："亏就亏点儿吧，他能出500万，已经很不错了。陛下您要有点品牌意识，像崔公这样的冀州名士，岂肯轻易买官？现在连他都认可陛下的产品，正好给我们做免费广告，以后这官位就会更畅销了。"

崔烈买的司徒一职，与太尉、御史大夫合称"三公"，堂堂皇帝竟然干出这种事，仿佛这天下不是他家的，将祖宗的东西各种打包贱卖，真是滑天下之大稽，荒唐到无以复加了。

崔烈上任后心里不大踏实，想知道社会上有什么反应，就问儿子崔钧："百姓对我当上三公有何评价呀？"

崔钧据实相告："论者嫌其铜臭。"这就是"铜臭"一词的来历。

60. 两次"党锢之祸"

党锢之祸是东汉桓灵之际，清流士人对宦官乱政的现象不满，与宦官发生党争的事件。"党锢之祸"共有2次，从延熹九年（公元166年）到中平元年（公元184年），历经桓、灵两朝，是一次规模巨大、持续长久、程度激烈的权力斗争。

彼时的宦官集团横行霸道，激起了外戚和士大夫的不满。一批批士大夫结成一个个团体，推出一批名士及领袖，甚至互相结党，对抗宦官群体。其中出名的有以陈蕃为代表的"三君"，以李膺为代表的"八俊"，以范滂为代表的"八顾"等。他们掌握了舆论主导权，以太学为中心，品评人物、抨击时政、批评宦官，他们指点江山、激扬文字，在民间赢得了极高的声望。被他们批评的当权人物惶惶不可终日，宦官头目对这些人更是恨之入骨。

第一次"党锢之祸"发生在延熹九年（公元166年），宦官的党羽张成得知朝廷马上就要大赦的消息，于是就让儿子杀人，被司隶校尉李膺收捕；党羽张汜贿赂宦官，被南阳太守成瑨收捕；小黄门赵津也因为犯罪被太原太守刘瓆收捕。

结果这三人都赶上大赦，嘛事儿没有，但李膺、成瑨、刘瓆没有释放三人，自作主张将人处死。这一举动让宦官抓住反击的机会，他们教唆张汎的妻子向汉桓帝告状，成瑨、刘瓆俱入狱；而后又告李膺与太学生结交为朋党，诽谤朝廷。

汉桓帝下令捉捕党人，200多被牵连者，一些为党人求情的官员也被免官。

第二年，外戚窦武和尚书霍谞向汉桓帝上表请求释放党人，汉桓帝气消后，总算释放了关押的党人，但终身不许录用，第一次"党锢之祸"就这样结束。

汉灵帝继位后，陈蕃、李膺等大批党人被重新任用，他们想趁此机会，将宦官集团连根拔除，结果遭到了窦太后的阻挠。

士人和宦官的矛盾再次被挑起，宦官集团利用汉灵帝年幼无知，继续迫害李膺等士人，无数党人被处死、流放、禁锢。永昌太守曹鸾上书为被迫害的士人求情，结果引起了汉灵帝的不满。汉灵帝不但处死了曹鸾，还扩大党锢范围，党人的门生故吏、父子兄弟、五服之内的亲属都被罢官禁锢。

直到中平元年（公元184年），"黄巾之乱"爆发，迫于黄巾军的压力，汉灵帝怕这些士人跟起义军勾结生乱，不得已解除对清流党人的禁锢政策。自此，长达18年的"党锢之祸"终于结束。

两次"党锢之祸"，其实是皇帝想借助宦官之手重新夺回对地方的掌控，可造成的影响却极为恶劣，无数士人精英被屠戮，剩下的被免官禁锢，终身不得做官。可以这么说，经过这次事件，士人集团与皇权彻底决裂！

  当这样一个群体都失去了忠诚的时候，东汉这个政权走向尽头是再正常不过的事情了。

61. 悲惨的大汉末代皇帝

东汉兴平二年（公元 195 年），董卓之乱后第 6 年，15 岁的汉献帝刘协向挟持他的李傕提出，希望能供应五斗大米、五具牛骨，给身边饿得头晕眼花的大臣们改善一下生活。

不料李傕竟朝小皇帝大发雷霆，说："你们刚吃完免费的午餐，又想要米干什么？"

李傕拒绝提供大米，至于牛骨嘛，倒是送去了，只是全都爬满了蛆虫，臭不可食。

献帝怒了，拍案而起，要去找李傕问个清楚。侍中杨琦赶紧拦住献帝，劝道："李傕是边地之人，性情残暴，他干下这些大逆不道的事情，一定不会就此罢手的。听说他打算把陛下转移到池阳的黄白城，还是先忍忍吧。"

在汉末三国的历史上，汉献帝刘协是一位存在感极弱的皇帝。生逢乱世，刘协也是个苦命人，他的母亲是王美人，当时何皇后主持后宫，最忌恨别的妃子怀上汉灵帝的孩子。王美人怀孕后不惜喝下堕胎药希望自保，可惜没有成功堕胎。刘协出生还未满月，母亲王美人即被何皇后毒死；9 岁那年，父亲汉灵帝去世，刘协失去了一切依靠。

命运之神显然不打算放过他，董卓随后将刘协拥立为帝，注定了他后半生傀儡的命运。

董卓死后，刘协再次被他的部将挟持。长安再次大乱，刘协只能带着文武大臣，趁着战乱逃出长安，向着洛阳逃命，一路上被人追击，惶惶如丧家之犬。

好不容易到了洛阳，结果这里早被董卓一把火烧为灰烬。没人关心这位大汉帝国的皇帝，他只得带着臣子们到荒野和田间找吃的。

而此时，曹操瞅准了机会，带着粮食来见刘协。刘协就这样半被骗、半自愿地到了曹操的大本营许昌。

刘协也曾想过反击，可他身边全是曹操的耳目亲信。20岁那年，刘协密诏董贵人的父亲车骑将军董承设法诛杀曹操，然而事情泄露，刘备出逃，参与谋划的一众人被诛，连已有身孕的董贵人也未能逃过一劫。

此后，他又与伏皇后试图利用朝外力量刺杀曹操，结果未能成功，伏皇后被捕。临死前，伏皇后披头散发、光着脚求他："陛下，你就不能救救我吗？"

献帝只能默默流泪："我也不知道我还能活多久！"

面对前来捕杀伏皇后的大臣郗虑，他哭着说："郗公！天下还有这种道理吗？"

身为帝国皇帝，他却连自己的老婆、孩子也保护不了，这是怎样的一种悲哀！最终，伏皇后和两个儿子被杀，尽忠汉朝皇室的伏氏家族 100 多人惨遭屠戮。

抗争全部失败，他最终彻底死了心。

曹操去世，曹丕继位，40 岁的刘协已经懂得了识时务者为俊杰，主动提出禅位给曹丕。

公元 234 年，大汉帝国的末代皇帝、汉献帝刘协终于走到了生命的尽头。同一年，诸葛亮也在光复汉室的北伐途中去世。至此，历经 400 年的大汉帝国最终在刘协的手中烟消云散，不复存在。

汉朝冷知识
职官名士

62. "春秋三传"是怎么回事儿

《春秋》是我国古代记事史书的通称,据说为孔子所作。"春秋"一词,本是东周列国史官所撰编年史的通称。

传说孔子写《春秋》的目的就是要惩恶扬善,拨乱反正。为达到这个目的,孔子在写作时特别讲究遣词造句,文字非常简洁,这就是后人说的微言大义。可这么做存在一个问题,如果没有注释,后人根本无法理解孔老夫子的微言大义,比如某一段话为何这样说,用这个词又代表了孔子怎样的情感倾向等等。

这可怎么办?

别着急,后来的学者撸起袖子,干起了解读工作,用自己的方式去做注解,其中最有名的要数左氏、公羊、穀梁三家,这三家后来合称为"春秋三传"。《春秋经》加上《左传》《公羊传》《穀梁传》,是谓"一经三传",《春秋》作为教材被称为"经",那些教辅则被称为"传",另有邹氏、夹氏二家,早在汉朝即已失传。

《公羊传》和《穀梁传》,据说一开始都是传自孔子的学生子夏。子夏传给了公羊高,公羊高传给了儿子公羊平,公羊平传给了儿子公羊地，公羊地传给了儿子公羊敢，公羊敢传给了儿子公羊寿。公羊寿和另一个齐地的人胡毋子把这一脉的学问记录成书。因为这一脉理论主要是公羊氏传下来的，所以后来就称为《公羊传》。

穀梁赤也是受教于子夏，他学成之后，加上自己对《春秋》的理解形成了一套理论，传给一个叫孙卿的，孙卿又传给了申公，申公传给江翁。后来传到一个叫荣广的鲁地的人，这个人再传给了蔡千秋。因为这一脉的宗师是穀梁赤，所以后人就把这一派称为《穀梁传》。

《左传》原名《左氏春秋》，到东汉班固时才改称《春秋左氏传》，据传是鲁国的史官左丘明所写，当然后人也有争议，但这种几千年前的事情争论来争论去也没个标准答案。《左传》或者《春秋左氏传》，后来一般认为就是左丘明对《春秋》的解读。

我们在很多地方看到过关公读春秋的塑像，其实关公读的并不是孔子整理的《春秋》，而是左丘明写的《左传》。

春秋三传中，要说起阅读体验，《左传》给人的感觉最好。《公羊传》和《穀梁传》是评论史书，价值不大，而《左传》侧重叙事，里面有大量历史故事，文字活泼，史料严谨，也是研究我国春秋战国历史的重要史料。

比如在《春秋》中，孔子简单写了一句"郑伯克段于鄢"，《左传》对此事的来龙去脉做了详细的记述，读起来简直就是一篇传奇小说。

西汉时，《公羊传》和《穀梁传》互相争雄，被立为官学，而《左传》的地位一直不高，直到魏晋以后才渐重于世。至于真正升格为"经"，与《公羊传》《穀梁传》并列，则要到唐代了。

63. 为什么人人都袒护季布

《史记》中有这样一个故事：一诺千金。说的是汉初名将季布的故事。季布是楚国人，性情耿直，为人侠义好助，言出必行，已诺必诚，民间有一句俗语："得黄金百斤，不如得季布一诺。"

季布曾为西楚霸王项羽帐下的五大将之一，楚汉两军交战时，曾经多次让刘邦困窘不堪。刘邦消灭项羽后，仍对此耿耿于怀，他发布了一条红色通缉令：抓到季布赏金千两，窝藏季布罪及三族。

按说这种情况下，季布的命运基本逃不脱先亡命天涯、最终被扭送砍头的套路，但季布就是命硬，实现了一次剧情大逆转。由于他声名远扬，很多人愿意冒着砍头的危险保护他。

濮阳的周氏人称大侠，得知季布流落江湖，大方将其收留。很快，周围人都知道周家收留了季布，看到朝廷发出的通缉令后，开始动起了歪脑筋。

周氏知道自己保不住季布，但也不想把季布交出去。如果季大侠在自己的地盘上被官府抓了，自己以后还怎么在道上混？左思右想，他想到了一个办法："将军，我有一计可助您脱身，但一定要听我安排。如若将军不信任我，我立刻死在您面前！"

季布当即应允。在周氏的安排下，季布剃去头发，脖子戴上铁链，混同几十个家奴一起被卖给了鲁地的朱家。

朱家也是当地豪侠，人称"关东大侠"，喜欢结交当世豪杰。看到这批奴隶后，朱家一眼就认出了队伍中的通缉犯季布，但他没有当场说破，只是悄悄嘱咐儿子："家里的农活他想干就干，干多干少都无所谓，一日三餐你要和他一起吃，千万不要怠慢了他。"

朱家确实够义气，不仅收留了通缉犯季布，还打算为他洗白。要知道，季布可是刘邦点名要抓的通缉犯，谁敢帮他开罪？

可是朱家有信心。

在将季布妥善安置后，朱家赶赴洛阳拜见汝阴侯滕公，也就是刘邦曾经的专职司机，如今的太仆——夏侯婴。

朱家是黑道上的大哥级人物，夏侯婴如今虽然位高权重，但也不敢轻慢，亲自出门迎接。一番寒暄后，朱家开门见山："敢问滕公，季布到底犯了什么罪，陛下这么着急捉拿他？"

夏侯婴道："季布屡次将陛下逼至困境，所以陛下对他恨之入骨，必欲杀之而后快。"

朱家问："滕公您怎么看季布这个人？"

夏侯婴答："季布的大名我早有听闻，武功高强，正直诚信，是个贤人。"

朱家一听，心里有底了，索性敞开道："我听说身为人臣的，应尽忠职守。当日季布在项羽麾下听命，楚汉相争，季布也只是履行他的职责而已。如今天下已定,陛下为个人恩怨搜捕报复季布,反而显得心胸狭隘。您也说了,季布是个贤人,如其情急投敌,北有匈奴,南有南越,反而不美。得天下者,最忌讳的就是逼人太甚,当年伍子胥被迫逃离楚国,后又杀回楚国鞭尸楚平王,就是前车之鉴啊!"

夏侯婴是何等聪明之人?从见到朱家那一刻他就知道了对方的目的,不过他也认同朱家说的这些,于是答应帮忙从中调解。

这之后,夏侯婴找了个机会面见刘邦,将朱家的话又给刘邦说了一遍。刘邦虽然偶尔小心眼,但大道理还是懂的,当即下令赦免季布,还给季布封了官。季布后来为汉朝效力,做过河东郡守,随周亚夫平定七国之乱,成为一代名将。

64. 穷小子陈平如何"软饭硬吃"

刘邦带领沛县子弟打天下时，身边有一位奇才，善出奇谋，拥有力挽狂澜的能力，此人就是陈平。

史载陈平曾经"六出奇计"，帮助刘邦搞定各阶段的主要对手。不过早期的陈平却是一个不折不扣的软饭男，以傍富婆安身立命。

陈平出身不好，家里没啥产业，父母死得早，吃了上顿没下顿，他也没什么谋生的本事，只能跟着哥哥嫂子一起住。时间长了，嫂子不乐意了，背地里埋怨他不务正业，只会蹭吃蹭喝。

陈平的大哥听了，当场就发火了，闹着要跟她离婚。

结果这事儿很快传了出去，有倒闲话的认为陈平肯定跟嫂嫂有一腿，所以他哥才会坚决要求离婚。

无业青年陈平没啥本事，为了填饱肚子，只能在村里人办丧事时打杂，找点事做。

别看他平时游手好闲，不务正业，人家也是有理想有抱负的。有一次，陈平在祭祀上主持分肉，他不贪小便宜，分得很公平，大家都夸奖他分得好，陈平却感慨道："这算啥？倘若我陈平能有机会主宰天下，也能像分肉一样恰当称职。"

这大言不惭的话语在广为流传之后，成了陈平的标签。

有志气的陈平虽然有哥哥帮衬，但贫穷还是让他在娶媳妇的时候遇见了难题。恰好有个叫张负的土财主，孙女嫁了五次，五次都因为老公死了被送回娘家。在村里人看来，这姑娘天生克夫命，十里八乡没人敢再娶了。

老张很着急，有一次看到陈平，第一眼就被他英俊的外表给吸引了，自作主张将孙女许配给了他。儿子表示不服："陈平既穷又不愿劳动，全村的人都笑他没出息，怎么还把孙女嫁给他呀？"

老张回道："你懂什么，我看此人相貌不凡，将来必成大器！"

当然，老张也不完全是个看脸派的颜值控，他对陈平是有仔细勘察的。有一次，他尾随陈平到家，发现虽然陈平家穷得叮当响，但从他家门口各路马车的车轮印就可以断定，这家伙一定有很多达官显贵为朋友。

检验一个人最有效的办法，是看他和什么样的人交朋友。当然，按照陈平的智商，这些车轮印恐怕是他故意留下的。

在张负的安排下，陈平跟孙女搭上了线，没钱娶？不要紧，我有钱，不要彩礼！

在街坊邻居异样的眼神中，陈平顺利迎娶了张家孙女，俩人的生活如鱼得水，平安无事。

有了富裕老婆支持，资财渐渐宽裕的陈平交游也越来越广。很快，他已经不安于待在这个小地方，准备出去做一番大事业了。

65. 都是开国功臣，凭啥萧何排第一

汉帝国建立后，刘邦一口气分封了20多个功臣。而关于谁才是大汉第一功臣，大伙儿争得面红耳赤，经过一番热烈讨论，终于推出了一个人：曹参。

关于曹参的战绩，军功簿上明明白白地记着："参功：凡下二国，县一百二十二；得王二人，相三人，将军六人，大莫敖、郡守、司马、候、御史各一人。"此外，曹参在战场上冲锋陷阵，浑身上下有70多处创伤，这些创伤就是军功章。

却不料，刘邦却把大汉第一功臣的荣誉送给了一向低调的萧何。

所有人都不理解，为什么是他？

事实上，刘邦把萧何排在前面，其实是顶了巨大压力的。刘邦起兵，靠的就是沛县乡党。虽然萧何也是出自丰沛党，但毕竟是手无缚鸡之力的一介文人，毕竟在战争年代，大伙儿更看重的是上场杀敌收人头的能力。曹参也表示不服，老子在前线跟项羽拼命，南征北战多年，身上旧伤未愈又添新伤，你萧何一介书生，从未领过兵打过仗，大多数时候都远离前线，独自猫在大后方，凭什么是第一功臣？

抱怨多了，自然就传到了刘邦的耳朵里。

这一日，刘邦在朝会上问道："近来听闻诸位对朕的分封多有不满，诸位知道朕为何封萧何为第一功臣吗？"

底下的人开始窃窃私语，樊哙站了出来："陛下，臣等披甲带兵，冲锋陷阵，多者身经百战，少者数十战。萧何没有经历征战之苦，没有打过一次仗，只靠舞文弄墨，出出主意，论功封赏时反而在我们之上，臣等不服！"

刘邦点了点头，目光扫过众人，道："诸位知道狩猎吗？狩猎时，追杀野兽、野兔的是猎狗；而放狗追击，指示猎物方向的是猎人。你们只是能捕捉走兽，是有功之狗；至于萧何，发号施令，指示追踪目标，是有功之人。当年与项羽争夺天下时，要是没有萧何管理大后方——关中，提供源源不断的军粮和士兵，哪有各位后来的屡败屡战？"

此言一出，群臣皆不敢言。

从这里不难看出，刘邦不愧是一个卓越的战略家，他显然明白一个道理：打仗打的是后勤。

俗话说得好："兵马未动，粮草先行""大炮一响，黄金万两""巧妇难为无米之炊"。后勤补给对战争的重要性由此可见一斑。隋炀帝三征高丽，元军攻打日本，都是在后勤方面吃了亏。

66. 刘邦的"超级替身"

公元前204年夏，刘邦被项羽围困于荥阳，城中缺粮断水，可把城内的刘邦给急坏了。正面跟项羽杠，没有人有胜算，可若是逃跑，被项羽追上也是死路一条。

就在危难之际，一个小弟站了出来，对刘邦说："领导请您先走，我有办法拖住项羽！"

刘邦一看，原来是老部下纪信。

纪信和刘邦长得极像，乍一看像一个模子刻出来的，估计只有刘邦传说中的"左股72黑子"无法复制。

纪信对刘邦说："现在情况紧急，臣有办法，可保主公安全。"

刘邦一听大喜："你有何良策？"

纪信说："我的相貌很像主公，我愿假扮成主公出东门向项羽投降，主公您带人马从西门突围。"

听完纪信的建议，迫于形势，刘邦只好同意，他让陈平写了一封降书，大意是说荥阳已经弹尽粮绝，无力抵抗，为了城中百姓的性命，我决定今夜在东门亲自驾车出门投降。

这种鬼话对于刘邦和陈平而言，简直是张口就来，根本不需要任何思考，但天真的项羽却信了，命人停止了攻势。

这天深夜，荥阳东门大开，纪信穿着刘邦的衣服，坐着刘邦的专车，在两千妇女的簇拥下用衣袖挡住脸，慢悠悠地驶出城来。就着火把的光亮，楚军断定车上坐的就是刘邦！

楚军大喜过望，打了这么多年的仗，终于到头了，大伙儿赶紧押着"刘邦"送到项羽帐前。

别人没见过刘邦，项羽可是见过的，等到走近一看，才发现眼前这家伙居然是假冒的。

不好，中计了！

项羽伸手一指："你是何人，竟敢冒充刘季？"

纪信毫不退让，昂然道："我乃大汉将军纪信！"

项羽被惹怒了："刘季在哪里？"

纪信道："我家主公早已离开。"

项羽气急败坏道："刘季必定是从西门出的城，赶紧去追！"

可是已经晚了。此时的刘邦已经在众将士的保护下从西门逃出，等到东门的妇女们走完，天都亮了，刘邦早已不知所踪。

项羽本打算干掉刘邦把面子找回来，这下连里子都丢光了，愤怒的他下令将纪信活活烧死。

纪信用自己的生命换得刘邦的安全，解了荥阳困局，历代对其推崇备至，西晋陆机曾赞道："纪信诳项，轺轩是乘。摄齐赴节，用死孰惩。身与烟消，名与风兴。"

刘邦称帝以后，为了纪念纪信的救命之恩，下令在全国为纪信建立城隍庙，纪信从此成了城隍爷。

67. 英布是怎样被挖走的

公元前205年,刘邦率56万大军攻楚,占了项羽的老巢彭城。形势一片大好,刘邦的老毛病又犯了,天天花天酒地,彻底放飞自我,结果被项羽用3万人逆袭了。

逃出生天后,刘邦立即召开全体职工大会,议题只有一个:谁能帮我灭了项羽?

开出的条件非常优厚:函谷关以东的所有土地。

张良点了三个人:韩信、彭越、英布。

刘邦说:没问题。一边派人通知韩信、彭越,你们被火线提拔为高级合伙人啦,一边派人去挖英布。

英布是项羽帐下的第一猛将,跟随项羽入咸阳后,被封为九江王,然而他官越做越大,开始有了自己的小心思。

明眼人都能看出来,英布在观望。

刘邦派去挖墙脚的人叫随何,一到九江,英布好吃好喝供着,可就有一点,每当随何提出要见英布时,总被婉拒。

随何开始坐不住了,这天,随何对接待他的太宰说:"麻烦转告你家大王,我有话要对他说。如果我说的对,他可以听,说的不对,请他直接杀了我,免得被项羽知道了对大王不利。"

太宰把随何的话转告了英布，英布想了半天，决定还是见一见随何。

面对九江王英布，随何直奔主题："大王为什么听项王的？"

英布心里骂娘，嘴上很客气："我是项王的臣子。"

这个回答早在随何意料之中，紧接着他问了第二个问题："既然如此，大王作为臣子，为何在彭城沦陷的时候不去帮助项王？"

英布尴尬了，虽然自己对外声明是因为生病了，但谁都能看出来，这就是个借口。

随何步步紧逼："大王听项王的，是因为项王强大；大王不愿意见我，是因为汉王弱小，是这样么？"

英布："我知道你这次来是想说服我投奔汉王，但你家汉王刚刚打了败仗，我怎么可能给他去当小弟？"

随何摇摇头："错！我家汉王虽然败了，但现在退守荥阳、城皋一带，粮食和新兵都能从关中得到源源不断的补充。项王虽然一时胜了，但他缺乏根基，若想进攻荥阳，后勤无法保障，各路诸侯畏惧他，百姓讨厌他。长此以往，孰强孰弱，以大王的眼光应该可以分辨出来。"

如何抉择？英布的内心开始了一场天人交战。

随何一直盯着英布："只要大王能拖住项羽几个月，汉王就能夺取天下，到时候汉王不会忘记大王的恩情，九江淮南都是大王您的！"

英布心动了，但他不可能因为这么一句话就热血上头，他答应跟刘邦混,但不是现在。在时机到来之前,希望双方暂时保守秘密。

随何露出了会心的微笑,英布只是心动而已,要让他付出实际行动,还需再推一把。

早在前几天,随何就得到了一条情报:就在他到达九江时,楚国的使者也前后脚到了,就住在隔壁房间。但英布没有打算把这个消息告诉随何,很显然,他给自己留了后路。

要让英布死心塌地地背叛项羽,需要斩断他的后路。

这一天,英布私底下接见楚国使者。就在双方进行亲切友好的会谈时,随何突然带着手下直接冲进了现场,大喊:"九江王已经归附了汉王,楚国凭什么让他出兵?"

楚国使者一看,好你个英布,怪不得项王使唤不动你,原来你早就打算投奔刘邦了,都实锤了,还谈个毛线啊,赶紧跑路吧!

随何一看使者要走,对英布喊道:"事已至此,还不赶紧杀了他,更待何时?"

英布一看,知道已经没有退路,只得命令手下干掉楚国使者,正式入股刘邦集团。

68. 张良到底是不是韩国贵族

张良被后世称为"谋圣",是中国最后一个敢以"王者师"身份自居的文人。王安石说,张良才是刘邦集团的真正头脑,他只不过是躲在幕后,利用刘邦的力量来达到自己的目的:推翻暴秦,为韩报仇。

刘邦这人没个正形,口中从来都是污言秽语,对于其他人非打即骂,唯独对张良则十分恭敬,言必称"子房"。这可相当不易,是敬师之礼。

史书上对于张良身世的记载很简略,基本上都来自张良本人的口述,说张良的出身与项羽相似,都是六国贵族,而且地位比较显赫。用《史记》的原话就是——"五世相韩"。他的祖父担任了韩昭侯、韩宣惠王、韩襄哀王的相国,父亲则担任了韩釐王、韩悼惠王的相国。这样来看,张良绝对是贵族之后,只不过由于他年少,没在韩国担任一官半职。

这样来看,张氏家族长期占据着韩国政坛的要位,在史书上至少会留下蛛丝马迹。可实际上呢?翻遍史书,就是找不到相关记载!

司马迁的《史记·韩世家》中记载了申不害相韩昭侯、公仲朋相韩宣惠王的印迹，却不见张良的两位先人张开地、张平的任何踪影。翻遍《战国策·韩策》，也没有这两位张先生的一字半句。

是不是觉得很可疑？

再看张良的年龄，公元前250年，父亲张平去世，死后20年秦灭韩。照这样来算，彼时的张良至少已经20岁了，用"年少"来解释他没有担任一官半职，显然说不过去。

张良的家世疑点重重，那么真相到底是什么呢？

这个问题无人知晓，不过我们可以大致得出一个结论，张良本人是没落贵族不假，但张氏家族在韩国恐怕没那么显赫。

我们接着往下看。

秦灭韩后，年轻的张良几乎在一瞬间转变成了一个超级愤青，他遣尽家童，弟死不葬，变卖家产，四处寻求天下勇士刺杀秦始皇。

经过多方寻找，他找到一个大力士，在博浪沙扔出重达120斤的大铁锤（秦时1斤大约等于现在半斤），不料却击中了秦始皇的副车。秦始皇幸免于难，但对此事十分恼怒，下令全国缉捕刺客。张良这才隐姓埋名，藏匿在下邳。

就在他隐居下邳的日子里，又流出一个传说，说张良在桥上遇到一老人，老人故意让他为自己捡鞋穿鞋，并约定时间再见。在屡次迟到后，张良充满诚意地半夜就守候，终于得到了黄石老人的青睐，送给他姜子牙写的《太公兵法》。

张良还要再问，老人笑道："13年后，你到济北来见我，我就是谷城山下的黄石。"

这个故事太过玄幻，一看就是张良自己瞎编的，可问题在于，张良为什么要编造这样一个玄幻故事？

这个问题不难回答，张良在下邳并没有闲着，继续干着秦朝法律不允许的"任侠"的事情，陈胜起义后，张良迅速集结起100多位少年投奔了刘邦。由此来看，张良在下邳一直有一群小弟，显赫的家世加上玄幻故事，足以威慑那100多个少年愣头青。

69. 从武将到国相的秘诀

曹参和刘邦、萧何一样都是沛县人，刘邦在沛县拉起队伍后，曹参始终跟随在刘邦身边，南征北战、一路杀伐。在入关灭秦、楚汉之争的关键节点，我们都能看到曹参的身影。刘邦称帝后，陈豨和英布先后叛乱，曹参积极协助刘邦平叛，发挥了关键作用。

汉帝国建立后，因首席功臣之争，曹参与萧何失和，刘邦将曹参调到齐国担任国相，辅佐齐王刘肥。

曹参前半生戎马倥偬，四处征战，军政经验丰富，但对于治国理政，实在是有些摸不着头脑。曹参走马上任后，面临着严峻挑战。

齐国地处东方，有70座城邑，算是一个大国。当时天下刚刚平定，百废待兴，齐王刘肥还小，一切只能依靠曹参。刚到任时，对于如何治理这么一个庞大的诸侯国，大老粗曹参并没有任何头绪，一上任，他就把城里的老同志和知识分子都招来，问他们有没有安抚百姓治理齐国的法子。

大伙儿踊跃发言，可人太多了，叽叽喳喳，根本无法得出一致意见，弄得曹参也听得一头雾水。

这样下去可不行啊！

这时，旁边有一人给他出了个主意，说："胶西有位盖公，学识渊博，精研黄老学说，您不妨听听他的意见。"

曹参立即派人带着厚礼把他请来。两人见面后，盖公并没有谈什么高深玄妙的大道理，相反，他说话很直白："老百姓最忌瞎折腾，治理国家的办法贵在清静无为，让百姓们自力更生。只要给他们一个安定祥和的环境，老百姓的创造力就会激发出来，为了追求美好生活而努力奋斗。"

曹参顿时豁然开朗，对啊，让老百姓好好过日子就行了，哪里有那么多事情？

曹参决定自己带头，改变执政风格。他让出自己的办公室，让盖公住在里面，时时请教。此后的九年里，曹参按照黄老学说的方法，不折腾，不乱作为，让百姓自力更生。

周围的人一开始还有点不适应曹参的这种工作方式，日子一长，大家也就渐渐习惯了。

在齐国的几年里，曹参把齐国治理得井井有条，百姓安居乐业，国内一派祥和。经民意测验，齐国百姓对曹参的评价只有两个字——贤相，满意度100%。

在这里，我们有必要解释一下，什么是黄老之学？

老子曾经有一句名言，治大国如烹小鲜，这句话有很多解释，第一种说法是，治理大国就好像烹调小鱼，要掌握好火候，油盐酱醋料要恰到好处，不能过头，也不能缺位。

第二种是，治理大国要像煮小鱼一样，小鱼的肉质细软，烹煮的时候不能翻来覆去地乱搅动，多搅则易烂。

其实，无论是哪种说法，总结起来就是三个字：

不折腾！

把那些虚头巴脑的事儿都放下，少管，少干，老百姓的日子就好过了。

不论是治一地还是一国，治理都是一个缓慢的过程，不能来回折腾。黄老之学主张无为而治，认为执政者应该对民间少一些管制，少一些折腾，老百姓其实天生就懂得如何把自己的生活过好。

70. "萧规曹随"是不是"懒政"

大汉第一任相国萧何去世后，远在齐国的曹参被指定为接班人。

相国上辅佐天子，下引领百官，职位何等重要！大伙儿都等着曹参新官上任三把火，却不料，自打搬进了相国府后，曹参对外只传出一句话，一切都依萧相国原定方针办事，然后就没了下文。

大伙儿本以为曹参这是刚上任，需要熟悉情况，后面肯定会推出自己的主张，可时间长了，他们想象中那一幕始终没有出现。

不久之后，曹参公布了一条提拔官员的规矩：不善言辞的木讷者，性情厚重者，来者不拒；言辞犀利者，文字苛刻及追求声名者，通通滚蛋。

老曹每天的生活就是在家里喝酒唱歌，也不按时打卡上班。

时间一长，大臣们看不下去了，相约去规劝曹参，请他以国事为重。

曹参一见他们，不等他们开口就把他们拉到酒桌上："今天不谈工作，只谈感情，先喝几杯再说！"

眼看酒喝得差不多了,是时候该说正事了,可曹参又说:"不急不急,喝完这杯,还有一杯。"如是者再三,直到大臣们不胜酒力,烂醉如泥。

曹参天天泡在酒中,不光大臣们着急,皇帝也有点看不下去了。本指望曹参上任后有所作为,没想到他却消极怠工。想来想去,他叫来了曹参的儿子,中大夫曹窋,让他劝劝曹参。

曹窋回到家就跟老爸说:"高帝刚刚去世,陛下又很年轻,您身为相国,整天喝酒,遇事也不向皇上打报告,您到底有没有考虑国家大事啊?"

曹参一听,立马叫人将曹窋拖出去,打了200大板,怒斥道:"国家大事是你该问的吗?该干嘛干嘛去!"

得知曹窋挨了打,刘盈坐不住了,次日一上班,就责备起曹参来:"曹相国,你为什么要惩罚曹窋?是我让他问你的,你有什么意见可以当面对我说。"

精明的曹参连忙谢罪:"原来是陛下的意思啊,请陛下原谅!"

刘盈一脸郁闷,你打都打了,我还能说啥?难得曹参今天正常上班,一定得逮住你问个明白:"自从你担任相国以来,整天就知道醉生梦死,一点都没有萧相国的工作作风,能解释一下么?"

曹参知道是时候揭开谜底了,反问刘盈:"陛下扪心自问,自认为和高皇帝比,谁更英明神武?"

刘盈答:"我当然不如先帝了。"

曹参问："那您觉得我和萧丞相比,谁的能力更强？"

刘盈想了想,道："说实话,你的能力确实比萧相国差那么一些些。"

曹参道："这就对了,您与我都比不上先帝和萧相国,而先帝与萧相国平定天下后,各项法令都已经很完备了,臣等按部就班,让天下百姓休养生息不就行了么？"

刘盈恍然大悟,连声道："相国说得对。"

战争年代已过去了,现在最重要的是与民休养生息,不瞎折腾。

曹参做了三年相国,海晏河清,百姓在这种轻松的氛围中努力发展生产,使汉初一片萧条的景象渐渐得到改善。民间流传着这样一句话：

萧何制法,整齐划一；
曹参接替,守而不失；
做事清净,百姓安心。

71. 名相萧何为何走上"腐败之路"

萧何，西汉第一位丞相，汉初三杰之一，在刘邦夺天下、建立汉朝的过程中立下了不可磨灭的功劳。然而就是这样一位贤相，晚年却开始贪污腐败，抢夺百姓的财产，搞得民众怨声载道。

这又是怎么一回事？难不成萧何也被糖衣炮弹腐蚀了？

萧何是治国干才，作为臣子的他勤勤恳恳，一心谋国，无暇顾及其他，很少刻意琢磨皇帝的心思。然而随着异姓诸侯王被清理后，刘邦开始对位高权重的萧何产生了猜疑。

刘邦常年在外征战，将大后方关中交给了萧何。萧何勤勤恳恳，将关中治理得井井有条，积累了巨大的声望。百姓只知有萧相国，不知有皇帝，这还了得！

黥布谋反时，刘邦亲自率军征讨。按说行军打仗，刘邦定是日理万机，昼夜操劳，根本顾不上后方的事，但刘邦在打仗间隙却多次派出使者回京城，询问萧何平日里都在忙些什么。

使者倒也不说别的，也就是随便问问。萧何见皇帝如此"关心"，除了内心感动，倒也没觉得有什么不正常。皇帝在前线打仗，自己在后方安抚好百姓就行了，但使者却接踵而至。

时间一长,萧何就有些不明就里了,就在他百思不得其解时,有位瓜农找上门来,求见萧何。

此人名叫召平,他求见萧何,并非为了推销自己的瓜,而是另有目的。

凭着丰富的人生阅历,召平敏锐地意识到萧何的处境已经很危险了,一见面,他就开门见山说道:"皇帝在外征战,亲冒矢石,整日风吹日晒,可谓艰辛无比。而相国您留守大后方,安然无恙,皇帝却还要派卫队保护您,并时不时派人慰问您,难道您就不觉得奇怪吗?"

见萧何不解,召平继续说道:"相国大祸将至,您忘了淮阴侯韩信的下场吗?"

萧何恍然大悟,赶紧让他给出个主意。召平说:"我倒是有个主意,您赶紧推辞封赏,将家产捐出来。唯有如此,或许才能打消皇帝的猜忌。"

萧何听完,急忙将皇帝的封赏及家产捐出来,送到前线去。刘邦这才放松了对萧何的警惕。可没过多久,刘邦又派人来,询问相国最近过得怎么样,是否吃得香睡得安稳。

一日,萧何偶尔问及门客,门客说:"您不久就要被灭族了!"

萧何大骇,忙问其故。门客道:"您现在身为相国,功劳第一,除了皇帝,没人可以和您比。您从当初入关中就深得民心,至今10多年了,老百姓都亲附您。您还如此为国勤勉做事,民望一日高过一日,站在皇帝的立场,他会怎么看您?"

萧何一听恍然大悟，赶紧让门客给出个主意。

门客道："现在只剩下一个办法，您不妨大搞贪污腐败，捡起屎盆子往自己头上扣，设法把自己搞臭。只有这样，皇帝才会对您放心。"

在门客的指点下，萧何只得强压下自己心中的正义感，强买京郊周围数千户百姓的田宅，搞得民间怨声载道。百姓上告无门，索性拦住回京途中的刘邦告御状，说萧相国用强迫手段，贱价购买民众的土地和房屋，等等。

本以为刘邦听后会勃然大怒，谁知他竟然哈哈一笑了之，好小子，终于逮到你的把柄了！

回到京城后，萧何前来汇报工作，刘邦笑道："想不到堂堂相国都开始打起百姓的主意了，这可是稀罕事啊！"

萧何一脸惶恐，连忙谢罪，刘邦道："你亲自去向百姓们解释吧！"

如此一来，这事儿就算过去了。萧何以给自己"泼脏水"为代价，终于换来了皇帝的谅解和信任。倘非如此，萧何的下场也未可知。

72. 韩信到底有没有造反

韩信究竟有没有谋反？大伙儿各执一词，不妨回到历史现场看看。

汉高祖十一年（公元前 196 年），刘邦正在邯郸亲征陈豨叛乱，留守长安的吕后收到密报，说韩信阴谋勾结陈豨要造反。

此时的韩信已在长安闲居了五年，手里也没了兵权，但吕后不敢轻举妄动，她找来萧何商议。二人设计，在长乐宫中杀死了韩信。

临死前，韩信仰天悲叹："悔不听蒯通之计，以至于被一介妇人所欺，这难道不是天意吗？"

回顾整件事会发现，其中有太多的疑点。

疑点一：蒯通在刘邦胜负未卜时曾游说韩信另起炉灶，都被他果断拒绝，为何等到了刘邦建立帝业后却心生异志？

疑点二：韩信两次被刘邦袭夺兵权，先是从齐王改封成楚王，再由楚王降职为淮阴侯，坐困长安，早已从中察觉到刘邦对他的猜忌与畏惧。如果他想造反，之前那么多的机会都没有出手，为何偏在无权无兵、蛰居长安之时谋反？

疑点三，韩信被灭族之后，依据汉帝国发布的官方声明，刘邦派陈豨去镇守北部边疆代地,临行前,陈豨曾去拜访韩信。韩信避开左右从人,拉着陈豨的手有一番密谈。

韩信:"你率领的是汉朝的精锐部队,现在又是皇上身边的大红人。不过,如果有奸佞小人在皇上身边摇唇鼓舌,陛下就会对你产生怀疑,之后会对你展开调查,你的政敌便有机会对你进行栽赃陷害。最后,陛下会捉拿你,诛灭你三族。我愿为你在京城做内应,助你取得天下。"

陈豨听完,郑重说了三个字:"谨奉教!"

以韩信的智慧,他怎么可能在受到监视的情况下还与陈豨在庭院中商量谋反?这不送死么?再说,韩信与陈豨密谋时并无第三者在场,外人如何知晓具体谈话内容?

疑点四,陈豨一直都是刘邦的亲信,与韩信交情一般,韩信怎么会愚蠢到贸然向皇帝亲信吐露心思,而且是谋反这种掉脑袋的大事?

写到这里,答案已经呼之欲出!

那么问题来了,刘邦夫妻为何要搞死韩信?

原因也很简单,因为韩信太厉害了,让刘邦和吕后睡不着觉。狡兔死,良狗烹;高鸟尽,良弓藏;敌国破,谋臣亡。这是开国功臣的宿命,韩信也不例外。

韩信死时年仅35岁,而这一年,刘邦已经61岁了。一个带兵多多益善,能与霸王项羽抗衡的人,刘邦怎么可能放心让他活着?一旦自己不在了,还有谁能拦得住韩信?

一切都是天意，一切都是命运。

刘邦回朝，得知韩信已被处死后，他的反应是"且喜且怜之"，既高兴又心疼。

高兴是真的，心疼可能就一会儿。至于有没有谋反，已经没那么重要了。

73. 如何以微末之人到汉世儒家

秦末汉初，天下经历了由治到乱，由乱到治的残酷变局。无尽的豪杰投身其中，却在这场权力的搏杀中败下阵来。儒生叔孙通作为一个微末之人，却能在时局的变乱中越混越发达，在王朝初建、百废待兴之际，重建国家礼仪规范、音乐制度，成为汉世儒宗。

秦末时，叔孙通因为学问渊博，征召为待诏博士。陈胜、吴广起义后，秦二世急召博士、儒生问计。博士、儒生连忙说道："人臣不该有任何叛逆的念头；若有就是谋反，就是罪该万死，理应得到王师讨伐。"

可秦二世哪里愿意听"造反"的事情？朝堂上气氛骤然凝固起来。叔孙通变着话儿说道："诸生之言统统是胡说八道。现在天下定、海内一，哪里还有战争？上有英明天子，下有忠臣死士，更赖国家法度维系，哪有人敢造反？虽有一些敢于滋生事端的人，也只不过是一些聚众的强盗，偷鸡摸狗罢了，陛下不必忧虑！"

一番话说得秦二世眉开眼笑，叔孙通化解了一场即将降临的灾难，随后偷偷跑回老家，在乱世中得以保全。

楚汉相争，项羽大势已去，刘邦胜端初现。叔孙通自知正是出山之时，于是主动拜见刘邦，峨冠博带，一身儒服模样，却让刘邦很不爽，精明的叔孙通马上换成短装讨好刘邦。

跟着叔孙通投奔刘邦的还有他的百十来个学生。可叔孙通平日里只是向汉王推荐一些绿林好汉、行侠壮士，从来也不推荐他的学生。日子久了，学生们开始埋怨他："我们追随先生奔波劳苦，如今又投奔汉王，是想得到先生的推荐，得个一官半职。但先生的眼中只有那些赳赳武夫，不曾推荐我们啊！"

叔孙通解释道："汉王正冒着枪林箭雨争夺天下，你们这些儒生手无缚鸡之力，能上阵杀敌吗？你们别着急，且耐心等待，我不会忘了你们的，等天下安定，一定有你们大显身手的时候。"

汉朝建立后，叔孙通感觉到机会来了，主动自荐。刘邦一看是这老头，没好气道："你能有什么办法？"

叔孙通一拱手："打天下时儒生们没用，守天下时就有用了。臣愿去鲁地征召儒生，与弟子一起制定礼仪和规矩。"

刘邦问："不会很复杂吧？"

叔孙通拍着胸脯保证："陛下放心，保证让您满意。"

为了完成任务，叔孙通去鲁地征召了一批懂得朝廷大典的人。有两个读书人不愿意来，还当面指责他："你踏上仕途以来，前前后后跟了十几个主人，都是以阿谀奉承而得到贵宠。现在天下刚安定下来，死者还没得到安葬，伤者还未得到治疗，国家百废待兴，你却一门心思去搞那些不符合古法的礼仪，我是不会跟你去的,你赶紧走,别玷污我。"

叔孙通一点也不生气,笑道:"你们可真是些榆木脑袋,根本不懂时代的变化!"

叔孙通与征召到的30名儒生回到长安,在郊外练习礼仪。他们拉起绳子圈起一块地方,立起草人,开始练习礼仪的一整套流程,如何穿衣,如何朝拜,如何尊君,君主面前如何行礼,彼此间如何行礼。简单来说就是,讲文明,树新风。

练习了一个多月,叔孙通对刘邦说:可以请陛下过目了。

刘邦看了他们的演练,下令群臣学习这套礼仪。

汉高祖七年(公元前200年)十月,长乐宫兴建完成,诸侯和群臣都来朝见天子。

整个过程从天亮前开始,由典礼官负责主持。所有人员按序进入殿门,根据尊卑地位排列在东西两侧。侍卫官员有的在殿下台阶两旁站立,有的排列在廷中,持握兵器,竖立旗帜。臣子站定后,皇帝才乘坐辇车出来,众官员举旗传呼警戒,引导所有参加典礼的官员依次序朝拜皇帝,并做出震恐肃敬的仪态。

仪式完毕后,紧接着举行酒宴。这次坐定后,也全然没有了先前的江湖习气,全都俯伏垂首,按次序起身给刘邦敬酒祝福。御史执行礼仪规则,凡遇不遵照仪式规则举手投足的人就将他领出去。由此从朝贺典礼和酒宴开始直到结束,没有出现敢大声喧哗、不合礼节的人。

刘邦看着驯服的臣民,慨叹道:"老子直到今日才知道天子的尊贵啊！"封叔孙通为太常，赐金500斤。

叔孙通这时才提出，臣的学生们跟随臣多年了，又和臣一起制定礼仪，希望陛下给他们封官。

刘邦大手一挥，准了！

回去之后，叔孙通把刘邦赏的五百金又分给那些弟子们，弟子们皆大欢喜："先生真是圣人也，懂得什么是当务之急。"

后世对叔孙通这个人历来评价不一，有的人认为，此人朝秦暮楚，不值一哂；也有人认为，此人忍辱负重，终成大器，譬如司马迁就说他是知进退的"一代儒宗"。

74. 怎么用《春秋》审理案件

很多人不了解，在古代，儒家经典文献还可以用来审理案件。

这个结论乍一看有些荒唐，要知道，司法裁决彰显公平正义，靠一部古书怎么能断案？这不是开玩笑么？

这可不是开玩笑，让我们从头说起。

秦朝末年天下大乱，刘邦攻下咸阳之后与百姓约法三章，定了一条规矩："杀人者死，伤人及盗抵罪。"

刘邦登上皇帝的宝座之后，仅凭这"约法三章"是无法治理天下的，但当时没有完善的法律制度可以借鉴或者继承，面对那些法律条文没有规定的案子，该怎么审理呢？

这个问题在汉武帝时期得到了解决，董仲舒提议用儒家经典《春秋》中的思想进行判案，凡是法律中没有明文规定的，法官可以援引儒家经义作为裁判的依据。值得留意的是，这里面"春秋折狱"的确切含义是援引《春秋公羊传》，毕竟董仲舒可是钻研公羊学的高手。

具体怎么操作？我来举几个例子。

小王的父亲与老张吵架，后来发展到斗殴。老张拔出佩刀，刺伤小王的父亲。小王见状急忙抄起一根木棍回击老张，不料却误伤了父亲。

本案的争点是，甲以杖击丙，原为救父，不意竟误伤己父，是否应构成"殴父罪"？如果坐实了，根据汉朝法律规定，殴打父母要判处死刑。

西汉廷尉张汤审理这一案子时，左右为难，不知如何裁断，于是向董仲舒请教。

董仲舒回答："父子血脉相连，儿子见到自己的父亲被人殴打，挺身而出解救危难，实属情非得已。在混战中误伤至亲，不存在主观故意的可能。《春秋》记载了一则故事，有个年轻人叫许止，为了给父亲治病，亲自熬药，没有先尝尝就给他父亲喝。结果导致其父吃错药而病故。当时的法官鉴于许止没有弑父的动机，所以没有追究他的刑事责任。小王误伤其父案和许止喂药案件一样，不存在殴父的动机。所以不应该处以枭首之刑。"

不久，廷尉张汤又向他请教一个案子：

某甲没儿子，在路边捡了个弃婴，收养下来，叫某乙。某乙长大成人之后杀了人，回家后就把犯罪经过如实告诉了养父某甲。某甲知道事情不妙，就把养子某乙窝藏起来。现在案情都清楚了，我们为难的是，不知道该把某甲定什么罪。

这个案子如果放到今天，恐怕没什么好纠结的，这不妥妥的窝藏罪嘛。

可在当时却让人犯了难，因为这俩人不是普通关系，而是父子啊,是亲情伦理中最重要的关系,汉朝崇尚孝道,这可咋整?

董仲舒看完卷宗后说:"某乙虽然不是某甲的亲生儿子,但这种父子关系我们是应该肯定的。《诗经》说:螟蛉有儿子,土蜂背起它。按照《春秋》精神,父亲应该为儿子隐瞒过错,儿子应该为父亲隐藏过错。所以,养父藏匿犯了罪的养子,这是合乎《春秋》之义的,不当判罪。"

很快,皇帝的诏书也下来了,同意董仲舒的判决:"那就没某甲什么事了。"

董仲舒由此总结出一条审判原则——原心论罪,在定罪量刑的时候应分析行为人的动机和目的。如果动机是好的便可从轻处理,甚至可以免罪;如果目的不纯,即使有好的结果,也要受到严厉的惩罚。

可别觉得董仲舒不懂法,或是拿孔子的典籍随意发挥,事实上,董仲舒的这个逻辑在儒家之中非常贴近孔子思想,如果孔子听到了也会竖起大拇指的。

这种原心定罪的思想不单在汉代,在整个中国历史上都得到过广泛的认同。比如《聊斋志异》里有个很著名的故事叫《考城隍》,说有位宋先生灵魂出窍,到了阴曹地府参加公务员考试,结果考上了城隍。

宋先生之所以能成功上岸,全凭他写出了一句掷地有声的好句子:"有心为善,虽善不赏;无心为恶,虽恶不罚。"

75. 汉朝最敏感的问题

汉景帝时，朝堂上发生了一场很有意思的学术辩论，两个儒生唇枪舌剑、你来我往，甚至聊到了汉朝最敏感的问题，被汉景帝及时打断。

这两个儒生一个叫辕固生，齐国人，以研究诗经而闻名，另一个儒生黄生研究黄老之学的。二人争论的焦点就是汤武革命到底对不对。

众所周知，商朝的开国之君商汤推翻了夏桀，周朝的开国之君周武王推翻了商纣，这就是汤武革命。关于这两次改朝换代，有人认为汤武革命是以有道伐无道，解救百姓于倒悬之中，也有固执的人认为汤武革命并不是承受天命，而是以下犯上的弑君行为。

黄生第一个发言："汤王、武王并不是秉承天命继位天子，而是弑君篡位。"

辕固生当即反驳："不对，夏桀、殷纣暴虐昏乱，天下人的心都归顺商汤、周武，商汤、周武赞同天下人的心愿而杀死桀、纣，桀、纣的百姓不肯为他们效命而心向汤、武，汤、武迫不得已才立为天子，这不是秉承天命又是什么？"

黄生说："帽子虽然破旧，但是一定戴在头上；鞋虽然新，但是必定穿在脚下。这是何故？正是上下有别的道理。桀、纣虽然无道，但是身为君主而在上位；汤、武虽然圣明，却是身为臣子而居下位。君主有了过错，臣子不能直言劝谏纠正它来保持天子的尊严，反而借其有过而诛杀君主，取代他自登南面称王之位，这不是弑君篡位又是什么？"

辕固生索性来了一招釜底抽薪："如果按你的说法，高皇帝取代秦朝即天子之位，也是不对的吗？"

话题聊到这儿，黄生彻底尴尬了，一旁的景帝赶紧打断了二人的争论："吃马肉不吃马肝，不算不知肉的美味；谈学问的人不谈汤、武是否受天命继位，不算愚笨。"

于是争论止息，此后学者再无人胆敢争辩汤、武是受天命而立还是放逐桀纣篡夺君权的问题了。

汉景帝不说你愚蠢，不说你没学问，只是在这个问题上采取了回避态度。想想看，汉景帝如果同意辕固生的说法，那将来汉朝要是无道，是不是其他人也可以推翻？如果赞同黄生的说法，夏桀商纣是无道昏君，臣子也不应该推翻他们，那就直接否定了汉朝的合法性，这实在不好回答！

76. 东方朔的口才有多厉害

汉武帝即位初年，向天下征集贤良之才。东方朔写了份个人简历，这份简历共用了3000片竹片，写得洋洋洒洒，武帝花了两个多月才看完。虽然简历写得不错，但武帝很吝啬，只给了个小官。

这个岗位难得施展才华，更谈不上见到皇帝。东方朔心生一计，故意吓唬那些给武帝喂马的侏儒们："陛下说你们既不能种田又不能打仗，所以打算杀掉对国家没有任何用处的你们，你们还不向皇帝求情！"

侏儒们听后便哭着向武帝求饶，武帝怒了："我没说过这话！"随后召见东方朔，"知道假传圣旨该当何罪么？"

此兄厚着脸皮说："我也是没办法，侏儒身高3尺，我身高9尺（相当于1.9米），工资待遇却一样，总不能撑死他们而饿死臣吧？皇上如不喜欢用我，就放我走吧，省得浪费京城的大米。"

武帝闻言捧腹大笑，遂任命他待诏金马门，不久又升为侍郎，随从左右。

在武帝身边，东方朔能够很好地把这种小聪明发挥到极致。武帝曾让人任意拿一件东西盖在盆下，让大家猜里面是什么东西。有人将一只壁虎放在盆下，让大家猜，没人能猜中。东方朔毛遂自荐："臣学过《易》，我来试试！"

他用草摆卦，而后说道："是龙又没有角，是蛇又有足，走走看看，善于爬壁，不是壁虎就是蜥蜴。"

武帝道："猜得好！"赐他布帛十匹。又使东方朔猜其他的东西，结果无一不中。

东方朔得宠，这让因滑稽得宠的伶官郭舍人嫉妒得不行。他对武帝说："东方朔狂言，是侥幸中的，并非具有真实术数。臣愿令东方朔再猜，如果能猜中，臣愿受鞭挞一百。如果猜不中，请赐给臣布帛。"

武帝应允，郭舍人拿了树上寄生的芝菌盖在盆下，让东方朔猜。东方朔掐指一算，道："是用茅草结成的圈圈，放在头上做顶东西的垫子。"

郭舍人乐了："我就知道东方朔猜不中。"

东方朔道："生肉是生吃的鱼片，干肉是脯，附着于树的是寄生的芝菌，盆下是芝菌。"武帝于是让人将郭舍人暴打一顿。

武帝曾游上林苑，看到一棵奇怪的树，问东方朔。东方朔答："此树名叫善哉。"

武帝暗中让人在这棵树上做个标记。过了几年，再问东方朔，东方朔答："树名叫瞿所。"

这下子，武帝总算抓到把柄了，他怒道："东方朔你骗我很久了，你现在说的树名与以前说的不同，这是何故？"

东方朔不慌不忙，从容应对："大的叫马，小的叫驹；大的叫鸡，小的叫雏；大的叫牛，小的叫犊。人刚生下来叫幼儿，年龄大了叫老人。这棵树过去叫善哉，现在叫瞿所。老与少，死与生，万物成败，哪有一定之数？"

武帝听了他的解释，更觉得东方朔的口才和反应非同一般。

77. 为了写《史记》，司马迁有多拼

司马迁出生在一个史学世家，父亲司马谈曾担任太史令。太史令掌管天文历法、记事修史，负责管理国家的档案文献和各地的文书资料。司马迁自小就在古籍史料中耳濡目染，兴趣也在家庭氛围熏陶中自然而然地产生。

司马谈有一个梦想，他要整理中华民族数千年的历史，要写一部规模空前的史著，要为往圣继绝学！

建元年间，父亲到首都长安任职，司马迁则留在老家，一边学习诵读古文，一边有大把的时间玩耍。稍稍年长之后，司马迁离开故乡，来到了父亲的身边。父亲让他跟随博士孔安国学习《尚书》，跟随董仲舒学习《春秋》，同时也亲自指导他阅读典籍和史料。

彼时的汉朝，正在走向属于自己的巅峰时代，汉家男儿意气风发，从降伏宿敌匈奴，至平定南蛮、西夷，再至征伐交趾，汉军铁骑无往不胜，建功立业，用铁和血维护了自己的尊严。这一切，都深深影响着司马迁。

司马谈一直在搜集阅读史料，为修史做准备。看着司马迁一天天长大，司马谈开始有意将自己正在做的事业逐步交给儿子。

他告诉司马迁，读万卷书不如行万里路，书本终究是有局限的，世界那么大，你不想去看看么？

在父亲的鼓励下，20岁的司马迁走出家门，开始了人生的壮游，既为了开阔眼界，更为了考证历史古籍，收集一手资料。

在淮阴，他打听韩信的故事，传说韩信的母亲逝世，选了个很高的坟地，旁边可住万户人家，他实地一看，果然如是。

他曾南上江西的庐山，一览大禹疏通九江后的波澜壮阔，又到了浙江的会稽山，想象着大禹曾在这里大会诸侯，勾践在这里卧薪尝胆。

在汨罗江畔，他也曾久久驻足，感怀屈原的高尚品性和悲惨遭遇。

在箕山，他踏访许由的墓，对这位品性高洁的隐士心生敬意。

在郡县，他听老人讲起汉高祖刘邦发迹前的故事，樊哙本来屠狗最终成为军中猛将，萧何和曹参曾经是狱吏，却如何做到相国，他们的人物形象在老乡口中一下子丰满起来了。

在齐鲁大地，他感受着浓厚的孔子教化遗风，亲自到孔子墓前祭拜，震撼于孔子故里的礼仪传承。

25岁之前，他几乎已经完成了全国巡礼，那些名山大川和燕赵俊杰激荡着他的心胸，解放了他的性情。游历中的所见所闻，让司马迁形成了自己对事物的见解和判断。

宋人马存曾评价司马迁的这段旅程，说他的壮游不是一般意义上的旅游，而是尽天下大观以助吾气，然后吐而为书。

为父亲守完丧后，司马迁接替父亲成为一名太史令。除了陪同皇帝巡游之外，有更多查阅历代重要资料的机会。

太初元年（公元前104年），他完成了太初历的修订；也是这一年，他终于觉得这些年的储备可以动笔一试了，于是正式开始写《史记》。

李陵之祸是司马迁人生中的重大灾难，为此几乎命悬一线，但他扛过去了。在那段黑暗的日子里，他想到文王拘于囚室而推演《周易》，仲尼困厄之时著作《春秋》，屈原放逐才有《离骚》，左丘失明乃有《国语》，孙膑遭膑脚之刑后修兵法。之后，他更坚定地"就极刑而无愠色"，一心"发愤著书"，终于完成了这部史学巨著。

78.《史记》为什么不完整

要说中国人的"圣经",非《史记》莫属。它是震古烁今的史学巨著,与《资治通鉴》并称为"史学双璧",还是二十四史之首,开创了我国传记文学的先河。无数人对它推崇备至,鲁迅评价它为"史家之绝唱,无韵之离骚";钱穆先生不仅自己能背诵史记,还要求子女熟读;曾国藩一生熟读多次,评价说"先哲经世之书,莫善于《史记》"。

《史记》上到远古五帝、下到汉武帝,贯穿王侯将相、诸子百家、经传文化、天文地理……3000年的历史全囊括其中,是一部百科全书式的史学经典。

但你可能不知道,《史记》有一大遗憾,它是不完整的。

武帝继位之初,帝国建立已有70余年,社会财富大量增加,国力充实。武帝是个不安分的主,他内兴制度,外攘四夷,远通西域,将帝国推向了巅峰。

司马迁亲历了当时的灿烂与辉煌,感到非常兴奋。他继承父亲的遗志,准备将这3000年的史事变化记录下来。

征和二年(公元前91年),司马迁终于完成了自己究天人之际、通古今之变、成一家之言的梦想。《报任安书》载:"上计轩辕，下至于兹，为十表，本纪十二，书八章，世家三十，列传七十，凡百三十篇。"

《史记》最初名为《太史公书》，共计52万余字。他很清楚，自己不虚美、不隐恶的写法必定会引起武帝的震怒，所以他将《史记》抄录了两份，正本藏之名山，副本留在长安。

果不其然，武帝看到《史记》记述了不少自己的黑料，大怒，将其删改得面目全非，尤其是《孝武本纪》被整篇删除。后人无可奈何，只得截取《封禅书》并在开头补写60字而成，以补所缺的《孝武本纪》。

副本如此，那么正本呢？

司马迁生前将《史记》的正本交给了自己的女儿，直到汉宣帝时，司马迁的外孙杨恽开始把该书内容向社会传播，但是篇幅流传不多，很快就因为杨恽遇害中止。

《史记》成书后，由于它"是非颇谬于圣人，论大道则先黄老而后六经，序游侠则退处士而进奸雄，述货殖则崇势利而羞贱贫"，在两汉时一直被视为离经叛道的"谤书"。再加上《史记》中有大量宫廷秘事，朝廷对《史记》保管甚严，只有极少数人才能看到。

除此之外，《史记》还曾多次被修补删改。如西汉时期的博士褚少孙就曾续补《史记》，东汉时朝廷让杨终将《史记》删为十多万字发表。班固曾被皇室赐予《太史公书》副本，其中就少了10篇。

因此，我们今天看到的《史记》，其中有很多篇目已经不是司马迁的原文，最初的《史记》早已随司马迁而永远埋入历史的风尘之中，谁也无从知晓。

但我们今天依然要感谢司马迁，他以自己残破的生命，换来了一个民族完整的历史；他以自己难言的委屈，换来了千万民众宏伟的记忆；他以自己莫名的耻辱，换来了华夏文化无比的尊严。

79. 被活活饿死的西汉首富

一天夜里，汉文帝刘恒做了个梦，他梦见自己快要升天，却总差一把后劲，怎么努力也升不上去。这时有一个黄头郎在他身后推了一把，终于升上去了。

梦醒后，汉文帝对梦境始终耿耿于怀。有一次，他在渐台见到有个御船水手头戴黄帽，衣带在背后打了个结，正是他梦中遇见的人。文帝召来一问，此人名叫邓通，谐音"登通"，于是认定邓通就是帮助自己登天的贵人。

汉文帝自感这是自己幸运之至，特意提拔邓通，先后赏赐他十多亿的钱财，官拜至上大夫。邓通由此从一个普通人跃升为富豪，甚至成为"钱币"的代名词。

邓通没有什么特殊的才能，唯一的本事就是会拍马屁，总能把汉文帝拍得恰到好处。汉文帝给邓通大量的赏赐，没事总往邓通家里跑。

邓通也投桃报李，小心谨慎侍奉着汉文帝，就连节假日也不回家，陪伴在汉文帝左右。

有一次，文帝背上生了一个疮，脓血流个不停。邓通觉得报答皇帝的机会到了，亲自守候在皇帝身边，侍疾问药，殷勤备至，为了减轻文帝的痛苦，邓通甚至用嘴帮皇帝吸出脓血。

文帝心中非常感动，有一天他问邓通："天下谁最爱我？"邓通恭顺地答道："谁最爱您，我想没人会超过太子吧？"

后来有一次，太子刘启来看望文帝的病情，文帝想试探太子的孝心，要他帮自己吸脓血。刘启犹豫了一下，一脸不乐意。文帝不由得感叹道："邓通比太子更爱我啊！"

太子这才知道了邓通经常为文帝吮吸脓血的事，从此记恨上了邓通。

有一天，文帝让算命先生给邓通相面，算命先生说此人最终要被饿死。汉文帝听后不以为然："能使邓通富贵的人是我，怎么可能会饿死？"

为了驳倒算命先生的论断，证明自己的眼力和权力，文帝将远在西南的蜀郡严道铜山赐给了邓通，允许他自行铸造钱币。

赐给一座铜山并允许其铸钱，这就相当于给了邓通一台印钞机，想印多少就印多少。邓通也很争气，通过自己的老实本分、诚实守信，他所铸造的钱币因分量足、质地优而广受大众喜爱，邓氏钱遍布天下。

汉文帝去世后，太子刘启成了汉景帝，上位伊始，他立即着手清算邓通，不但免了官职，还抄没了邓通的所有家产。曾经富甲天下的邓通竟流落街头，最终在饥寒交迫中死去，正应了算命先生的那句话。

司马迁将邓通列入《佞幸列传》，但跟历史上有名的那些佞臣比起来,邓通其实有点儿冤。邓通做事很谨慎,他不交结官员,不张扬,不结党营私,在一众宠臣中是极其罕见的。

80. 司马相如布的局

司马相如与卓文君的故事流传千古，千百年来大家都为他们的爱情唏嘘不已，一曲《凤求凰》余音绕梁，使这对有情人终成眷属。然而真实的事情是这样的么？

翻开史书，我们会发现这实际上是司马相如设计好的一个骗局。

先说故事。话说有一年，司马相如回到蜀地，恰巧那里的富豪卓王孙宴请宾客。县令王吉和司马相如一起参加了宴会，众人都被司马相如的仪表和风度所吸引，酒酣耳热之际，王吉把琴拿过来，请司马相如弹一曲助兴："听说长卿你喜欢奏琴，能不能给大家演奏一曲？"

司马相如假意辞谢了一番，这才抚琴调弦，拨弄起来。才子一出手，果然雅韵铿锵，抑扬有致，正是《凤求凰》。

琴音袅袅，绕梁入室，博得了众人的好感，更让隔帘听曲的卓文君倾倒。

卓文君是富豪卓王孙的女儿，因丈夫刚刚去世，回到娘家守寡，她听到司马相如的琴声，如痴如醉，又见他的仪表不凡，心生好感。此后二人经常来往，产生了爱慕之情，随后决定私奔。

卓文君的父亲觉得自己面子上过不去，只得接济司马相如和卓文君，得到资助的司马相如和卓文君从此幸福地生活在了一起。

故事很美好，可惜却是司马相如精心设计的。

司马相如的特长是文学创作，他原本投奔了梁孝王，可惜好景不长，喜欢辞赋的梁孝王死了，底下这伙人也就散了。司马相如只好打包行李，回老家成都，日子过得很是窘迫。

好在他有个老朋友王吉，此时已做了临邛县令，邀请相如到他那里去住几天。临邛这个地方虽小，但经济发达，富人很多，其中就有家里有矿的卓王孙。

如果穷鬼司马相如主动上门打招呼："土豪，咱们做朋友吧！"肯定会被赶出来。他和王吉都是聪明人，二人仔细谋划，演了一出双簧。

王吉先是做出特别尊敬司马相如的样子，每天都去他下榻的地方拜访。刚开始的时候，司马相如还出来见他，后来干脆称病，让随从去道歉，打发王吉离开。王吉非但不生气，反而更加恭谨。

卓王孙心里开始犯嘀咕："王县令这么尊敬那个司马相如，他一定很了不起。"于是大摆筵席，请王吉和司马相如赴宴。

接下来就是追求卓文君的段子了，王吉借机让司马相如展现了琴艺，吸引躲在幕后的卓文君。在追求卓文君有些眉目时，司马相如又买通卓文君的侍女，表露爱慕之意，这爱情便像烈火一样熊熊燃烧起来。

卓文君也晓得父亲是不会答应这门婚事的,但是爱情的力量如此伟大,居然让这位富家千金动起了大胆的念头——私奔!

卓文君跟着司马相如到了成都老家,这才发现他家徒四壁,一贫如洗。无奈之下,二人只得回到临邛,开了家酒馆,一个当垆卖酒,一个吹火打杂。

好巧不巧,这家酒馆就开在了老丈人家的对面,卓王孙气坏了,这是故意给自己难堪啊!

老丈人气不过,但又无可奈何,只得出钱资助二人。

至此,一切水到渠成。

你以为故事到这里就结束了么?

多年以后,司马相如得到汉武帝赏识,复出为郎。他看中了长安茂陵的一名女子,想纳她为妾。卓文君知晓后伤心欲绝,写下一首《白头吟》:

> 皑如山上雪,皎若云间月。
> 闻君有两意,故来相决绝。
> 今日斗酒会,明旦沟水头。
> 躞蹀御沟上,沟水东西流。
> 凄凄复凄凄,嫁娶不须啼。
> 愿得一心人,白头不相离。
> 竹竿何袅袅,鱼尾何簁簁!

男儿重意气，何用钱刀为！

　　司马相如看完妻子的诗，深悔自己的行为，再不提纳妾之事，当然也有可能是怕失去老丈人家的钱财。

81. 董仲舒往"儒学"里塞了哪些私货

公元前134年,汉武帝下诏征求治国方略,董仲舒上天人三策,得到了汉武帝的信赖,从此儒学成为官方正统思想。

董仲舒年轻时就开始以研究《春秋》为志业,学的是公羊学。《汉书》记载,这位儒学大师太过专注,三年都不曾到园圃中观赏风景,于是有了"目不窥园"的说法。在平时的生活中,董老夫子也是完全恪守礼法,所谓"进退容止,非礼不行",因此得到了一众学士的称赞和尊敬。

武帝登基后,董仲舒凭借天人三策,让他的治国理政思路登上了广袤的政治角力场,并大胜四方。

虽然董仲舒将儒学提到了官学的位子上,但他的做法也遭到了不少儒生的质疑,说他所提倡宣扬的儒学,早已偏离了孔孟的本意和初衷。

那么问题来了,董仲舒是如何改造儒学的?他又在儒学中塞了哪些私货?

在第一次策对时,董仲舒开宗明义宣扬灾异之说,并把这种说法的权威推给了《春秋》。

他在其著名的《举贤良对策》中提到:如果君主暴虐,上天就会以一些自然灾害为警告或责罚他。他在自然灾害与政治之间建构起因果联系，天有灾异，则源于天子失政，这就是"天人感应"学说的中心观点。

猛一看还挺唬人的，天下一旦有大的灾乱，必定是皇帝做错了事，臣子还能以上天的口吻"劝谏"君主，君主也会放下身段下个"罪己诏"意思意思。

当初汉武帝之所以会接受董仲舒"天人感应"的说辞，就是为了给天子权威寻找依据，天子受命于天，诸侯受命于天子。董仲舒还存了用天威限制皇权的打算，却被汉武帝看穿。

要知道，孔子本是敬鬼神而远之的，而董仲舒吸纳了阴阳家的五行志说，糅合民间流传甚广的灾异之说，开始大肆宣扬天人感应。总之一句话便是人在做天在看，本意是为了恐吓皇帝，让人君畏惧上苍，唯此足以戒之。

为政者和皇帝宁信其有，便会下诏反思，并选举贤良方正、直言极谏者，策问为政之方，而朝野诸儒亦纷纷借灾异议论朝政，表达自身的施政主张，以此左右人事或政局变动。

此外，董仲舒还吸收法家"三纲"思想及先秦正名学说，提出"大一统"论，这一条很对汉武帝的胃口，于是在思想界也树立了儒学的权威。

董仲舒往学说里塞的私货，不仅帮助儒家成了唯一被认可的官方学派，也打开了儒学神学化的大门。可几十年下来，天人灾异之说完全被后学儒生们玩坏了。一部分人是相信确有其事，另一部分人则机智地发现,在朝廷也接受这一观念后,只要一有灾异,他们便能抓住它大做文章。

于是好好的天人感应,最终被玩成了谶纬神学,越发神神道道,结果将儒学的发展引入了荒诞的歧途。谶纬之学在东汉时期愈演愈烈,大大影响了儒家学说的正常发展。

82. 贾谊究竟是不是怀才不遇

我们在中学时学过一首诗:"宣室求贤访逐臣,贾生才调更无伦。可怜夜半虚前席,不问苍生问鬼神。"贾谊虽有文学天才,命运却不佳,未得到汉文帝的重用,结果英年早逝。

因为这首诗,贾谊被许多人视为怀才不遇的典型,司马迁在《史记》中更是把他和战国时期的爱国诗人屈原合在一起,写了《屈原贾生列传》。

但也有很多人提出质疑,汉文帝为什么最终没有重用他?贾谊到底是不是怀才不遇?

先来回顾一下贾谊的简历:

贾谊,洛阳人,西汉初年著名的政论家、文学家,18岁即有才名,20余岁被文帝召为博士,成为智库成员,不到一年又被破格提为太中大夫。23岁时,因遭群臣忌恨,贾谊被贬为长沙王的太傅,后被召回长安,为梁怀王太傅。梁怀王坠马而死后,贾谊深自歉疚,33岁忧伤而死。

从以上简介可知,21岁即为太中大夫,是可以直接给君主提出建议的,大名鼎鼎的东方朔就担任的是这官职。可见贾谊是皇帝的近臣无疑,汉文帝根本没有埋没他。

再看文章，贾谊写过不少著名的政论文，如《陈政事疏》《论积贮疏》《过秦论》等，向皇帝提出了不少改革时弊的政治主张。汉文帝很欣赏他的文才，但他提出的建议嘛，只能呵呵了。

这又是为何？

很简单，汉文帝对贾谊所论不是不听，而是没有可操作性。要知道，汉文帝上位全赖于周勃陈平等老臣，当年周勃一个"左袒"，便将吕氏集团连根铲尽。没这帮人，汉文帝刘恒只能在代地终老，所以，作为一个刚当了两年皇帝的刘恒，如何敢得罪这帮功臣？

更何况，贾谊的政治主张太激进，已经得罪了功臣集团，遭到了他们的排挤。汉文帝只能将他委屈一下，左迁为长沙王太傅，但秩禄比先前高了不少。可贾谊却理解不了皇帝的良苦用心，到长沙后就消沉颓丧了下去。

苏东坡写过一篇《贾谊论》，对此看得很清楚："贾生，洛阳之少年。欲使其一朝之间，尽弃其旧而谋其新，亦已难矣。"

贾谊去做长沙王的太傅，远离朝堂，明面上是贬谪，但更像是下放基层锻炼。让他去地方帮助诸侯处理政务，积累了经验后再回来干，岂不是好事一桩？

但贾谊并不这样想，他为自己的理想和抱负不能实现而悲伤，在去赴任的路上，他心里特别委屈，在湘江自爱自怜；过湘水时，他写了一篇《吊屈原赋》来凭吊屈原，实则借此感怀自身。

几年后，梁怀王不慎坠马而死，贾谊认为自己身为太傅，没有尽到责任，对梁怀王之死深深自责，最终在忧郁中死去。

书生大多都有一通病，认为自己有治国之才，恨不得朝为田舍郎，暮登天子堂，李白也同样最喜欢做这种梦。但事实上，文学才能同治国之才是两回事，提建议跟实操更是两码事。贾谊不能理解皇帝的用心，在低谷时自怨自艾，最终郁郁而终。

83.《尚书》再造者

历史长河中的文物古迹,每一件都有它的守护者。

公元前213年和公元前212年,秦始皇焚书坑儒,对收藏违禁书籍的人处以灭族的酷刑。《尚书》也在此列,好在它遇到了伏生。

伏生是秦汉之际人,自幼嗜古好学,博览群书,尤喜记先王之事、长于政事的《尚书》。得知秦始皇的焚书令后,伏生冒着诛杀之罪,将《尚书》暗藏于家中墙壁的夹层内,才使这部儒家典籍得以传之后世,为中华文明的薪火相传保留了种子。

不久之后,陈胜、吴广揭竿起义,后有刘邦、项羽争雄,伏生外出逃亡,流落他乡。

秦亡汉立,天下安定,伏生回到家乡,从夹壁中找到了所藏的《尚书》。只是因年岁耽搁、虫蛀雨浸,《尚书》早已是残简断章,毁损过半,原来的百余篇只剩下了29篇。

尽管残缺不全,但它是民间历秦火后仅存的孤本,尤显珍贵。伏生把仅存的《尚书》抄录整理后,在齐鲁一带广收门徒,讲授《尚书》。齐鲁一带的儒生听说后,纷纷前来拜师,其中比较出名的有欧阳生和张生两人。

汉文帝时期,诏求天下能教《尚书》的学术带头人,结果发现就剩下济南伏生一个人了。

这种硕果仅存的老先生,朝廷当然要接到长安供养起来。然而,当时的伏生已经90多岁了,步履蹒跚,无法远行。思贤若渴的汉文帝便派晁错到伏生家中,当面学习《尚书》。

当晁错千里迢迢赶到济南时,才发现自己还遇到了一个难题:山东人伏生说的话,河南人晁错根本听不懂。好在伏生有个女儿叫羲娥,也曾研习《尚书》,于是就在一旁做翻译。

就这样,通过伏生的讲授、羲娥的转述,历经数月,晁错终于将《尚书》记录了下来。这就是现存的今文《尚书》28篇、传41篇。

伏生之功,不仅在藏书,更在传书。如果没有伏生,《尚书》很可能在2000多年前就已经失传了。即使流传下来,如果没有他加以传授和解释,那么我们也很难弄清它的含义。所以后人评价说:"汉无伏生,则《尚书》不传;传而无伏生,亦不明其义。"因而伏生又被人称作"尚书再造"。

由于伏生对传承《尚书》的特殊功绩,后世将他与董仲舒相提并论,并称为"董伏"。

84. 晁错不得不背的"锅"

公元前154年,汉景帝的恩师、大汉帝国三公之一的御史大夫晁错穿着朝服,被腰斩于长安街东市。

汉景帝之所以要杀自己的老师,是因为在晁错的建议下,汉景帝下令削藩,却引发了"七国之乱"。七国打着"诛晁错,清君侧"的旗号起兵反叛,汉景帝只得牺牲自己的恩师以求平息事态。

可结果呢?七国并未因此退兵,朝廷只得动用武力才平息了七国叛乱。

由此,几乎所有人都对晁错报以同情,大伙儿一致认为,晁错是冤死的!

晁错冤么?当然冤!从第一宠臣到第一背锅侠,晁错做错了什么?

晁错和贾谊同岁,都是大才子,他是汉文帝亲自选拔的第一后备干部,派到太子的东宫当差。刘启非常赏识他,言听计从,称他为"智囊"。

刘启继位后,晁错一飞冲天,很快就被提拔为御史大夫,位列三公。汉景帝对晁错的信任几乎达到了言听计从的地步,弄得其他高级官吏几乎都成了摆设。

从汉文帝开始,朝廷就对地方诸侯王的坐大很是头疼。晁错是坚定的削藩派,数次上书建议削藩。汉文帝很欣赏他,但因为时机不成熟,没有理睬他的建议。

自古以来,削藩都是一件风险极高的事,除非遇见一些拥有大魄力、大智慧的皇帝,否则极难削藩成功。一旦失败,满盘皆输。

可晁错知道,各地诸侯王拥有高度独立的行政、经济和军事能力,地方势力逐渐膨胀,削藩势在必行。

汉景帝继位后,晁错再次建议削藩,而且态度更坚决。他说:"今削之亦反,不削亦反。削之,其反亟,祸小;不削,反迟,祸大。"

既然诸侯王迟早要造反,何不早早下手?

汉景帝想了想,还是拿不定主意,找来所有公卿、列侯和皇族开会讨论。由于前丞相申屠嘉吐血而亡的事情仍历历在目,朝堂之上无人敢反对晁错,唯有窦婴提了反对意见,但反对无效,《削藩策》正式通过。

汉景帝随后下诏,削夺赵王、胶西王、楚王和吴王的封地。诏令一出,诸侯哗然,晁错瞬间成了天下公敌。十多天后,吴王刘濞联合楚王刘戊、赵王刘遂、济南王刘辟光、淄川王刘贤、胶西王刘卬、胶东王刘雄渠等六王,打出"诛晁错,清君侧"的旗号,聚众30余万人举兵西向发动叛乱,史称七国之乱。

汉景帝慌了，晁错则建议汉景帝仿效刘邦御驾亲征，亲自对付叛军，自己坐镇长安城留守。

晁错的政敌袁盎连夜进宫见汉景帝，说自己有退敌之计：杀晁错，退封地，七国之乱自然平息。

汉景帝沉默了很久，说了一句话："也只能这样了，我不能为了一个人而放弃全天下。"

以前领导对他有多宠信，现在他背的锅就有多大。

当然，汉景帝不会自己承担擅杀晁错的责任，他下令丞相陶青、廷尉张欧等成立联合调查组，严查晁错。

调查结果很快出炉，晁错辜负了陛下的信任，勾结敌对势力，丧失理想信念，大逆不道，依法判处腰斩，全家灭门。

汉景帝大笔一挥：同意。

那年冬天，晁错在上朝途中被逮捕，腰斩于市。

85. 一场劝酒引发的处决

公元前131年冬,一起喝酒引发的争端,导致原中郎将灌夫和他的家属全部被处决,前将军魏其侯窦婴也被牵连,斩首弃市。

这一切,都是因为一场劝酒。

这一年,丞相田蚡迎娶燕王的女儿,王太后下诏,要列侯和宗室前去祝贺。窦婴也接到了邀请函,他找到好朋友灌夫,想和他一起去。

灌夫非列侯,亦非宗室,本无资格入席,魏其侯窦婴却非要强拉他一道去。

酒宴上觥筹交错,推杯换盏,大家喝得很痛快。田蚡身为主人,起身为客人们敬酒,宾客们也都离开座席,伏在地上答礼。轮到魏其侯窦婴敬酒时,只有少数故旧离席还礼,大多数人只是欠了欠身子。

眼见世态炎凉,灌夫怒火中烧,开始借酒发挥。他起身依次敬酒,到田蚡时,灌夫倒了一大杯酒,道:"请丞相满饮此杯!"

田蚡拒绝喝满杯,酒后的灌夫却一点也没有客气,要求田蚡必须全部喝下,然而田蚡坚持不喝。

灌夫感觉自己折了面子，胸中憋着一口气，又不好发作，于是又晃到临汝侯灌贤，也就是灌婴的孙子面前，拿起一杯酒，要给灌贤敬酒。不料灌贤此时正在与将军程不识说悄悄话，没理他。

憋了一肚子气的灌夫终于爆发了："平时你诋毁程不识不值一钱，今天长辈给你敬酒祝寿，你却像个娘们一样在那儿说悄悄话，不识抬举！"

场面一度很尴尬，田蚡只得站出来好言相劝："程不识和李广是同事，你这样当众羞辱程将军，李将军的面子上恐怕也不好看吧？"

当时李广在军中的威望很高，深受各方推崇。不料灌夫牛脾气上来，谁的面子都不给："你少来这一套！今天就算砍我的头，用刀剑穿我的胸，我也不在乎！什么程将军李将军，老子才不管呢！"

在场的吃瓜群众看事情越闹越大，借口上厕所，纷纷离去。窦婴一看情况不对，准备叫灌夫一起走。

自己辛辛苦苦准备的婚礼被灌夫给搅和了，田蚡哪里肯吃这个亏？他一挥手，下令把灌夫拿下。

一旁的门客籍福看情况不对，出来打圆场，先是替灌夫道了歉，然后又按着灌夫的脖子，让他跟田蚡道歉，结果灌夫硬是不肯。

田蚡怒了，叫来了在场的长史："今天这里招待宗室贵宾，是太后特意下的诏。灌夫侮辱宾客，违逆了太后的诏令，是对太后的大不敬！"说罢，命人以寻衅滋事罪将灌夫抓了起来，搜罗灌夫的劣迹，派人分头追捕灌氏家族的亲属，全部以杀头罪论处。

窦婴坐不住了，到处找人向田蚡求情，结果吃了闭门羹。为了彻底击败田蚡，窦婴只好剑走偏锋，在皇帝面前大肆攻击田蚡的短处，以求围魏救赵。

田蚡则反唇相讥："我的爱好无非是声色犬马，而你窦婴和灌夫之流却喜欢招集天下豪杰，不分昼夜地探讨天下时局，我倒为你们担心！"

随着太后参与进来，事情的发展开始逐渐失控，最终灌夫被灭族，窦婴也因欺君被斩首示众。

86. 卫青、霍去病为何能屡屡击败匈奴骑兵

匈奴对中原王朝的袭扰问题由来已久，早在战国时，匈奴即是秦、赵、燕三国北部的强敌。汉帝国建立后，刘邦亲率大军，出征匈奴，不料却被匈奴大军围困于白登山。幸亏有陈平献计，才解白登之围，全身而退。

此后，吕后、文帝、景帝都选择了和亲与防御的政策。冒顿单于曾给吕后写过一封信，极尽羞辱之词，吕后也只能强颜欢笑，忍气吞声。每一次匈奴人南下侵扰，汉军只能躲在烽燧长城后被动防御。

到了汉武帝时代，卫青与霍去病反守为攻，多次出击，大破匈奴主力，将匈奴赶到了西伯利亚的苦寒之地。

那么问题来了，卫青、霍去病到底采取了什么战术，打得匈奴毫无还手之力？

元朔二年（公元前127年），汉武帝派卫青、李息出云中以西至陇西，大败匈奴的楼烦、白羊王于河套以南，这就是著名的收复河南地。紧接着，汉武帝设朔方郡和五原郡，并下诏募民屯田，建立了反击匈奴的前沿基地。

这一举动非常重要，有了这个保障基地，汉军可以放心大胆

地出击匈奴。

此后匈奴浑邪王南下归汉,汉朝在其原统治地区先后设置武威、酒泉、张掖、敦煌四郡,这就是著名的"河西四郡"。河西走廊水草丰茂,有"西北粮仓"之称,汉朝在这里施行屯田强边之策,解决了后勤补给问题。

游牧民族为战斗而生,跨上马就是战士,拿起弓就能投入战斗,这是中原王朝无法比肩的优势。汉武帝充分准备,建立了能与匈奴匹敌的骑兵,比如在决定性的漠北之役中,卫青、霍去病各领5万骑兵,二人才能放开手脚大干一场。

光有后勤基地和骑兵还不够,还得有一流的战术。大汉是幸运的,正当汉武帝需要军事人才时,卫青、霍去病横空出世!

对付匈奴人,卫青自有一套战术,他擅长充分利用骑兵的高机动性,以投降的匈奴人为向导,找水草丰茂之处行军,深入草原数百里奔袭匈奴各部,以迅雷不及掩耳之势发动奇袭,打匈奴人一个措手不及。

凭借着这套战术,卫青屡立奇功,从一个奴隶一路升迁为大将军,再封长平侯。

霍去病的战术较卫青更是青出于蓝而胜于蓝,他追求更快的行军和更大范围的机动,一次奔袭往往可达2000里!他第一次上战场就敢带着800人长途奔袭,在茫茫大漠里奔驰数百里寻找敌人踪迹,关键是还能满载而归。

元狩年间,霍去病只带了一万骑兵入河西,转战六日,过焉支山上千里，在茫茫草原大漠上准确捕捉不断流动的匈奴力量重心，先后跟五个匈奴小王接战，动作之快、行动之速让匈奴人也望尘莫及。如果说以前是汉军在茫茫草原上盲目寻找匈奴，如今却变成了匈奴人到处寻找霍去病的踪影。

这种高速的运动战让霍去病部能以一当十，向敌军最薄弱环节发起雷霆一击。面对这种全新战法，匈奴根本就招架不住。

需要注意的是，霍去病的功业是建立在汉朝强大国力的基础之上的，如果没有汉武帝举国之力支持，霍去病纵是天才也难有用武之地。

87. 怎么也捧不红的角儿——李广利

汉武帝一生提拔过很多外戚，如卫青、霍去病就在反击匈奴、开拓西域的战争中大放光彩。然而随着二人相继去世，汉武帝又提拔自己的大舅子李广利讨伐匈奴，期待着他能够再续卫霍的辉煌。

然而很遗憾，无论汉武帝怎么捧他，李广利就是捧不红。

太初元年（公元前104年），汉武帝命李广利到大宛国的贰师城取良马，委任他为贰师将军。李广利带着6000骑及郡国数万恶少年西征，沿途的小国都很害怕，各自坚守城塞，不肯供给汉军食物。汉军攻下城来才能得到饮食，攻不下来，几天内就得离开那里。

就这样一路损耗到了葱岭以西，大宛都城还没见着，汉军就已经丧失了战斗力，只跟上来几千人，饥饿不堪。李广利也怂，没有霍去病孤注一掷的勇略，就在大宛门口旅游一圈，空手回了。

第一次伐大宛就这样失败了，李广利带着不足十分之三的军队灰溜溜回到敦煌，气得汉武帝勒令其不得东过玉门。

李广利害怕了，直接留在了敦煌。

等到李广利准备充足，二征大宛，这次带了6万多人，牛10万头，马3万匹，驴、骆驼以万数计算。西域诸邦见汉军强大，除了轮台抵抗被灭国外，大多开城迎接，汉军顺利抵达大宛。

不过尴尬的是，一年后战争结束，回程时粮食又出问题了。西域诸国人少粮少，难以供应汉军，所以李广利不得不将军队分成几拨，从西域南北道分开回国。但因为官吏贪污问题严重，还是饿死了不少人。

但汉武帝却装作没看见，照样对李广利等人大加封赏，封他为海西侯，食邑八千户。

天汉二年（公元前99年），李广利第三次受命，领3万骑兵出酒泉，击匈奴右贤王于天山，得首虏万余级。但他们在回师路上被匈奴大军包围，虽然最后得以逃脱，死亡率却高达十之六七。

天汉四年（公元前97年），李广利率6万骑兵、7万步兵，出朔方；强弩都尉路博德领军万余，与李广利会合。匈奴且鞮侯单于率10万军队与李广利接战。李广利不敢作战，掉头就走，被单于跟屁股后面追击了十余日。

虽然李广利的战绩很拉胯，但汉武帝依旧宠信李广利，给他各种立功机会，让他带大军与匈奴进行战争。然而事实一再证明，卫青、霍去病的军事天才是不可复制的。李广利只是一个庸才，是怎么也捧不红的。

征和三年（公元前90年），李广利率7万人出五原击匈奴，却遇上巫蛊之事反复，李广利全家被捕入狱。李广利得知后心中十分慌乱，为了立功赎罪，强行进军单于庭，以求侥幸之胜，结果先胜后败，只得降了匈奴。

李广利投降后，匈奴狐鹿姑单于知道他是汉朝大将，将女儿嫁给他，对他的尊宠超过了早于他很久就投降匈奴的卫律。这引起了卫律的嫉妒，于是买通巫师向单于进谗言，杀掉了李广利。

李广利原以为投降可以换一条命，苟安于世，结果却遭到如此下场，临死前骂道："我死必灭匈奴！"

坦白说，李广利不能说平庸，至少是汉武帝手上拿得出手的将领，然而等他登上历史舞台时，身后的帝国早已被战争拖垮，队伍里充斥着大量死囚地痞等未经专业训练的人。无论他如何努力，也无法复制22年前卫、霍二人的漠北之功了。

88. 汉朝的超级游侠

黑帮老大古已有之,至少是在 2000 年前的武帝时期就有,只不过那时不叫黑帮老大,而叫游侠。其中有一个比较另类,他的外祖母给薄太后和周亚夫算过命,他和司马谈、司马迁父子相识,他能让卫青在汉武帝面前为他说话,他的"粉丝"为他付出过生命!

他就是当时的超级游侠——郭解。

汉武帝曾颁布过一个政策,要求各地政府将资产超过 300 万钱的豪强都迁徙到茂陵,郭解就在名单之列。

这天上班时,卫青找到刘彻向他求个人情:河南人郭解家贫,不够标准,可不可以不迁?

刘彻有些讶异,一个普通百姓竟然要大将军亲自为他求情,看来这人能量不小啊,此人非迁不可!

郭解就这样出现在了汉武帝的视野中。

郭解是河南轵城人,年轻时是个狠角色,杀过人,在红色通缉令中经常排前三。虽然早年干了不少作奸犯科的事,但郭解还有另一面。他为人仗义,朋友有难,他慷慨相助,出钱出力,绝无二话。为朋友复仇,他甚至不惜以命相搏;在熙熙攘攘的闹市中，他敢于挥刃直取仇人首级，是那种该出手时就出手、风风火火闯九州的血性汉子。在地方上，郭解的话比官府管用，而且他还能操控官府，替人免除劳役。慕名而来的死忠粉越来越多，都以能和郭解交朋友为荣，江湖上开始流传着这样一句话：平生不识郭大侠，纵称英雄也枉然！

郭解就这样有惊无险地在道上混了几十年。

洗白是每个黑道人物的最终归途，郭解也不例外。随着年纪渐长，郭解的性子也变得沉稳和善了许多，不像年轻时那么血气方刚，不过他无与伦比的号召力还是引起了官府的警惕。刚好皇帝要修茂陵，要迁一批地方豪强过去，地方官乘机将郭解的名字也报了上去。至于郭解有没有300万家财，这不重要。

得知消息后，郭解第一时间找人疏通关系，最后找上了大将军卫青。从这里也不难看出，郭解的人脉关系确实了得。

不过很可惜，刘彻并不打算放过这个在地方上有着广泛号召力和组织力的大侠，郭解最终还是没有逃脱被搬家的命运。

临行前，轵城的大户给郭解摆酒送行，大伙儿随便就凑了1000多万钱，这个数额远远超过了迁豪令的300万。一个江湖大哥能有这么大的威望，既是郭解的幸运，也注定了他后来的悲剧。

郭解被迫迁走后，众多小弟却愤愤不平，就在郭解离开后不久，家里又出了一件命案。郭解的侄子打探到，当初力主迁徙郭家的是县里一名杨姓官员，一怒之下杀了杨姓官员，还割下了他的头。

这下可捅了马蜂窝，官员家属来到长安准备告御状，不想郭家人又追了过来，把告状的人杀死在长安城。

堂堂天子脚下发生了这种恶性事件，这让皇帝的面子往哪儿搁？一个游侠竟有如此能量，如此嚣张，这还了得？

尽管这一切都不是郭解授意，甚至不知情，但郭解真能把自己摘干净么？

刘彻立即下令缉拿郭解叔侄，幸好早有人通风报信，郭解只得踏上了亡命天涯的路途。逃亡的日子苦不堪言，好在郭解名声在外，每到一地，只要报上姓名，就有仰慕他的人提供免费食宿，为他寻觅避难之所。

郭解颠沛流离、东躲西藏的日子并没有过太久，专案组还是循着蛛丝马迹抓住了他。

然而，专案组审了很久，却一直无法给郭解定罪，因为郭解年轻时背负的那些命案，大多发生在朝廷大赦之前。等郭解成为大佬后，他杀人便不再亲自动手，很多案子也牵扯不到他身上。

案子到了这里，似乎审不下去了。

一天，县里召开郭解的案情分析会，本地大佬纷纷给郭解说好话，说他为人侠义，好打抱不平，是个好人哪！

不料，会场上坐着一个耿直的儒生，他见大伙儿都为郭解开脱，当场就拍了桌子：郭解为非作歹、触犯国法，何谓贤？

这话让在场的人都很尴尬。郭解的一个小弟也是个暴脾气，为了报复这个儒生，他找了个机会将其杀死，还割掉了儒生的舌头。

这下子，郭解又成了焦点，无奈他的确不知道凶手是谁，专案组只能如实上报皇帝，说郭解无罪。

刘彻眯起了眼睛，真的无罪么？

御史大夫公孙弘站了出来，说郭解不过是一介布衣，却任侠妄为，玩弄权谋之术，为一点小事就伤人性命。这次的杀人事件他虽不知情，但性质却比他亲自杀人更为严重，影响也更为恶劣，应该以大逆不道之罪论处！

作为朝堂上的三把手，公孙弘的意见很有代表性。儒以文乱法，侠以武犯禁。刘彻作为帝国CEO，自然不会容忍有侠客阶层的存在。

很快，郭解的判决结果下来了：被告人郭解，犯组织、领导、参加黑社会性质组织罪、故意杀人罪，情节严重，证据确凿，判处死刑，剥夺政治权利终身，并灭族！

名动江湖的大侠郭解最终落得个满门抄斩的悲惨下场。他的死亡代表了游侠的式微，自此以后很长一段时间内，只有歌颂游侠的诗篇，却不曾出现真正的游侠。

89. 汉朝最伟大的一次辩护

公元前 99 年，飞将军李广的孙子李陵随李广利出击匈奴，自信满满的他独自率领 5000 精兵出发，在浚稽山遭遇匈奴大军 8 万骑兵，苦战八天八夜，最终寡不敌众，为保全部下的性命投降匈奴。

消息传来，朝野震惊，汉武帝龙颜大怒，李家从秦将李信开始，就是朝堂上的股肱之臣，飞将军李广终其一生都在北方边境与匈奴人死磕，到他李陵头上，竟然能干出变节这种事？是可忍孰不可忍！

刘彻在朝堂上大发雷霆，大臣们赶紧顺势说话，都说李陵叛国，罪不容诛。

这是一场丑陋的表演，在刘彻严厉的目光审视下，在政治正确的高压下，所有人争相往李陵身上泼脏水，一个个义正词严、慷慨激昂，大叛徒、人民公敌之类的词汇不绝于耳。

一片谩骂声中，只有一个人静静地站在角落，冷眼旁观着这一切，眉头紧锁，不发一言。

刘彻很快就发现了角落里的这个人。太史令司马迁同志，你来说说吧！

所有人的目光齐刷刷望向司马迁。

司马迁轻咳一声，站出来为李陵说话："李陵平素对亲人孝敬，对士人诚信，为了国家能奋不顾身，有国士之风。现在李陵出了问题，那些平日里贪生怕死、只知道保全自己身家性命的臣子，就跳出来大肆污蔑他，夸大他的罪行，太让人痛心了！那些无能之辈，你们有什么资格在这里指责李陵，你们又为这个国家做了什么？

李陵率领5000步兵，深入匈奴之地，对战匈奴8万骑兵，杀敌万人，伤敌无数。匈奴以倾国之兵追击，转战千里，直到李陵矢尽路穷，将士们仍然顽强苦斗，拼死一搏，能让士卒如此效死的将军，即便是古代名将也不过如此。他虽然兵败陷入敌营，但其功绩足以光耀千古。他之所以没有慷慨赴死，不过是想留下有用之身，寻找适当的机会，再次报效朝廷罢了。"

司马迁的发言颇有道理，但正在气头上的刘彻哪里听得进去？恼羞成怒的刘彻判处司马迁死刑。

司马迁在开口辩护的时候，难道不知道自己的辩护后果吗？

他当然知道，但他更希望汉武帝不要偏听偏信，不要被愤怒冲昏头脑。可惜他什么都想到了，就是没想到汉武帝对他的不满积蓄已久，最终来了场大爆发！

他做出了自己的辩护，可惜他得罪的是汉武帝，帝国最高司法长官，他的辩护使他被孤立。

从结果来看，这是一次失败的辩护，然而我们不能因此苛责司马迁，他尽到了一个朋友的义，也完成了一次精神上的蜕变。他为李陵所做的辩护堪称汉朝最伟大的一次辩论。

90.70多岁的最佳辩手

始元六年（前81年）二月，长安城迎来了一场规模极高的国策制度辩论会，我们先来看一下各方选手：

正方辩手：以御史大夫桑弘羊为核心，包括御史丞、丞相史等人在内的官僚集团。

反方辩手：来自民间的60余名贤良文学，即知识分子，你也可以把他们理解为汉朝的公知。

双方交锋的核心一开始是民间疾苦的问题及建议，但是很快，话题就转到了盐铁官营制度的存废上。双方唇枪舌剑、你来我往，犹如高手过招，70多岁的桑弘羊舌战群儒，那叫一个精彩！

事实上，盐铁会议所争论的内容可谓五花八门，他们所讨论的深度和广度在两千年的历史上也是绝无仅有的，很多问题直到今天也没有定论。

他们吐槽农具质量太差，说政府督造的铁具都是些大家伙，只求完成上级布置的铸造任务，完全不考虑农民使用是否便利。老百姓拿着政府铸造的钝刀，连草都割不断。农民大老远跑到城里购买农具，还常碰上主管铁器专卖的官员不在店内，只能空手而归。买不到铁制农具，穷困潦倒的百姓只好回归到用木具耕地、用手除草的时代。

他们抱怨政府法律太严苛，主张德治，认为行仁政就可以无敌于天下。特别是汉武帝任用的一些酷吏，如杜周、张汤、王温舒等人，罔顾法律，随意陷害无辜群众，动不动就一人犯罪，全族株连，搞得人心惶恐，动乱不安，因而激起了百姓的反抗。他们一再引证历史教训，批判严刑峻法，指为亡国之道，把严刑峻法看作是秦王朝灭亡的原因。

他们反对向匈奴用武力，主张休兵止战，以和为贵。他们认为，匈奴远处漠北，对于他们的骚扰活动，应该以德服人，咱们天朝上国物产丰盈，无所不有，大不了多给他们点财物，给他们送个妹子也就是了，搞好双边关系最重要，何必非要打打杀杀的呢？

儒生们口若悬河，对国家大政方针一通狂喷，作为政策制定者的桑弘羊自然很不爽，甚至开始吓唬对方：

"儒墨文学"之徒当年依附于淮南王刘安与衡山王刘赐，结果二王被定性为谋逆，那些人也祸及宗族。

老桑的潜台词再明显不过，政治不是一般人能玩转的，上面这些人就是你们的前车之鉴，要引以为戒！

丞相史也站出来力挺桑弘羊：大司农颜异，反对武帝发行"白鹿皮币"，死于腹诽罪；博士狄山，反对攻击匈奴，被武帝送去前线，让匈奴人砍了脑袋。你们这些人吃朝廷的饭却批评朝廷的政策，生在盛世却讪谤自己的皇帝，万一哪天出门被拍板砖，可怪不得别人！

桑弘羊还拿秋蝉做了个比喻："你们这帮家伙，见过夏末叫得欢的蝉吗？秋风一来就全没了声息。你们现在口不择言，等到祸患临头，再想闭嘴，可就晚了！"

估计是后面被逼急了，桑弘羊甚至鄙视"贤良文学"出身低贱，说他们没有资格议论国家的大政方针：

"你们这些'文学'，能说不能做，身为下民却讪笑上官，穷困潦倒却非议富者，别有用心，信口开河，不过是沽名钓誉，想以博直名罢了。"

他嘲笑"贤良"：俸禄不足一把米的人，不配谈论治国之道；家中存粮不到一石的人，没资格谈论天下大事！

儒生们自然是很有骨气的，他们反驳道："堵塞民众上升的渠道，禁锢言论自由，每日里阿谀奉承，皇帝从来听不到批评之词，这就是秦王朝灭亡的原因。所以圣人执政，必先除掉这些花言巧语倾覆国家之人。如今你们竟然用亡国之言来吓唬我们，实在是太可悲了！"

对于桑弘羊嘲讽自己穷困潦倒，衣冠不全，不配谈论国事，儒生这样怼他："身份低贱，不妨碍有才智；贫困潦倒，不妨碍有德行。你们这些肉食者只知敛财，公卿积钱亿万，大夫积钱千金，士积钱百金。百姓饥寒交迫，沿路全是流民，我们儒者衣冠不整，有什么好丢人的！"

这场辩论会，从春寒料峭的二月一直持续到了烈日炎炎的七月。在桓宽的记载中，74岁高龄的桑弘羊在会上遭遇言语围攻，公知们没有一丝尊重这位两朝元老的意思，纷纷向他发难，痛骂他搞的盐铁专卖是与民争利，君子不齿。

公知在道德立场上秒杀桑弘羊，表面上是占了上风，可实际上，这些公知们只知汹汹反对，满口仁义道德，虽然看出了不少问题，却提不出任何建设性的方案。

桑弘羊的态度很明确，你们说要取消盐铁专营，我就问一个问题：如果不执行国营化政策，一旦外族入侵，我们拿什么去保卫国家？

结果，儒生们无人能答。

盐铁会议以宣布儒生胜利而告终。

事后，参会的儒生们均被赐予公大夫爵位，其中一些人还被授了县令之类的小官。儒生们自以为得到了一次一展抱负的机会，朝廷能够改变以往的政策，不料朝廷最后只是废止了酒类专卖与关内的铁官，并没如同他们所企盼那样全面废止盐铁、平准、均输等政策，完全恢复到文景时的政治。

91. 张骞出使有多难

建元元年（公元前 140 年），刚刚登基的刘彻雄心勃勃，为了牵制匈奴，他决定加强与西域诸国的联系。

彼时，西域诸国均在匈奴人凶悍的马蹄下战战兢兢度日，月氏人更是不幸被匈奴破了国，月氏王的头颅甚至被匈奴人拿来饮酒。流离失所的月氏残众无力报仇，一部分西迁至伊犁，称为大月氏。

刘彻意识到这也许是一个机会，如果能够联络月氏，两国联手同时向匈奴宣战，必定可以重创匈奴。可问题在于，出使月氏必须要经过匈奴的领地，谁能完成这个任务？

一个叫张骞的汉家儿郎站了出来："我愿往！"

西出阳关，漫漫黄沙，这一切都不能阻止张骞一行人前进的脚步，然而途经匈奴的地盘时，一行人还是不幸被捉住，押送到匈奴单于面前。

单于想要张骞归化，令他为匈奴效力，这一留就是 10 多年。这期间，在单于的强迫下，张骞娶了匈奴女子为妻，还生了儿子。

整整十年，派出的使节音讯全无，刘彻都快要忘记自己曾派出这样一支队伍了。然而张骞不会忘记。10年来他持汉节不失，未曾忘记自己的使命。

10年后，张骞终于瞅准时机，逃离了匈奴。

为了躲避匈奴的追兵，张骞一行人不敢停歇，一路向西，途经大宛、康居，终于到达了目的地——月氏。

然而现实却让张骞失望了，10多年过去，月氏人早已忘却了往日的仇恨，他们在新的国土上过上了来之不易的安乐生活。无论张骞怎样劝说，月氏人都不为所动，不肯与匈奴开战。

张骞在月氏待了一年，依然毫无结果。无奈之下，张骞只得踏上回国的路途。

归途中，为了避免再次被匈奴人扣留，张骞等人特意选择从羌人领地绕路。不料此时的羌地早已被匈奴占领，张骞又一次被擒。

张骞绝望了，他知道这一次自己在劫难逃，不料此时匈奴内部出了件大事，军臣单于身死，匈奴大乱。

机不可失，张骞再次逃离，终于回到了阔别十数年的中原。

他穿一身胡服，胡子拉碴，脸上刻满了沧桑，手中的旌节早已磨光了穗子，却依然高高举起。

一路上，他顶着烈日，跨越了大漠戈壁。当他再次望见巍峨的长安城时，心中感慨万千！

一进长安城，他扑通一声跪倒在地，声嘶力竭地嚎哭起来。

张骞回来了。

这个杳无音信、几乎被遗忘的男人，终于回家了。这一年，距离他从长安出发，已经过去了整整13年。

13年前，他奉刘彻的旨意，带着一队人踏上了西行之路。擎一支旄节，他怀抱联络月氏的夙愿，奔走于茫茫大漠；伴一阵驼铃，他阔别长安的歌舞升平，游荡于寒沙衰草。

这一路上，有大漠戈壁，有天山白雪，有嗜杀野蛮的匈奴人。多少次，他晕倒在大漠，最后又艰难地爬起；多少次，他差点命丧黄泉，又侥幸活了过来。饥饿、寒冷、孤独、死亡的威胁都没有让他放弃，纵然生死一线，他都坚强地挺了过来。

从月氏回来后，张骞被羌人捕获，献给了匈奴主子。趁着匈奴内乱，张骞再次越狱成功，但这次随他成功逃出的，只有堂邑父一人而已。

一路惊心动魄尽数掩埋于风沙之中，落在史书上只短短几行字："初，骞行时百余人，去十三岁，唯二人得还。"

92. 张骞回国之后

元朔三年（公元前 126 年），一个胡子拉碴、一身胡服的汉子进入长安城后，扑通一声跪倒在地，声嘶力竭地嚎哭起来："我回来了！"

周围人纷纷聚拢过去，才得知他就是十三年前奉刘彻旨意出使西域的张骞。

得知张骞回来后，长安城激动了，刘彻激动了，他亲自接见了张骞，详细了解此行的见闻。随后，张骞被封为太中大夫，忠实的堂邑父也被封为奉使君，以表彰他们的功绩。

张骞一生注定没有安稳的日子，凭借对匈奴和西域各国的了解，此后的张骞谋划并多次参加了对匈奴的战争，与大将军卫青和年轻的骠骑将军霍去病在抗击匈奴的主战场上并肩作战，帮助大军寻找水源。

公元前 123 年，张骞因为军功显赫及出使西域的特殊贡献受封为"博望侯"，登上了人生巅峰。

按理说，此时的张骞有足够的资历躺在长安城过富足的生活，可他并没有就此止步。

刚刚封侯拜爵的张骞来不及休息，就向汉武帝提出了又一个探险计划，他要去证实他在地理方位上的一个大胆判断，为汉王朝寻找一条通往西域的新途径。

原来，张骞当初在大夏国有一个惊人的发现，他看见那里的商人出售产自中原蜀地的竹杖和布匹，并告诉他这些物品是从身毒（位于今印度境内）贩运过来的，他由此断定四川和身毒之间有一条交通线。

张骞告诉武帝，如果能打通从蜀地到身毒国的道路，不仅可以开辟一条路线，避开匈奴拦截的危险，而且还可以将我大汉的文明远播域外！

得到武帝的赞同后，张骞再次出发，一行人兵分四路，在地形复杂的西南大山中探索前进，因遭到当地土著的追杀阻挠，最后只得放弃。现在我们都知道，中国和印度之间隔着一条世界上海拔最高的山脉——喜马拉雅山，也是东亚大陆与南亚次大陆的天然界山，根本过不去。

回到长安的张骞内心充满着壮志未酬的矛盾与惆怅，回到长安后，武帝派张骞和李广出击匈奴，不料李广孤军深入，被敌军围困。等张骞赶到时，李广军几乎全军覆没。此役因张骞贻误战机而招致惨败，虽然侥幸保住了一条命，但爵位和功名一夜之间化为乌有。

张骞失侯罢官期间，仍屡次被武帝诏见，很快他就接到了一项新的任务：联络乌孙夹击匈奴！

元狩四年（公元前119年），张骞再度出使西域。这一年，距离他上一次出使西域已经过去了整整7年。

张骞一行从长安出发，经过河西走廊，出玉门关进入西域，沿着天山的北边到了乌孙国。一番交涉，乌孙王服了，派使者护送张骞回国，并送来数十匹西域良马。张骞派往周边国家的副使也各自有所收获，他们带着各国使者回访长安，让武帝体验了一把万邦来朝的感觉。

张骞病故后，汉朝使者前赴后继地奔向广阔的西域，东西方之间，一条绵延万里的国际交通线逐渐开通，史称"丝绸之路"。

93. 最著名的私生子

元狩六年（公元前117年），整个帝国都陷入哀伤中。

从长安城向外望去，送葬的队伍一眼望不到头，将士们从首都到茂陵排列成阵，默默为他送行。

大汉最高领导人、汉武帝刘彻的情绪也很低落，眼角有闪光的泪花。

亡者被追谥为"景桓侯"，并被允许安葬于正在修建的武帝陵寝一旁。

这种超标准的待遇，只为纪念少年英雄霍去病。

从身份上讲，他是一个私生子。

从古至今，私生子一直都是不被世人认同的一种存在，常常受到世人另类眼光的看待。不过逆境往往更能激励一个人成功，历史上有不少私生子成功逆袭，改写了自己的命运，在史书上留下了浓墨重彩的一笔。

比如霍去病。

霍去病的母亲是平阳公主府的女奴卫少儿，可惜遇人不淑，被平阳县小吏霍仲孺勾搭，生下了霍去病。霍仲孺是个薄情寡义之人，提了裤子就不认账，不敢承认与卫少儿私通之事，霍去病只能以私生子的身份生活。

然而，上天并没有抛弃他，随着卫子夫得宠，霍去病也迎来了自己的机遇。17岁时，霍去病被汉武帝任命为骠姚校尉，跟随自己的舅舅卫青去漠南抗击匈奴。

没想到，霍去病完全没有被茫茫大漠所震慑，反而如同自带GPS系统一样，抛下大军，独自带着800兵士长途奔袭数百里，直捣匈奴巢穴，斩杀单于祖父辈的人物1名，俘虏叔父1人、大小官员共2000余人。

这场处子秀充分展现了他的出色的军事才能，惊艳了整个帝国。武帝惊喜无比，当即封霍去病为"冠军侯"，称赞他作战骁勇，勇冠全军。

19岁，霍去病率领一万精兵出击占据河西地区的匈奴。千里大漠是霍去病的舞台，他闪电般奔袭其间，一路高歌猛进，以摧枯拉朽之势，在六天内歼灭匈奴五个部落，歼敌近万人，擒获大量俘虏。

传奇还在继续。

这年夏天，汉武帝乘胜追击，展开收复河西之战。霍去病直接坐上汉军统帅的位置，连飞将军李广都成了他的部下。霍去病深入匈奴境内，打得匈奴措手不及，毫无抵抗之力。

经此一役，匈奴人不得不退回到焉支山北，大汉帝国终于打通河西走廊，控制了通往西域的门户。曾经在汉帝国面前耀武扬威的匈奴人不得不收起帐篷，驱赶着牛羊牲畜，在辚辚的车马声中向更远的地方迁徙。匈奴的歌手弹着呜咽的马头琴，唱起了哀恸的挽曲："失我祁连山，使我六畜不蕃息；失我焉支山，使我嫁妇无颜色。"

22岁，霍去病再次领命，深入漠北寻歼匈奴主力，直追到狼居胥山。在这里，他举行了祭天封礼，从此"封狼居胥"成为古代武将的最高荣誉。

他的一生仿佛就是为战争而生，像一道闪电一般划过天际，匆匆而去，却为后世留下了无尽的光芒。

94. 李广到底冤不冤

太史公司马迁一生推崇的英雄有两个，一个是项羽，另一个是李广。

对于李广，司马迁从来不掩饰喜爱之情，比如同样是帝国名将，卫青、霍去病的功绩比李广高好几个数量级，但司马迁就是看不上这二人，在写《史记》时还将二人写入《佞幸列传》，着重抨击了卫青和霍去病善于谄媚事主、虚伪作秀。

这就有点侮辱人了。

虽然司马迁在《史记》中对李广各种夸，但李广的战绩实在有些拉胯。李广自己打仗很猛，带兵打仗就不行，他一辈子打了很多仗，从来没打过大胜仗，都60岁了也没封上侯，还老迷路。

《史记》记载，李广曾带着百余骑追击匈奴的一小股精锐，将上万人扔在匈奴腹地不管。战争期间，身为军队统帅，却只顾自己逞英雄，与部下失联足足一整天，这实在不是一个称职将军应该做的。

据《史记》和《汉书》记载，武帝一朝因军功封侯者共26人，无一不是战功卓著的优秀将领，而李广在武帝朝5次出征匈奴，3次未遇敌，2次几乎全军覆没，这样的战绩自然难以达到封侯的标准。

公元前 119 年，武帝倾全国之力发动了对匈奴的决战——漠北之战。汉朝精锐尽出，年迈的李广不甘心缺席，主动去找武帝，执意要求出征。

武帝说："老将军还是歇一歇吧，打仗是年轻人的事，您老为国征战了一辈子，如今年纪大了，也该好好待在家中颐养天年了。白首从军，鞍马颠簸，朕于心何忍？"

李广当然不答应："陛下，老臣今年都 60 多岁了，没有多少活头了，这也许是与匈奴的最后一战，也是我李广的最后一战了，老臣一定要去。大丈夫既食君禄，当死于战场，以马革裹尸还，幸也！"

武帝听后大为感动，既然老将军执意请战，准了！

不过为了保险起见，武帝还是单独找来了卫青，嘱咐他："李广年龄大了，运气又总是不好，不适合作为先锋，你就多照顾一下他吧！"

大军出发没多久，卫青的部队抓到了一个匈奴俘虏，审问后得知，先前得到的情报有误，单于依然在定襄北面，不曾东移。

这下子，卫青激动坏了，既然已经知道了单于主力的确切位置，那就由我们主攻单于吧！

他当即下令，李广和赵食其的兵马，从东路进军包抄单于；公孙敖从正面挺进，到时候两军会合，夹击单于。

李广不服气，他太需要一次与匈奴正面对决的机会了，如今机会就在眼前，卫青却把大好机会让给了好朋友公孙敖，李广如何能服气？他一肚子气没地方发泄，气呼呼地去找卫青理论。

李广说："我是陛下任命的前将军，现在大将军无缘无故把我改调到东路作为助攻，我不甘心！我从年轻始就与匈奴作战，等了这么久，才有了与匈奴单于面对面交锋的机会，我愿意充当前锋，与匈奴单于一决生死！"

卫青婉拒了他，李广气呼呼地离开了将军帐，独自带着队伍出发了。这样的做法，一方面自然是心中有怨气，另一方面也是想争取时间，抢在卫青部之前遇到匈奴主力。

很遗憾，李广最终并没有按照计划与卫青部会合，更没有如他心中所想的那样抢先接战匈奴，而是在大漠中又迷路了。

当他带着大军在茫茫大漠绕了几个星期回到原点，卫青已全歼匈奴主力，霍去病则达成了前无古人的成就——封狼居胥。

当长史问李广为什么迷路时，李广却闭嘴不言，一个字都不愿意说。

看着身边的战友们，老李的眼中满是浊泪，他望着手中的宝剑，感慨道："我十六岁就参加对匈奴作战，经历大小七十余战，我很幸运能跟随大将军参加此次征战。只是没想到，大将军不让我冲锋在前，而我又迷了路，这一切都是天意啊！我今年已经六十余岁了，终究不能面对刀笔吏的侮辱了！

"老了，真的老了！"

然后，李广挥刀自刎。

与卫青、霍去病等人相比，李广在治军和战术战法上存在很大短板，他虽戎马一生、英勇无比，但其结局却让人遗憾。但或许正因如此，才让司马迁对他报以无限的同情，忍不住在《史记》中不惜笔墨极力推崇吧！

95. 大汉第一劳模

在武帝朝的大臣中，卜式称得上一个传奇人物。

卜式是河南洛阳人，生于富裕之家。15岁时，父母双亡，留一幼弟。卜式独撑家业，待其弟长大成人，各立门户。卜式将所有家财留给弟弟，自己仅取百余只羊，到山中牧羊为生。

卜式放羊是一把好手，他往山沟里一钻就是十多年，出来时，百余只羊已变成了千余只。此时弟弟因不善营生，坐吃山空，早已家业败尽，卜式二话不说，再次资助弟弟，备受乡邻称赞。

此时，朝廷连年对匈奴作战，财政吃紧，已经快拿不出钱了。汉武帝为了筹钱，宣布了一项法令：犯人可以通过缴纳赎金获得减刑或释放，同时出卖朝廷爵位。

国家缺钱，老百姓就得勒紧裤腰带过日子。身为一名爱国资本家，卜式主动站出来，表示愿意把一半家产捐献给国家，作为对匈奴作战的经费。

县令一看，自己治下竟有如此良民，立即上报到了中央。

刘彻听说后，觉得这人有点意思。这些年，让谁捐钱都跟要了他们命似的，就没见过卜式这种大公无私的爱国资本家。不止刘彻不信，所有人都不信。

刘彻把卜式叫到长安，派使者去了解情况。

使者见到卜式，问他："要捐一半家产的，就是你小子？"

卜式说："正是小人。"

使者问："你脑子进水了？到底有什么企图？"

卜式说："国家作战需要钱，老百姓自当有钱出钱，有力出力。"

使者问："少唱高调，你是不是想做官？"

卜式说："我只会放羊，不懂政事，不愿做官。"

使者又问："那你是有什么冤情要上访吗？"

卜式说："我从来与人无争，待人和气，乡亲们日子过得艰难，我就主动借钱给他们。街坊邻居跟我关系都很好，也愿意听我的话，哪有什么冤屈？"

使者更加纳闷："你说实话，捐这么多家产，你总得图点儿什么吧？"

卜式说："朝廷要和匈奴开战，这是国家大事，每个臣民都应尽责尽力，有钱的出钱，有力的出力。俺有钱，所以就出钱，就这么简单。"

这就奇了怪了，不求官，没有冤，愿把一半家产捐给国家？使者一头雾水地回去报告了，从来没见过卜式这样耿直的人。

刘彻听了汇报，也觉得不可思议，把宰相公孙弘叫过来，问他怎么看。公孙弘说，这人做事不合情理，必有奸诈，请陛下不要理他。

刘彻只得把写好的嘉奖令封存起来，对卜式捐款的请求也不作回应。

卜式对此倒不以为意，回家后继续搞自己的养殖业，很快就成了当地有名的养殖专业户。

元狩二年（公元前121年）秋，匈奴的浑邪王带着4万多人投降汉朝，刘彻以盛大的排场迎接浑邪王部众，过度的花费导致府库再度空虚。

次年，国家发生特大水灾，地方救灾能力有限，中央财政正吃紧。为渡过难关，朝廷准备向土豪们征收财产税，并倡议地方豪强为国分忧，主动捐款捐物，帮助灾民渡过难关。

卜式二话不说，拿出20万钱捐赠给河南，地方官员把他的义举再次报给了朝廷。刘彻看到捐款名册上排名第一的是卜式，立马就想起来了，这不是之前要捐一半家产那个家伙吗？

原来卜式不是另有所图。刘彻大为感动，赐给卜式免戍边徭役400人的指标。岂料，卜式又把这400个指标还给了国家。

这次，刘彻是真的服气了，卜式的确是位有德长者，于是打算拜为中郎，赐爵左庶长，又赐他良田10顷。此外，刘彻还亲自签发了一份诏令，号召全国人民向卜式同志学习！

不承想，卜式是真的不愿意当官，他只想回家放羊。

刘彻也很无语，说："你不就想放羊吗？要不这样吧，我的上林苑中有的是羊，正好缺一个羊倌，要不就交给你吧！"

卜式这才去了上林苑，当了个皇家饲养员。一年多后，卜式把上林苑中的羊养得又肥又壮，数量也翻了一番。

有一次，刘彻到上林苑视察工作，见上林苑里牛羊繁息，一派生机勃勃的景象，对卜式夸赞了一番。

卜式表示：其实放羊和管理百姓是一样的道理，只要让它们起居有规律，及早隔离有病的，适时清除凶恶的，别让它败坏了羊群，这羊就能养好。

刘彻一听，这简直是治国高论啊！于是任命卜式当了一个县令。在那里，卜式提倡农桑，轻徭薄赋，政绩有口皆碑。刘彻又升卜式为成皋令，之后一路提拔他出任御史大夫，位列三公。

96. 李陵的"疯狂计划"

汉武帝对匈奴的长期作战，不仅成就了一批功勋卓著的英雄，比如卫青和霍去病，也使一些人物的命运变得无比悲情，比如李陵。

李陵是西汉名将李广之孙，军人世家的环境，决定了李陵从小就喜欢打仗，他自幼善骑射，勇猛过人，颇有祖父李广之风。

公元前99年，汉武帝派他的小舅子、贰师将军李广利出击匈奴，命李陵保障后勤，押运粮草。

身为名将之后，李陵的志向可不是负责后勤，运输辎重，而是像爷爷那样，奋勇杀敌，为国效力，所以他向汉武帝屡屡请战。

因为战马不够，汉武帝拒绝了李陵的请求，但李陵却坚持说，他不需要战马，愿领五千精兵直捣匈奴王庭。

看到李陵如此坚定，汉武帝终于答应让他亲赴战场、建功立业。

为了保险起见，汉武帝安排了强弩都尉路博德配合李陵作战，在半路上接应李陵，不料路博德百般推脱，汉武帝以为是李陵不想出战，指使路博德来说情，于是令李陵独自出兵。

从一开始，李陵的部队就注定是一支孤军，没有任何支援。

李陵的运气是真好，进入草原没几天，就遇到了匈奴单于亲自带领的3万骑兵。

李陵早有准备，他下令将辎重车围成一圈，集合成了一个铁桶阵。我就待在这里不动，你要杀我，肯定得骑马跑过来，你过来我就拿箭射你。

就这样，匈奴人死了几千人，愣是没啃动。

匈奴王仍不死心，索性将附近的左右贤王都叫来，从3万增加到了8万，轮番攻击。

反观李陵这边，只有区区5000步兵。

敌我相差悬殊，汉军伤亡越来越严重，士气低落，弓箭也快没了。李陵只好且战且退，最后退到了一处山谷之中。

这边李陵正在为粮食和弓箭发愁，那边匈奴人也不好过。对付区区五千步兵，匈奴人死了一万多都没打下来，早就不想打了。

可偏偏就在此时，一个汉军兵士叛逃到匈奴那边，带去了一个重要情报：李陵孤军深入，外无援兵，且箭矢即将用完，只要单于再加把劲儿，必能生擒李陵！

单于大喜，命人加紧围攻。

眼看汉军突围无望，李陵扛不住了，做了一个影响他一生的决定：突围，所有人朝不同的方向突围！

李陵与韩延年率十余名勇士突围，不料还是被匈奴骑兵追了上来，这下彻底走不了了。

要不要投降？

李陵正面临人生中最重要的一个选择。

生与死，只是一刹那之间的事，军人战死沙场是天职，但是到了真正面临死亡的时候，谁又可以很坦然地面对呢？

终于，他扔下了手中的长矛，长叹一声："我无颜面去见陛下了。"

一滴英雄泪，飘落在冰凉的夜风中。

97. 战绩平平为何却在后世诗词中备受推崇

李广可以说是古代名将中的"偶像派",几乎无人不知,无人不晓,名气之大,甚至超过了卫青和霍去病。

在很多诗作中,更是对李广推崇备至,比如"冯唐易老,李广难封""君不见沙场征战苦,至今犹忆李将军""但使龙城飞将在,不教胡马度阴山"。

李广的名气很大,但如果翻开历史会发现,战绩上李广远不如卫青、霍去病,在历次对匈奴的战争中败多胜少,甚至连个侯爵都没有封上。

可为什么在后世诗词中,对李广的推崇要高于卫青霍去病呢?

其实说起来,这既有时代的因素,又有环境的影响。而造成这种结果的根源,还是出在了太史公司马迁身上。

要想被人牢牢记住,最好有特点,或是与众不同,只有这样大脑的印象会更为深刻。司马迁在写李将军列传时,带入了很强的主观情绪,他对卫青、霍去病的战功描述很多,而对李广的传奇经历、武功骑射叙述更多,用大量篇幅写了李广的英雄事迹,为李广鸣不平。

为什么司马迁会重点写李广？是因为他老人家打心底看不上卫青与霍去病。他最看不惯汉武帝的任人唯亲。卫青和霍去病从某种程度上讲，就是汉武帝任人唯亲的结果，因为看上了卫青的姐姐卫子夫，才给了卫青出头的机会，而卫青出头后，又给外甥霍去病创造了机遇。

司马迁对于李广祖孙三代的遭遇十分同情。李广不愿受刀笔之吏侮辱，引刀自刭；李广之子李敢想找卫青寻仇，结果被霍去病射杀；李广的孙子李陵兵败之后，投敌匈奴，一生都没有再踏上汉朝故土一步。

李广的祖上和司马迁的祖上都曾在秦朝为官，都是世家之后，太史公对李家同情心泛滥，也是很自然的事情。何况，司马迁本人也是因为李陵之事遭受"腐刑"，这就更让他下意识地与李家保持了统一战线。

司马迁对李广的事迹着重笔墨，大发感慨于李广的怀才不遇，后世才会对李广更熟悉，加上李广自带各种传说，一个长期怀才不遇、遭受不公正对待的悲情将军形象就这么被树立起来，"飞将军"的名号也就被越来越多的人知晓并传颂。

而后世文人墨客追捧李广，很大程度上源于郁郁不得志的悲惨人生下换来的感同身受，是同理心下的一种现象。

98. 霍光是如何得到汉武帝信任的

公元前87年，汉武帝驾崩。临终前，汉武帝任命霍光为大司马大将军，让霍光和其他几位大臣共同辅佐刘弗陵。在霍光的努力下，汉朝完成了汉武帝向汉昭帝时期的政权的平稳过渡。

霍光是霍去病同父异母的弟弟。霍去病出击匈奴凯旋时，专门去拜见父亲，并将年幼的弟弟霍光带到长安照顾。

在繁华富庶的长安城，霍光开阔了自己的眼界，凭借哥哥的身份和地位，霍光十几岁便步入仕途。他的第一份工作是郎官，随后又被升为诸曹、侍中，可谓平步青云。

然而没过多久，哥哥霍去病突然去世，他最大的靠山没了。

霍光明白，要想在尔虞我诈的权力斗争场上生存下去，一切只能靠自己。

霍去病死后，汉武帝为了寄托对霍去病的哀思，更加器重霍光，将他带在身边耳提面命、悉心栽培。

霍光每天的主要工作就是陪在刘彻左右，小心服侍。作为一位杀伐果决的皇帝，刘彻的圈子可不是什么人都能进的，这圈子里除了智者就是能人。要想在这个圈子里混下去，需要打起十二万分的精神，最考验一个人察言观色的能力。

经过多年的历练和隐忍，霍光终于练就了超级忍术，他为人极其低调，办事滴水不漏，二十年的朝夕相处，霍光在工作中从来没出过一丁点差错，深得刘彻的信任。

霍光谨慎到什么程度呢？举个例子，每次他从家属院走到办公楼要走多少步，从办公楼大门走到办公室走多少步，他都有固定的位置和尺寸，分毫不差，几十年如一日。他总能找准自己的位置，然后默默观察大小官员在武帝面前的反应。

霍光的表现得到了汉武帝的肯定，先后出任奉车都尉、光禄大夫。这意味着武帝出行时，要靠霍光保驾护航；武帝处理政务时，霍光可以参与决策讨论。两年内，霍光从一个小跟班升任朝廷高官，权势和地位迅速攀升。

霍光虽然一步踏入了核心权力场，但他却是众多大佬中最不显眼的那一个。他不追求曝光率，也从不公开发表政见，每回廷议时，霍光都准时列席，却从来都一言不发。

但低调只是霍光的伪装，或者说，是他在多年的政治斗争中悟出的生存之道。

凭借着这份低调与靠谱，霍光几十年如一日伴随在汉武帝左右，兢兢业业地完成一切琐碎的事务。他见证了哥哥霍去病那场无比隆重的葬礼，见证了武帝朝卫绾、窦婴、许昌、田蚡等13位丞相或自杀或被杀的命运，也见证了在汉武帝的带领下，汉帝国如何开疆拓土、扬威西域，对内打击豪强、集权中央，一步一步踏上文治与武功的巅峰盛世。

汉武帝临终前，在甘泉宫让人画了一幅周公辅成王的图赐予霍光，嘱托他像当年的周公一样，辅佐自己的幼子刘弗陵。

为了让霍光更好地开展工作，汉武帝又提拔他为大司马大将军。

要知道，大司马大将军位在三公上。在此之前，汉武帝曾任卫青为大司马大将军，但当时汉武帝大权在握，卫青也恪守本分，故当时的大司马大将军虽然位高，但还没有成为朝官首领。而此时，霍光一人身兼大司马大将军，不但成了内朝的最高首领，更成了百官之首。

继位那天，如周公负成王朝诸侯一般，霍光背着年幼的刘弗陵去前殿，让无数老臣感慨不已。

从那一刻起，霍光终于迎来了自己的高光时刻。

99. "狱中学霸" 黄霸

司马光在《资治通鉴》中点评汉史时，写了这么一句话："然自汉兴，言治民吏，以霸为首。"就是说自汉朝以来，论治理百姓的官吏，黄霸排第一。

从汉宣帝到司马光，掐指一算1000多年，官场上走过多少人物，唯独黄霸排名第一，他能有如此成就，离不开他在狱中苦读的经历。

夏侯胜是西汉今文尚书学的开创者，讲求经世致用。武帝时任博士，宣帝时先后担任过长信少府、太子太傅，是一个敢于直言议政的人。

当初因为反对汉宣帝给汉武帝上庙号，夏侯胜惹恼了皇帝。为了坚决维护皇帝的权威，丞相蔡义和御史大夫田广明带头声讨夏侯胜，丞相长史黄霸也被牵连，二人进了监狱。

早在刘贺当皇帝的时候，夏侯胜就曾严肃地告诫过刘贺："你就作吧，我预测过不了多久，你手下的臣子会有人掀翻你。"刘贺不爽，把夏侯胜扔进了监狱。然而霍光听到这番话，开始心虚了，他跑去问夏侯胜："你怎么知道有臣子要针对刘贺？"

夏侯胜卖起了关子，说："因为我读了《今文尚书》。"

不久之后，刘贺果然被霍光给废了。

夏侯胜的神奇预测，把《今文尚书》炒成了儒家必读书，也把自己炒成了大儒。

夏侯胜、黄霸两人在狱中关着。时间一天一天地过去，居然无人问津，也没人请他们吃断头饭。

黄霸知道老夏同志精通经学，和这样的牛人一起蹲监狱，机会可是千载难逢，于是请夏侯胜为他讲解经学。

夏侯胜很郁闷："咱俩都要死了，还讲什么经学？"

黄霸凛然道："朝闻道，夕死可矣。"

夏侯胜一听，这么好的学生，打着灯笼都难找啊！于是亲自指点，开启了一对一的私教模式。

这一教一学，就是两年。别人进监狱是蹲大牢吃牢饭，黄霸蹲监狱却顺便读了个研。

两年后，关东地区发生大地震，山崩地裂，城墙房屋倒塌，死了6000多人。汉宣帝在赈灾的同时宣布大赦，夏侯胜与黄霸也出了监狱。

黄霸后来一路被提拔到了扬州刺史，相当于扬州大区的监察官。到了宣帝朝末期，黄霸更是接班丙吉，做到了帝国丞相一职。

100. 真假卫太子

始元五年（公元前 82 年），刘弗陵登基的第 5 个年头，长安城来了一个人。

此人身穿黄色衣服、头戴黄色帽子，乘坐黄色牛车，车上插满了龟蛇图案。在长安城居民和守门士兵充满疑惑的目光注视下，男子驾着牛车轻车熟路来到了未央宫的北门口，目光悠远，似有无限感慨。

守门士兵拦住了他："你是何人？"对方回答："我乃卫太子刘据。"

这话一出口，长安城立即炸了锅。

怎么可能？当年卫太子因不满江充陷害，愤怒之下杀死江充，起兵自卫。汉武帝大怒，派兵镇压，长安内外十多万人被杀，刘据出逃，不料行踪遭到泄漏，因担心被抓受辱而自杀，成了扶苏"第二"。这是人所共知的事，如今怎么又冒出来一个卫太子？

守门的士兵吓尿了，不知所措，只能层层上报，最后报到了皇帝刘弗陵这里。

刘弗陵听闻此事，感到事情比较严重。如果来人真是卫太子刘据，那自己该怎么办？

见？就是承认太子刘据身份的合法性，接下来会面临从皇位跌落的危险。

不见？在以"孝悌"治国的汉朝，对兄长的绝情，会在舆论场引发巨大争议。

刘弗陵也没了主意，立即召集所有高级官员到未央宫开会，商议此事。

由于巫蛊之乱发生时，汉昭帝尚在襁褓之中，完全记不得卫太子的样貌，所以辨认此人真实身份的责任便落到了三公九卿等朝廷官员的身上。

长安城多的是看热闹不嫌事儿大的吃瓜群众，这些人听闻卫太子刘据死而复生，纷纷围过来凑热闹，北门附近一下子聚集了数万人，城门口被堵得水泄不通。

而那些被派去验明正身的官员们看完后却都不言语了——考虑到这事本身的政治性质很微妙，谁也不敢轻易表态。

就在这尴尬时刻，一个声音陡然响起："把他给我绑了！"

大伙儿转头一看，原来是京兆尹隽不疑。

有人上前拉住隽不疑，小声提醒他："你没见过卫太子，这人长得太像了，万一真是太子呢？"

隽不疑理直气壮地说出了一番道理："春秋时期，卫国太子卫蒯聩因违抗卫灵公之命出逃，后其子卫辄继位，拒不接纳其父回国，此事得到《春秋》的肯定。刘据得罪了先帝，逃亡在外，就算当时没死,如今自己又回来了,也是国家的罪人,你们怕什么?"

隽不疑力排众议,将眼前的男子送进了大牢。

刘弗陵和霍光正在犯愁,听闻隽不疑的处理,拍手叫好。霍光向刘弗陵说,选干部还是得选那些熟读经书、精通历史、知晓大义的人。

这里有一个问题,卫太子到底是真的还是假的?

其实,卫太子是真是假已经不重要了,隽不疑仗着春秋大义撑腰,迅速把一场迫在眉睫的腥风血雨防患于未然,巩固了汉昭帝和霍光的权力。汉朝官方之后发布了一则公告,说此人是冒充的,真实姓名叫成遂,平日里靠占卜为生。有人说他的长相酷似卫太子,于是动了歹念,想以此招摇撞骗来获取荣华富贵,结果落得个腰斩的下场。

101. 汉朝的赘婿

《说文解字》中解释道："赘，以物质钱也。"可见"赘"本身就有"抵押"和"放贷"之意。而在古代，男人入赘只有一种原因：贫穷。

由此可见，赘婿可不仅仅是当上门女婿，或是为了爱情自降身份，入赘为婿相当于卖身为奴，可能要面对来自各方的欺凌和歧视。

赘婿这个概念最早出现在战国时期，说起来，淳于髡可以算是有记载的赘婿第一人。在时人眼中，赘婿基本等同于社会渣滓。比如，按云梦秦简《魏户律》的规定，赘婿不许自立门户、不许授予田地和房产、出战时不得受到将领体恤、三代内不能做官，即使做官也得备注我是×××赘婿的曾孙，简直和贱民无异。

秦代也是如此，公元前214年，始皇帝派50万大军出征岭南，这50万大军主要由"尝逋亡人、赘婿、贾人"构成。将赘婿与罪犯及商人编组在一起发配边疆，可见赘婿的地位有多低了。

为什么秦朝要如此残酷地对待赘婿？

按贾谊的说法，秦国的赘婿之风与商鞅变法有直接的因果关系：商鞅变法抛弃了礼义与仁恩，只想着汲取，搞了两年，秦国的社会风俗就坏掉了。有钱的家庭，儿子一旦成年便要分家；穷困的家庭，儿子一成年便要去做赘婿。

为什么土豪家庭的儿子一成年便要分家？因为商鞅有规定，家中有两个成年男性却不分家者，双倍征收赋税。实在没钱分家怎么办？只能将儿子送出去当赘婿了。

到了汉朝，赘婿的地位还是很低，汉文帝时，商人、赘婿与贪赃之吏不许考公，赘婿这个身份还会被政府标注在户籍档案里，成为自己和后代永远抹不掉的污点。汉武帝时战争频发，兵力缺乏，赘婿就成了首要之选，在征讨大宛的战争中，武帝在全国捕捉赘婿，强迫他们参军并发配边疆当炮灰。

天汉四年（公元前97年），汉武帝派李广利率军进攻匈奴，这支军队中的大部分都是"七科谪"，也就是七种炮灰：一曰吏有罪、二曰亡命、三曰赘婿、四曰贾人、五六七皆贾人之类。恰在其中。

请注意，排名分先后。当烽烟四起，不知道有多少赘婿战死在他乡，成为一缕无法诉冤的炮灰。

或许你要问了，这只是普通人当赘婿，如果我娶了公主呢？

不好意思，汉朝的驸马爷也不是那么好当的。比如班超的孙子班始娶了清河孝王女阴城公主，阴城公主是顺帝的姑姑，在家中骄横跋扈，还养了个小白脸。甚至在她与小白脸在床上淫乱时，丈夫还要跪伏在床下侍奉。

这样的日子显然不是人过的，班始忍无可忍，最终手刃公主。不过"赘婿"的激愤杀人并没有引起人们同情，汉顺帝大怒，下诏腰斩班始，班始的兄弟们也连坐弃市。

102. 马革裹尸的英雄

三国时代牛人辈出，豪杰并起，然而有这么一个人物，他虽然从未出场过，却被三国豪杰崇敬有加，这人就是东汉伏波将军马援。

马援是战国时赵奢的后代。父母早亡，12岁跟着兄长读书，但他在读书方面悟性不高，索性拜辞兄长，去边境种地畜牧。他在陇西、汉中一带混得风生水起，不少宾客举家来投靠。也正是在此时，他说出了那句映照一生的名言："丈夫为志，穷当益坚，老当益壮。"

在战乱四起的新莽朝末年，马援开始在政治上崭露头角。王莽失败后，马援留在西州，当时隗嚣割据陇右，招纳马援为将。彼时公孙述与刘秀先后称帝，隗嚣希望利用马援与公孙述的友谊将其拉拢。

见到老朋友马援后，公孙述却拿出天子的架势，让马援很不舒服。回来后他告诉隗嚣，公孙述为井底之蛙，不如依附刘秀。

马援随后来到洛阳，一番长谈让马援如沐春风，回去后说服隗嚣投奔了刘秀。

隗嚣与刘秀决裂后，马援劝不动隗嚣，索性投奔了刘秀，利用自己熟悉地形的优势为刘秀提供帮助，刘秀大呼："虏在吾目中矣。"

此后将近十年时间里，马援先后平定了各种部落的羌人、妖人李广以及交趾。从交趾回来后，马援说了一句话："男儿要当死于边野，以马革裹尸还葬耳，何能卧床上在儿女子手中邪！"

这句话，也成了他一生的注脚。

公元48年，武陵郡作乱，武威将军刘尚前去剿灭却全军覆没。62岁的马援主动请缨。刘秀嫌他年老，马援于是披甲执戟，翻身上马，以示未老，一如当年的廉颇。刘秀遂以马援为统帅，南下平乱。

然而大军进展很不顺利，许多士兵都染疫而死，马援也身患重病。耿舒写信给兄长耿弇抱怨马援，耿弇将书信转交给了刘秀。刘秀勃然大怒，派与马援素有嫌隙的梁松到前线问责马援进军迟缓、坐失良机之罪，并令梁松代为监军，主持前线大局。

梁松对马援早就怀恨在心，如今终于找到了报复的机会，岂能放过？

可惜马援等不到梁松了，就在梁松从洛阳出发时，这位为国征战了一辈子的白发老将已然病逝。梁松趁机陷害，诬陷马援贪赃枉法，刘秀大怒，下令追回马援新息侯印信。

墙倒众人推，破鼓万人捶。很快，马援的又一件陈年旧事被翻了出来，这就是历史上著名的冤案——"明珠之谤"。

当初马援征交趾时，发现当地的薏米有除湿的效果，可以抵御瘴气，回去时特意带了一车。不料此事以讹传讹，最后变成了马援在当地贪污受贿，搜刮了一大车明珠拉回家！

此事一经捅出，举朝哗然，刘秀愈发恼火，令其棺柩不得归葬祖坟。

马援一家看到龙颜突变，惶惧不安，将马援草草埋葬在西城，宾朋故旧也都不敢前来吊唁。一代英雄就此谢幕。

马援死后，梁松、窦固、耿舒、马武等一班朝臣纷纷站出来指责他，其宾客和故友竟无一人敢出来辩驳，只有发小朱勃站出来为他说话。

多年以后，汉明帝刘庄为纪念追随老爹打天下的功臣，在洛阳南宫云台画上二十八位将领的画像，这就是历史上鼎鼎有名的"云台二十八将"。奇怪的是，这二十八将中连马援的副将刘隆、马武之辈都赫然在列，却偏偏没有马援的名字。

这下连皇弟东平王刘苍都看不下去了，他问皇帝刘庄："伏波将军功劳甚大，何故不画图像？"

刘庄当然明白其中原委，但为了维护父亲，只能笑而不答。直到汉章帝刘炟上位后，马援的冤情才得以平反昭雪，不过这已经是他死后29年的事情了。

马援为帝国征战了一生，即使在花甲之年也未曾稍减豪情，最后病死沙场，用自己的一生诠释了"马革裹尸"。

103. 义军首领刘縯为什么当不了皇帝

刘秀的大哥刘縯率众起义后，与绿林军强强联手，一路上势如破竹，让王莽很是头疼。

随着义军队伍越来越壮大，大伙儿决定确立一个老大，统一发号施令。在反莽这件事上，刘氏子弟才是正统，汉室后裔这个身份是其他人远远无法相比的。人心思汉乃是大势所趋，既然打出了复兴汉室的口号，那这个皇帝还得是刘家的。

但这个人选却不是呼声最高的刘縯。

新市兵和平林兵是流民出身，一向放纵惯了，而刘縯对部队的军纪要求非常严格，这就让他们感觉处处受制，不得自由。

此外，刘縯在汉军中的威望太高，个人能力太强，根本不是绿林系能拿捏得住的，而王匡、王凤等人的存在感越来越低。如果刘縯做了皇帝，将来分蛋糕，绿林系只得靠边站了。

各方都有自己的小心思，问题在于，汉军中大部分属于绿林系，刘縯是很有威望，可这威望也并不等同于实力。都说枪杆子里面出政权，在谈判桌上也是如此，谁有实力，谁才有最后的拍板权。

绿林军大佬经过一番商议，决定推举一位刘氏后人为皇帝。

众人选来选去，看中了长沙王刘发的后人、刘秀的族兄刘玄。

此时的刘縯率军围攻宛城，被召回大本营后才得知，大伙儿准备推举更始将军刘玄为天子。

刘縯怒了，论威望，没有人能跟他相提并论；可论实力，绿林系显然占优。如果翻脸火并，刘縯并没有把握能全身而退，而且这样一来，好不容易拉起的队伍就得解散，怎么实现自己推翻新莽王朝、恢复汉室江山的理想？

忍，这口气必须忍！

刘縯站起身来，扬声说道："各位将军要尊立刘姓皇族，这是对我们的厚爱。然而现在赤眉军在青州、徐州一带，已经聚集了数十万人马，如果他们听说我们立了皇帝，恐怕也会拥立一位刘姓皇族。这样，王莽还没消灭，反莽队伍内部却斗起来了，恐怕不妥。更何况从历史上看，最先获得称号的基本上也都最先灭亡，陈胜、项羽都是现成的例子。我们现在仓促间立个皇帝，就会成为天下反对的目标，恐怕不妥。不如暂且称王以发号施令，如果赤眉拥立的人贤能，我们一起前去投奔他们；如果他们没有立皇帝，等我们消灭王莽，收服赤眉，到那时再称帝也不晚，还请大家仔细考虑。"

刘縯所言，听起来深思熟虑，句句在理，当然，其中也包含着他的私心。让刘玄当老大，不称皇帝而称王，将来自己也称王，又可以站到同一个起点。

大家纷纷点头赞成。

眼看会议的方向被刘縯带偏了,新市兵将领张卬火了,他拔出剑,用力砍在地上,嚷嚷道:这么三心二意的,能成什么大事?今天的事就这么决定了,谁都不许提反对意见!

事情到了这一步,刘縯知道自己继续硬撑也没有意义了,只得默认。

大家见刘縯都默认了,只得闭口不言。就这样,小人物刘玄在这场权力的搏杀中被推到前台,成为更始皇帝。

104. 硬脖子县令

刘秀是依靠地方豪强的势力起家的,他夺得天下后,新老豪强联合起来,这些人骄横不法,为地方治安带来很大的麻烦。

不过,还是有一批正直的官员敢于和这些恶势力做斗争,其中就有一个典型代表——董宣。

董宣最早是被司徒侯霸发掘的,侯霸推荐他做官,一直做到北海相一职。董宣到北海后,提拔当地豪强公孙丹为五官掾,当时公孙丹新建了一处宅子,请人占卜,占卜的人说这个地方肯定会死人。公孙丹倒也不慌,指使儿子到街上随便杀了一个人,以此来抵挡灾祸。

董宣得知此事后大怒,立即逮捕了公孙丹父子,即刻斩杀。一时间百姓欢呼,但这样一来,也得罪了公孙家族。

公孙家族30多名家奴丁壮挥舞着兵器,来到府衙门口,叫嚣着要董宣给个说法。董宣也不客气,将这30多人全部关押,尽数杀之。

这下子事情闹大了,青州刺史认为董宣滥杀无辜,上了一道奏章告他的状,将其关入牢房,判了死刑。

董宣在狱中高声朗诵诗文,毫无惧色。到了行刑那天,狱吏准备了一桌酒席为他送行，董宣厉声道："我董宣生平没有吃过别人的东西，何况即将赴死！"随即登车而去。

与此同时，董宣的死刑复核书也递到了刘秀面前。刘秀一看，我大汉还有这种不畏权贵的酷吏，人才啊！

赶紧刀下留人！

刘秀立即派人去法场，总算在最后一刻救下了董宣，降为怀县县令。

后来江夏郡出了个大盗夏喜，带着一帮马仔在郡内为非作歹。朝廷任命董宣为江夏太守，董宣一到任，发了一份告示："朝廷因董太守善于擒拿奸贼，故派往江夏郡任职。今已提兵来到郡界，特此发布公告，夏喜等人必须好好考虑自己的出路。"

夏喜等人见到文告，得知是酷吏董宣到了，马上解散了手下投降官府。

不久之后，朝廷征董宣为洛阳令。

当时，洛阳令是最难当的官，皇亲国戚、大小贵族都住在洛阳，其中不乏纨绔子弟。他们斗鹰走狗，纵容自己的子弟和下人违法乱纪，无恶不作，却没人敢管。

刘秀提拔董宣为洛阳令，很显然是想好好治一治天子脚下的治安问题。上任后没多久，董宣就遇到了一个棘手的问题。

刘秀的姐姐湖阳公主的家仆大白天公然行凶杀人，躲到了湖阳公主家中。公主依仗权势，不但窝藏罪犯，还在出行时让这个家仆驾车招摇，董宣知道后，带着衙役到湖阳公主必经之路守候。湖阳公主车驾一到,董宣立即叩马拦车,当街指责湖阳公主的过失,当着湖阳公主的面将罪犯格杀。

湖阳公主在众目睽睽之下丢了大面子,跑回宫告御状。刘秀大怒,召见董宣,对左右大喝道:"将这厮给我乱棍打死!"

董宣非常平静,向刘秀叩头道:"我请求说一句话再死。"

刘秀问:"你想说什么?"

董宣道:"陛下圣德中兴,却放纵奴仆杀害良民,您打算怎么来治理天下?要我死很容易,何须棍子?我自行了断即可。"

说完,董宣一头撞向柱子,血流满面。

刘秀又让人按住董宣,逼他向湖阳公主叩头谢罪,董宣坚决不干,两手撑地,梗着脖子,始终不肯低头。

湖阳公主这个气啊,对刘秀说:"当初你没做皇帝时,也曾藏匿过逃亡和犯了死罪的人,那时没有衙役敢上门去抓;现在你当了天子,却连一个县令都搞不定么?"

刘秀笑道:"当天子怎么能跟当百姓的时候一样呢?"

事后,刘秀不但放了董宣,赐了他一个"强项令"(硬脖子县令)的称号,还赏钱三十万。董宣这种不畏强权,敢于指责公主的做法,赢得了百姓的一致好评,令他声名大震。

董宣当了5年洛阳令,京师豪强权贵称他为"卧虎"。他去世后,刘秀派人到他家里慰问,才发现这位家里穷困潦倒,值钱的只有一辆破车,几石大麦。

刘秀听完汇报,嗟叹道:"董宣廉洁,至死方知!"

105. 历史上第一位国师

中国历史上的第一位正式国师，应该是刘歆。公元9年，刘歆被封为国师，成为《资治通鉴》提及此正式头衔的第一人。

刘歆不但是天才全能型学者，而且还是皇族，祖上出自刘交一脉。刘歆的父亲刘向年轻时就以才学闻名，其代表作就是《战国策》。

有刘向这样的父亲，刘歆一出生就赢在了起跑线上，甚至更加青出于蓝。他不仅痴迷于读书，还喜欢研究些神神秘秘的东西，用当时的专业术语来说叫"谶纬"。

所谓"谶纬"，其实是谶书和纬书的合称，"谶"是一种隐秘的预言，假托神仙圣人，预测吉凶；"纬"是对这些"谶"的解释。可别以为这是封建迷信，在当时，这可是一门官方儒家神学，从庙堂到民间，谶纬学大行其道，连王莽都是谶纬学的重度发烧友。

当我们回顾历史会发现，西汉的天空弥漫着一股神秘主义思潮，这深深地影响了刘向，乃至后来的刘歆。闲暇之余，刘歆也喜欢四处搜集这类预言书。这一年，他偶然得到了一本名为《赤伏符》的奇书，里面有这样一句神秘的谶语：

刘秀发兵捕不道，四夷云集龙斗野，四七之际火为主。

意思很浅显，将来会有一个叫刘秀的牛人崛起，推翻新莽政权，问鼎天下！

看到这句话，刘歆心里琢磨开了，自己身边没有叫刘秀的，既然预言都这么说了，咱要不赌一把，万一预言成真了呢？

怎么赌？很简单，改名！这一年，刘歆给《山海经》作完注后，在给哀帝的表奏中正式改名为刘秀。

当然，为了不引起大家的怀疑，刘歆也给出了一个完美的借口：避讳。彼时的皇帝是汉哀帝刘欣，与刘歆同音，为了避讳而改名，倒也在情理之中。

刘歆和王莽是好朋友，王莽上台后没少举荐刘歆。做了皇帝之后，王莽对刘歆更是大加提拔，让他成为朝堂上的大红人。

然而，王莽的一系列倒行逆施惹得天怒人怨，民心尽失，可以想见刘歆对王莽由希望变成失望，再到绝望。既然王莽不是那个天命之人，自己何不取而代之？

王莽建立新朝后，有个叫甄丰的大臣想学王莽炮制谶纬，结果被王莽反手就给灭了，刘歆的两个儿子也牵连其中，被捕问斩。这之后，刘歆本人更是撺掇自己的女婿、王莽的儿子王临谋反，结果全家被诛，更是证明了这一点。

《赤伏符》上写得很清楚，将来会有一个叫刘秀的人做皇帝，刘歆要自己变成这个刘秀，他不允许天下还有其他的刘秀存在，成为他谋取皇位的绊脚石。

那时的刘歆雄心勃勃，他一定想不到，这条神秘的谶语确实应验了，不过并没有应在他这个冒牌货身上，而是应在了另一个人身上。

刘歆改完名后不久，真正的主角刘秀出生了，这一年因为庄稼大丰收，父母给他取名为"秀"。

106. 汉朝第一豪门

西汉初年，皇宫搞大裁员，吕后将一些宫女派遣出宫，赏赐给各地诸侯。一个叫窦猗房的女子贿赂宦官，想申请去赵国，结果宦官做事不靠谱，把人家名字写到去代国的名单上。

无奈之下，窦猗房只得去了代国，但塞翁失马，焉知非福，代王刘恒后来当了皇帝，窦猗房成了窦皇后。

从这一刻起，窦氏家族开始登上历史舞台，13人封侯，兴盛300年，可以说其家族的成败荣辱与大汉王朝相伴相生。

窦皇后一生历经三朝，享尽荣华，汉景帝时晋为皇太后，武帝一朝又荣升为太皇太后。汉武帝刚上台时想搞改革，结果被祖母打压，郁闷不已。

此后，窦太后的侄子窦婴也逐渐登上政治舞台，成为平定七国之乱的功臣。窦太后死后，窦婴也受到冷落，此后的他为了解救老铁灌夫，结果自己陷了进去，被汉武帝下令处死。

窦婴死后，窦氏家族虽然还是"世为二千石"，但早已没有了昔日的风光。

时间一晃来到东汉，窦氏家族出了一个关键人物——窦融，他在王莽掌权时得到重用，后来随新莽大军东征，讨伐更始军。

王莽败亡后，天下形势未明，窦融带领一家老小到了河西，远离中原纷争，将河西各郡建设成一个独立的武装割据势力。

在群雄争霸的乱世中，窦融把宝压在了刘秀这边，将经营多年的河西献给新主。刘秀极为高兴，在给窦融的诏书中还跟他拉关系："汉景帝是窦太后所生，我的先祖定王刘发是汉景帝之子。你将河西之地献给我，又助我平定陇、蜀，这是窦太后在天之灵保佑我大汉江山啊！"

天下平定后，窦融被刘秀拜为大司空，窦氏家族再次与汉室联姻，重返中枢。

汉明帝即位后，察觉到窦氏家族的威胁，准备打压。这一年，烧当羌滇岸对护羌校尉窦林声称将率部来降，窦林将这一喜讯上报朝廷，请汉明帝封滇岸为归义侯，结果第二年来的却是滇岸的哥哥滇吾。

汉明帝借此将窦林罢免，下诏责备窦融对后辈约束不力，年迈的窦融只得提前退休回家。

紧接着，窦融之子窦穆贪图六安国的封地，竟然伪造汉明帝母亲阴太后的诏书，命令六安侯离婚，改娶窦氏家族的女儿。

汉明帝正愁逮不着机会，得知此事后大怒，将窦氏亲属全部罢免，窦氏家族第二次盛极而衰。

好在还有窦融的侄子窦固，他扛起了振兴家族的重任，在对匈奴战争中屡建奇功。

紧接着，窦氏入主后宫，窦氏家族历经两百多年的轮回，再一次成为顶级豪门。

汉和帝即位后,窦太后临朝听政,哥哥窦宪以侍中一职辅政,风头一时无两。除了搞政治,窦宪还率大军出塞,登燕然山(今蒙古杭爱山)刻石记功,完成了与霍去病几乎并举的伟业。

功高震主的窦氏家族还是引发了皇帝的不满,窦宪回朝后,在汉和帝与亲信的威逼下,窦宪被迫自杀。

窦氏家族并未就此退出历史,东汉末年,他们又一次卷入权力纷争。汉桓帝废邓皇后,在文人的坚持下立窦妙为皇后。窦妙的父亲窦武嫉恶如仇,党锢之祸后,窦武作为清流代表多次上书力争,与宦官死磕,为党人鸣冤。

汉桓帝死后无子继位,窦武与太后窦妙做主,迎立宗室刘宏为帝,是为汉灵帝。

党人集团本打算一鼓作气除掉宦官这颗毒瘤,然而由于窦太后的仁慈,宦官集团以皇帝的名义命车骑将军周靖等率军陆续进京,镇压窦氏一党。窦武战败被灭族,窦太后被幽禁,窦氏家族在汉帝国的余晖中彻底走向败落。

107. 敢怼两朝皇帝的狂生

历史上不缺狂生，但狂到一辈子跟领导作对的少之又少，敢连续狂怼两朝皇帝的更是稀有物种。两汉之交就有这么一位狂人，名叫郅恽。

郅恽年轻时攻读《韩诗》和《严氏春秋》，外兼天文历数，也就是俗称的星象学。

新朝末年，天下寇贼四起，郅恽仰观天象，发现一个问题："方今镇、岁、荧惑并在汉分翼、轸之域，去而复来，汉必再受命，福归有德。如有顺天发策者，必成大功。"

郅恽头脑一热，直接找到皇帝王莽，劝他退位。

王莽勃然大怒，下令将其逮捕，为了维护自己的仁慈形象，王莽让心腹去找郅恽，要他承认自己是得了羊癫疯，胡言乱语。

郅恽破口大骂："我所说的都是根据天象推断出来的，这不是疯子能编出来的！"

王莽没办法，只好把他关押起来，准备到冬天处死他。结果赶上大赦，郅恽出了狱，回老家隐居起来。

东汉开国后，将军傅俊听说了郅恽的名声，派人聘请他为将兵长史，负责军政大事。郅恽当众宣誓，绝不滥杀无辜，严禁挖人坟墓。

但傅俊的士兵还是有当摸金校尉的，郅恽很受伤，找到傅俊要他严厉约束部队，禁止盗墓。傅俊听进去了，从此严厉约束部下。

郅恽的朋友董子张的父亲被人杀害，董子张还没来得及报仇就得了重病。郅恽去看他时，董子张亦已病入膏肓，郅恽握着他的手道："我知道你不是为死而悲伤，而是为不能替父报仇而哭。你活着的时候，我为你担心但不能帮你报仇，现在你身体不行了，我终于可以替你动手了。"

郅恽说罢起身而去，带着门客跑到仇家砍下人头，拿回来给董子张看，董子张这才安然离世。

替朋友了心愿，郅恽自己跑到县衙自首。按汉律，自首可以减免罪行，县令想以此放过郅恽，郅恽不顾县令阻拦，自己跑进监狱。害得县令光脚一路追到监狱，以自杀相逼才让郅恽走出监狱。

因为这件事，郅恽丢了工作，后来被任命为看守洛阳城门的小官。

刘秀曾定过一条规矩，二更后不准开城门。有一次，刘秀外出打猎，浪过头了，半夜才回来，走到上东门，没想到郅恽拒不开门。

刘秀以为郅恽没认出自己，亲自策马立于桥前。不料郅恽依旧闭门不开，还对着城下大喊："夜里看不清楚，不管是谁要进城，按规矩都不能开门。"

皇帝出马，也碰了一鼻子灰。刘秀无奈之下，只好从另一个城门入城。

第二天，刘秀就收到一份郅恽的奏疏："以前周文王不敢在外面随便打猎，是怕惊扰了百姓。而现在陛下却沉迷于山林游猎，夜以继日地游玩，这对江山社稷有何益处？臣很担忧，希望陛下能以此为戒！"

刘秀有点小感动，赏了郅恽一百匹布，郅恽也由看门人摇身一变，成了太子侍讲。

108. 东汉初年的豪族有多强

坐天下未必比打天下容易。

云台二十八将作为东汉的开国功臣，追随刘秀出生入死南征北战，为帝国的创建立下了赫赫战功，理应受到新政权的重用和尊崇。然而，在统一天下之后，与每一个新兴王朝的开国之君一样，刘秀也不得不面对一个问题：如何安置开国功臣？

每一个开国之君都有自己的一套班子，为了进一步理解刘秀的处境，我们来分析一下他的创业团队，简单可以分为四类：

一是亲属集团，包括刘秀的妹夫李通、姐夫邓晨等。

这些人最早加入刘秀兄弟的革命队伍，有首创之功，还有割不断的亲情关系，他们是刘秀身后最坚定的支持者，甚至为了他的事业付出了巨大的牺牲。

二是南阳颍川集团，包括邓禹、朱佑、贾复、冯异、祭遵、铫期、臧宫等，在云台二十八将中占比最大。

这些人大多是刘秀的老乡或同学，以及在攻略颍川时招揽的豪杰，他们有一定的名望与实力，有的还有自己的队伍，在刘秀革命初期就义无反顾地选择了他们心目中的明主，对刘秀的帮助极大，是刘秀的核心团队。

三是河北集团，主要包括吴汉、耿弇、寇恂、景丹、王梁、盖延、耿纯、任光、李忠、邳彤、万修、刘植等12人。

这些人都是刘秀领兵北渡黄河，在河北壮大事业时拉拢的人才。他们大多都是割据一方的豪杰，虽然不算刘秀的嫡系成员，却在他最困难最落魄的时候不离不弃，终于守得云开见月明，击败了冒牌皇帝王郎，成为刘秀南下统一天下的关键力量。

四是河西集团，主要以窦融为首，原是割据一方的地方军阀。

这些功臣有的是同族宗亲，有的是地方豪族，有的甚至还是自己的亲戚，如何妥善安置好他们，又不留下隐患，是刘秀要考虑的首要问题。

刘秀无力解决豪族问题，但可以有效抑制他们。在大封功臣的同时，刘秀罢左、右将军，转而采用"偃干戈，修文德"的政治路线，同时严厉告诫部将不得放纵。他说，人心要知足，不要只顾一时的放纵快活而忘记法纪刑罚，诸位的功劳都很大，要想世代相传，宜如临深渊，如履薄冰，战战栗栗，日慎一日。

这是一个信号，是刘秀对功臣的友善提醒。

功臣们皆非不明事理之人，很快就察觉到了刘秀的这份心思。为了避免步上汉初韩信的后尘，手握重兵的邓禹和贾复主动交出兵权，专心在家研究儒家经典。

要知道，这一年邓禹不过36岁，正处于人生中事业上升的黄金年龄段。可是没办法，天下已经大定，再没有了他的用武之地。

其他人一看，知道自己留在洛阳已经引起了刘秀的猜忌，于是一手交出将军兵权，一手接过侯爵印绶，按封就国，回到自己的封地逍遥快活去了。

功臣们如此自觉，刘秀自然也得有所表示。对于功臣们的小错，刘秀经常睁一只眼闭一只眼，远方进贡的好东西，宁可自己不留，也一定先要给列侯们。

109. 深刻影响东汉命运的名臣

窦融是汉文帝皇后窦猗房弟弟窦广国的后裔，家世显赫，年轻时经常出入于王公贵戚之间，且喜好结交乡里豪杰，以任侠行义而驰名。刘秀称帝后，窦融权衡利弊，决定率河西五郡归附。

陇、蜀二地平定后，刘秀召窦融与河西五郡太守进京。窦融心知肚明，一到洛阳，马上呈上凉州牧、张掖郡国都尉、安丰侯印绶。

刘秀笑纳了凉州牧、张掖郡国都尉印绶，又命使者把有名无实的安丰侯印绶退还给窦融，并举行大型仪式，隆重接见，对窦融的恩宠赏赐，震动京师。

数月后，刘秀任命窦融为冀州牧，但仅过十余日，又迁升窦融为大司空。

窦融官拜司空、食四县，子侄孙3人皆尚公主。史书上说，窦氏一公、两侯、三公主、四两千石，相与并时。自祖及孙，官府邸第相望京邑，奴婢以千数，在亲戚、功臣中无人能比。

司空位列三公，按理说，窦融此番扶摇直上，正是春风得意之时，但他自己却一点都高兴不起来，整日愁得茶饭不思。

原因很简单，窦融不是刘秀起兵时就追随的哥们弟兄，他属于半路加盟，功劳也比不上那些老同志，而他的老家凉州更是刘秀最为忌惮的地方。窦融很清楚，刘秀对他百般示好，不过是为了安抚凉州豪杰，一旦自己没了利用价值，隗嚣就是前车之鉴！

自从去了帝都洛阳，窦融每次朝会都表现得十分谦卑，对所有人都客客气气的。

刘秀见窦融的态度如此谦逊，反而对他更加信任。

窦融的内心却仍是惶恐不安，好几次递交了辞职报告，还托侍中金迁向刘秀表达自己辞官的意愿，可刘秀就是不批。

窦融坚持要辞官，又上书说："臣今年53岁了，有个儿子才15岁，顽劣驽钝。臣朝夕以儒家经艺教导他，不让他学习天文，也不许他研究谶纬之学。只希望他恭敬怕事，恂恂守道，不希望他有任何才能，更不要说我死之后，还要传给他连城广土，享受以前诸侯王才能享有的福祉。"

奏书交上去后，又是石沉大海。

之后，窦融又三番五次请求单独觐见刘秀，都被刘秀拒绝。

有一次朝会结束，窦融独自在席间徘徊，不肯下班。刘秀知道他又要谈辞职的事，命左右随从赶紧催他回家。

几天后，刘秀又见到窦融，对他说："那天我知道你又要提辞职一事，归还封土，所以让左右告诉你，天气太热，让你哪儿凉快到哪儿待着去。今日相见，丑话说在前面，谈什么事儿都行，就是不能再说辞职。"

话都说到这个份儿上了，窦融也不好意思再提辞职一事，只得回去继续上班。此后窦融一家满门显贵,深得皇帝的信任,而他的后代子孙此后在历史的大潮中起起落落,继续深刻影响着东汉帝国的命运。

110. 因为一场酒桌演讲,他被迫辞官

郅恽曾是光武帝皇太子的老师,一向以敢言直谏闻名。他年轻时应汝南太守欧阳歙之邀,做了管理人事的功曹。

汝南地方旧俗,每年十月,郡里要举办大型宴会,百里以内的县领导都要到郡府宴饮。

吃完饭,欧阳歙打算表彰西部督邮繇延,说他天资忠贞,做事公道,在任期间积极打击奸人凶徒,政治宽松景明,准备和大伙儿一起商量繇延的功劳,向朝廷上报,嘉奖其功绩。

郡主簿在宣读欧阳歙的指示时,户曹引导繇延上前受赏。不料半路杀出个程咬金,郅恽上前大声对欧阳歙说:"请太守罚酒一杯,以谢上天。"

欧阳歙大为惊讶,问道:"我为何要罚酒?"

郅恽道:"我调查过,那个繇延贪赃枉法,外表方直内心阴柔,结党营私,交结奸佞,欺罔上级,坑害百姓,他管理的地方政事荒废,一片混乱,暴虐之人不能处置,冤狱与奸邪并起,百姓对他十分怨恨。太守以恶为善,卿士们以直从曲,上级失了君道,下级不守臣道,因此,我郅恽斗胆请太守罚酒。"

有这等事?

场面气氛一度陷入尴尬之中，欧阳歙霎时间只觉得脸上发烫，不知如何应对。

底下人赶紧出来圆场："所谓君贤臣直，功曹郅恽说话如此恳切，正说明太守您功德深厚啊，为这也应该喝一杯啊！"

欧阳歙赶紧下坡："这确实是我的罪过，我自愿罚酒。"

宴会不欢而散，郅恽回府后请了病假，繇延自己也悄悄退去。郑敬与郅恽关系不错，见他得罪了欧阳歙，对他说："你当众反对繇延，太守显然没接受你的意见。繇延虽然暂时退去，一定还会回来，你言直心正，这是三代之正道，然道不同不相为谋，你留在这里，太守迟早要收拾你，赶紧离开吧！"

数月后，繇延果然又官复原职，郅恽至此才相信了郑敬的话。为了躲避诬害，一心从政为民的郅恽只得被迫辞官隐居。

111. 宁可当众尿裤子，也不当宰相

公元44年，大司徒戴涉死在狱中，刘秀任命太中大夫张湛为大司徒。

这位张湛可不一般，早在西汉成帝、哀帝时就做到了两千石官员，在王莽朝也做过太守、都尉。

张湛平常庄重严肃，尊崇礼法，一举一动有板有眼，独居幽室之中，也必修饰仪容，在老婆娃娃面前，从来不苟言笑。遇到乡亲，言谈谨慎表情庄重，三辅一带都以他为榜样。

有的人说张湛特别能装，张湛听后笑道："我确实是在装，不过别人为作恶而装，我为行善而装，难道不可以吗？"

建武初年，张湛担任左冯翊，在郡中建立制度礼仪，设立教令，政治教化得到普遍推行。后来请假回平陵，望见县府大门就下马步行。

主簿劝他："您地位尊贵德高望重，不应该自轻。"

张湛答："《礼记》上说，下公门，轼辂马。孔子在乡亲们面前也总是恭敬和顺的，在家乡应该尽到礼数，怎么能说自轻呢？"

这之后，张湛又拜为光禄勋。刘秀上朝的时候，有时显得无精打采，张湛就会上前劝谏，对刘秀进行批评。张湛喜欢骑白

马，刘秀见到张湛，经常说，白马生又要劝谏我了。

公元41年，郭皇后被废后，张湛对此极为不满，称病不朝，刘秀倒也没有为难他，时常对他慰问赏赐。

公元44年，大司徒戴涉被诛，刘秀打听了一圈，决定任张湛为大司徒。

张湛死活不干，刘秀非常恼火，逼着他上任。张湛没办法，只好入朝报到，最让人瞠目的一幕上演了，张湛竟然在朝堂上小便失禁了，尿了一裤裆。

张湛说："皇上，你看我都这样了，怎么当大司徒啊？"刘秀没办法了，总不能让老爷子天天穿尿不湿上朝吧？

刘秀只得作罢。

张湛真的病到要在朝堂上尿裤子的程度了吗？显然不是，这背后有两方面原因：其一，刘秀废了原太子刘彊，张湛是太子太傅，心里有气；其二，给刘秀当大司徒实在太危险，连着三任大司徒非正常死亡，老张同志还想多活几年啊，推脱不掉，只能在丢脸和丢命之间二选一了。

112. 不为人知的使节郑众

西汉苏武牧羊的故事流传了2000多年,而在东汉也有一位使者,和苏武一样大义凛然,宁死不屈,他就是郑众。

永平八年(公元65年),汉帝国派郑众出使北匈奴。

郑众千里迢迢来到北匈奴王庭,见到了北单于,但匈奴人却给他来了个下马威,他们齐声大喝,要求郑众叩拜北单于。

郑众一看这架势,就知道匈奴人想借机侮辱汉朝。事关国家的尊严和荣誉,哪能轻易低头?他胸脯一挺,振振有词:"我乃大汉天子使节,岂能拜你小小匈奴?"

匈奴人拔刀威胁,郑众坚决不从,反而把匈奴人怒斥一通。北单于大怒,这是我的地盘,岂能容你撒野!

郑众被关进了一个空荡荡的帐篷里,没有饭吃,也没有水喝。

他想起了当年苏武在匈奴的经历,置身大窖,抓起一把雪同毡毛一起吞下充饥,这才活了下来。

北单于显然不希望郑众渴死饿死,两天后给他送来了食物,但有一个条件:只要你能向我叩拜,你便能出去。

郑众拔出佩刀,大声说道:"君子不食嗟来之食,志士不饮盗泉之水！我宁肯死于刀下，也绝不会给你们下拜！"

这下轮到匈奴害怕了。如今的形势是北匈奴有求于东汉，万一郑众有个三长两短，必将招来汉帝国的报复。

之所以这么说，是有先例的，汉朝对汉使被截杀十分敏感，当年苏武滞留匈奴时，就曾对匈奴单于扬言：南越杀汉使者，屠为九郡；宛王杀汉使者，头悬北阙；朝鲜杀汉使者，即时诛灭。独匈奴未耳！

当年苏武被困匈奴时，最初打算自杀，便是欲令两国相攻，匈奴之祸从他而始。卫律匆忙将苏武救下，也是担心真引发了战争，对匈奴人没半点好处。

而现在，北单于也忌惮这一点，郑众的勇武和血性不亚于当年的苏武，万一郑众真死在了匈奴，自己根本解释不清，何况他也不想同汉帝国开战，只是想在气势上压倒对方罢了。

北单于权衡利弊，只好下令解除软禁，热情款待郑众。宴席之上，北单于转怒为笑，宽慰郑众。为表诚意，北单于还派使者随同郑众返回汉帝国的首都洛阳。

在此期间，郑众还打探到一条重要机密，当时南匈奴得知东汉与北匈奴有使者往来，心生仇怨，认为东汉政府靠不住，打算投降北匈奴，于是派人到北匈奴联络。

回到洛阳后，郑众提了一条建议，朝廷应该派遣大将屯驻南匈奴的居地，以防止南、北匈奴之间秘密往来。

刘庄采纳了郑众的建议，在南匈奴附近设了"度辽营"，置

"度辽将军"一职,以监视南匈奴。

与此同时,郑众也向刘庄汇报了出使匈奴的成果,但并没有透漏自己在匈奴宁死不受辱的英雄之举。

这之后,朝廷准备派使者再次出使匈奴。

郑众上书反对,他在奏章中说:"北匈奴之所以要汉帝国派遣使者,是为了离间汉帝国与南匈奴的关系,并且借此更好地控制西域36国。现在北匈奴在西域诸国大搞宣传,声称要与汉帝国和亲,这使西域中想要摆脱匈奴、归附汉室的国家深感绝望。如此一来,南匈奴将人心动摇,乌桓亦有离心矣。南匈奴久居汉地,对帝国的山川地势了如指掌,一旦产生反叛之心,将是帝国的心腹大患。"

但此时的刘庄只想羁縻匈奴,不仅听不进郑众的劝谏,反而点名让郑众再次出使匈奴。

郑众不服气,再次上书:"臣前奉旨出使匈奴,不拜匈奴单于,结果单于派兵扣押臣,今日再度出使,必定再次受辱,臣诚不忍手持汉节向匈奴人叩拜。此行若匈奴再次逼臣下拜,会有损东汉国威。"

刘庄仍然听不进去,逼着他出使。郑众没办法,只得启程,但半路上仍然继续上书皇帝,据理力争。

这下子,刘庄火了,下令将郑众追回来,扔到了廷尉的监狱中。

好在郑众运气好,过了一段时间遇上大赦,郑众被释放,回到了家乡。

后来，刘庄在接见北匈奴使者时，问到郑众与北单于争执的情形。使者说，匈奴人很佩服郑众，他宁死不向单于叩拜，就连苏武也难以相比！

刘庄听罢感慨不已，差人打听郑众的下落，召回朝内，继续为国出力。

苏武持节牧羊，郑众拔刀盟誓，两个人都用自己的方式维护了大汉尊严，赢得了对手的尊重与赞赏。

113. 东汉时代楷模

廉范是大名鼎鼎的赵将廉颇之后，15岁时，廉范告别母亲到葭萌，上了一艘船，中途却遇上了沉船。即将沉没之际，廉范仍死死抱着父亲的灵柩，结果一起沉到水中。岸边的围观群众被他的孝心感动，找了根杆子把他拉出来，幸免于死。

这之后，廉范被聘到千乘郡太守薛汉的府中，恰逢楚王刘英信奉黄老，与方士来往密切，被人告发为谋逆，连累收捕者达千人，薛汉也因事牵连，下狱处死。

楚王谋反案在当时是皇帝亲自督办的一件大案，薛汉的故人、门生都不敢探视，只有廉范毫不畏惧，前去替薛汉收殓安葬。地方官员将此事上报，刘庄大怒，召廉范入宫。

一见面，刘庄当即斥责廉范："薛汉与楚王一同密谋，惑乱天下，你身为公职人员，不和朝廷保持一致，反而替罪犯收殓，你可知罪？"

廉范叩头答道："臣愚蠢粗鲁，认为薛汉等人都已认罪处死，忍不住师生情谊，罪该万死。"

刘庄怒气稍息，接着问他："你是廉颇的后人么？和右将军廉褒、大司马廉丹可有亲戚关系？"

廉范回答："廉褒是我的曾祖父，廉丹是我的祖父。"

刘庄哼了一声，难怪你有胆子敢这么做！

此后刘庄没有追究廉范的罪责，而廉范也因此出名，被推举为秀才（秀才：汉代以来选拔人才的一种察举科目，这里是优秀人才的意思，与后代科举的"秀才"含义不同；东汉人为避刘秀的名讳，改作茂才），之后又升任云中太守。

刚刚升官的廉范就遇到了来势汹汹的匈奴人，面对匈奴人的大举进攻，廉范会如何应对呢？

按照旧例，敌人入侵超过5000人，地方官员可以向周边的郡县发文书求救。当时，云中郡的官吏都想赶紧发文，向周边郡县求救，但廉范不想坐等被救，他要亲自上阵杀敌！

他出身军人世家，祖辈是战国末期赵国名将廉颇，爷爷是王莽朝将领廉丹，家族传统不允许他躲在城中当缩头乌龟。

廉范将全城士卒动员起来，披挂上了一身厚皮甲，亲自御敌。

汉军虽然甲胄精良，又有强弓劲弩，但匈奴人实在是太多了，经过几轮冲锋，匈奴人的阵形仍未被冲散，反而对汉军渐成合围之势。

不能再这样打了，廉范果断下令撤离，坚守城池。

怎么才能击退匈奴呢？廉范陷入了思索。

夜幕降临，满天星辰，廉范望着屋外，忽然灵机一动，计上心头，找来部将叮嘱一番。

不一会儿,守城将士接到通知,每个人自制两把十字架,三头都点着火,相当于持六支火炬,然后在城头来回走动。

和汉军对峙的匈奴人军营里看不真切,只能看到无数闪动的火把来回穿梭,以为汉朝的增援部队已经入城,急忙收起帐篷准备撤退。

天色微明,群星消失,当初升的朝阳挣扎着跃出云层时,守城将士看到城外的匈奴人正在陆续撤退。

廉范当机立断,率兵出击,匈奴人被打了个措手不及,被斩杀数百人,大伙儿只想抢马匹跑路,混乱之际践踏而死的匈奴人超过1000人。

这一战后,匈奴人再不敢觊觎云中郡。

114. 班超如何凭一己之力降伏整个西域

班超初次出使西域，是在公元 73 年。

彼时的西域诸国由于各种原因，与东汉帝国断绝了联系，被北匈奴所控制。北匈奴屡次进犯河西诸郡，使得边地人民不堪其苦。

这一年，奉车都尉窦固等人出兵攻打北匈奴，长期忙于文书工作的班超笔一丢，随窦固出击北匈奴，在军中任假司马（代理司马）一职。

班超第一次领兵上阵，杀敌无数。窦固欣赏他的才干，派他带 36 人出使西域南道，联络西域各国共同对付匈奴。

自此，班超在西域一路开挂，登上了人生巅峰。

班超的第一站是鄯善。鄯善王一开始对班超等人非常热情，可没过几天就冷漠起来，班超料定，肯定是北匈奴人来了。

他找来鄯善侍者，出其不意地问："我知道北匈奴的使者来了好些天了，他们现在住在哪里？"

侍者被问得猝不及防，只好如实回答。果然如班超所料，有一支匈奴使团到了鄯善。

班超当即扣留了侍者，而后召集部下 36 人，酒过三巡后激励大家："不入虎穴，焉得虎子！让我们和匈奴人决一死战！"

凭借机警与胆识，他带着36人杀死匈奴使者，震慑了首鼠两端的鄯善王，使其归附汉朝。

此次任务完成得十分出色，班超再次出使于阗。

起初于阗王态度颇为冷漠，彼时于阗巫风兴盛，巫师对于阗王说，汉使有匹好马，当拿来祭祀天神，于阗王派人前来要马。

班超一口答应，要巫师自己来牵马。等巫师一来，班超当即把人杀了，将其首级送给于阗王，同时剖析时局利害。

对于班超在鄯善的铁腕，于阗王早有耳闻，如今亲眼见识了班超的魄力，当即决定重新归附汉朝。

接着是疏勒。

当时疏勒国实际掌握在龟兹人手中，班超判断君民不同心，直接抓了疏勒王，另立了一位国王。疏勒国上下欢呼雀跃，疏勒也顺利归附汉朝。

汉明帝驾崩后，焉耆国乘汉朝大丧的机会，围攻西域都护陈睦，将其杀害。班超孤立无援，而龟兹、姑墨等国也屡屡发兵，进攻汉朝属国疏勒。

班超与疏勒王忠首尾呼应，在盘橐城据守。虽然势单力孤，但仍坚持了一年多。

公元87年，班超发兵攻击一直抗拒汉朝的莎车国，他征调了西域多国部队共计2.5万人，联军大获全胜，莎车国投降。

月氏国想求娶汉朝公主，班超认为这属于非分之想，严词拒绝。月氏国王大怒，派7万兵攻击班超，班超发西域各国兵，逼退了此次进犯。

班超以36人起家，在矛盾重重派系林立的西域各国中辗转腾挪，牢牢掌控西域数十年，几乎以一己之力捍卫了汉帝国在西域的强势存在。

115. 灭了北匈奴的窦宪为什么知名度远不如霍去病

公元91年，窦宪派耿夔、任尚兵出居延，深入5000余里，在金微山大破北匈奴，登上燕然山搞封禅，搞了篇封燕然山铭，为长达300年的汉匈战争画上了一个句号。匈奴人开始了始无前例的民族大迁移，南匈奴附汉，北匈奴西迁。

有人说，窦宪领兵北击匈奴，使北匈奴两次大败，北单于奔逃，下落不明，北匈奴灭国，其功绩远大于卫霍。

霍去病有封狼居胥，窦宪有燕然勒石，窦宪本该和卫青、霍去病一样名垂史册，为什么知名度远低于卫霍？

原因有两方面：其一，窦宪两次北伐尽管战绩显赫，也具有划时代的历史意义，但是与卫青、霍去病的北伐没有可比性。

要知道，卫霍时的匈奴正处于最强盛时期，匈奴是统一的而非分裂的，汉帝国在苟了70多年后刚刚有了与匈奴一较高下的实力。

而到东汉窦宪北伐时，匈奴早已衰落，且分裂为南、北两部。南匈奴早就归附大汉，故而窦宪的北伐军只是打击北匈奴，与卫霍北伐的难度根本不在一个档次。

其二，窦宪在历史上的知名度远低于卫霍，还与他自己后来作死有关。

窦宪的个性比较跋扈，从妹妹立为皇后开始，窦氏鸡犬升天，窦宪手眼通天，大权在握，到处仗势欺人，巧取豪夺，最后搞到沁水公主头上。

沁水公主个性雅静，气质文弱，汉明帝特别钟爱这个女儿，专门为她在沁阳修建了"沁园"，依山傍水，竹林摇曳，以配公主的气质，后世"沁园春"的词牌即来源于此。

窦宪倚仗权势，以低价强买沁园，沁水公主不敢相争。有一次，汉章帝路过沁园，发现和原来不太一样，就问窦宪怎么回事，窦宪支支吾吾，还回头禁止其他人答话。

汉章帝得知情况后大怒，立即召来窦宪，劈头盖脸一通骂："好好反思一下，你夺公主田园，还忽悠到我的头上，比赵高指鹿为马更为厉害？细想起来令人可怕。今天尊贵的公主园林被抢夺，更不要说那些平民百姓了！国家抛弃你窦宪，就像扔雏鸡腐鼠一样容易！"

窦宪吓了个半死，立即把沁园还给公主并磕头谢罪，不过章帝也没有因此处罚窦宪，可见其受宠程度非同一般。

汉和帝继位后，养母窦太后临朝听政，窦宪兄弟更是权势熏天，结党营私，甚至联合自己的党羽想谋逆造反，最后被汉和帝察觉，一举粉碎其阴谋，窦宪也被皇帝赐自尽。

观窦宪的一生，其为人不正，持权贪财，和"匈奴未灭，何以家为"的霍去病相较，根本没有可比性。

正因为窦宪的道德瑕疵以及最终政治上的失败，后世对其评价并不是很高，引用东方朔的一句话评价就是："用之则为虎，不用则为鼠。"

116. 班固与《汉书》的一波三折

都说天才很早就会闪光，班固也是一样，他出身儒学世家，其父班彪、伯父班嗣，皆为当时著名学者。在父祖的熏陶下，班固9岁即能属文，诵诗赋，16岁入太学，博览群书，于儒家经典及历史无不精通。

班彪晚年潜心续写《史记》，受父亲影响，班固也对汉史很感兴趣。有一次，著名的无神论者王充到京城洛阳游学，拜访班彪，对班固的才能和志向欣赏备至，还当着班彪的面夸道："这孩子将来一定会在史学上有很深的造诣，未来记录汉史的一定是他。"

父亲逝世后，由于生计困难，班固一家只得从京城洛阳迁回扶风安陵老家居住。回到老家的班固没有忘记父亲的遗愿，他要接过父亲手中的那支笔，继续写完史记。

在此之前，班彪已经完成了一部分史记的续写工作，但班固在整理父亲的手稿时却觉得，父亲写的稿子内容还不够详备，布局也尚待改进。于是，他在父亲手稿的基础上，利用家藏的丰富图书，正式开始了撰写《汉书》的生涯，同时寻求出仕的机会。

正当班固全力以赴码字时，他被人告发了，理由是私修国史。

要知道，私修国史可是大忌，万一你在里面夹带私货，以个人喜好褒贬前朝皇帝，那还了得？

皇帝下诏逮捕班固，将他关押在京兆狱中，查抄了家中的全部书稿。

班固的弟弟班超担心班固被官府严刑逼供，不能为自己辩白，策马到宫门上书，向皇帝详尽讲述了班固著述的意图。

恰在这时，郡守也将班固的书稿送到朝廷，皇帝看完班固的书稿，叹服他过人的才华，召他到洛阳皇家校书部上班，拜为兰台令史。

就这样，班固顺利混上了编制，从私撰国史转为奉旨修史。

这就等于给了班固一个展示自我的舞台。班固也不含糊，刚来不久，就和其他同僚一起编写了《世祖本纪》，记录了东汉光武帝的事迹。

汉明帝看后很是赞赏，将班固提升为郎官，负责校对皇家图书，这给了班固更多接触官方史料的机会。

受到鼓励后，班固又陆续写了光武一朝的君臣事迹，报汉明帝审阅。明帝看完后表示认可，鼓励班固继续写下去。

历时25年，班固基本上完成了《汉书》，实现了父子两代人的心愿。《汉书》从写完那天起就引发了轰动，学者们争相阅读，先睹为快。从完稿那天起，班固和司马迁被人并称"班马"，成为千古良史典范。

班氏一门，祖孙三代都很出色，尤其一部《汉书》，由班彪立基础，班固完成之，其妹班昭也曾助力，成为千古之良史。

117. 东汉第一"杠精"

王充是东汉唯物主义哲学家，无神论者。他年少时就成了孤儿，乡里人都称赞他对母亲很孝顺，后来到京城进太学学习，拜班彪为师。

由于家境贫寒，王充买不起书，只能去逛洛阳集市上的书店。他有过目不忘的技能，只要看过一遍，就能立刻记住书中内容。靠着这个技能，王充顶着书店老板的白眼，读遍了所有能找到的一切书籍。

王充前半生颠沛流离、衣食无着，后来好不容易混了个基层公务员身份。他自知仕途无望，索性卷铺盖回家一心治学写书。

汉朝人好巫乐道，热衷于天人感应、谶纬之术，从皇帝到百姓，无不沉迷其中。王充遍阅群书，对古往今来吹牛之风深恶痛绝，决定用一支笔来挑战整个世俗社会！

王充一生写了4本书，疾俗情，而作《讥俗》之书；闵人君之政，而作《政务》之书；伤伪书俗文多不实诚，故为《论衡》之书；历日弥久，以为昔古之事，所言近是，信之入骨，不可自解，故作《养性》之书。

遗憾的是，这4本书中3本早已遗失，只剩了1本《论衡》。

在这部书里，王充运用老子的朴素自然主义，全面系统地批判了汉儒迷信天人感应、谶纬的歪风邪气，从三皇五帝喷到孔孟圣人，从卜筮看相喷到修仙拜佛，从鬼怪妖神喷到谗臣奸佞！

针对普遍认可的灾异天谴之说，他从自然的本质属性入手，指出天谴并不存在。

针对天人感应之说，王充说，人，物也；物，亦物也。人不能以行感天，天亦不能随行而应，天与人之间没有半毛钱关系。

针对善恶报应之说，他指出，人死血脉竭，竭而精气灭，灭而形体朽，朽而成灰土，哪有什么鬼？从根本上否定了鬼的存在。

面对盛行的章句之儒，他明确提出，能说一经者为儒生，博览古今者为通人，采掇传书以上书奏记者为文人，能精思著文连结篇章者为鸿儒。如果要在其中做个比较，儒生过俗人，通人胜儒生，文人逾通人，鸿儒超文人。所以文人贵在博而通，知古不知今是蠢材，知今不知古是庸人。

除了杠那些腐儒，王充还跟儒家先圣孔子和孟子抬起了杠，写下了《刺孟》《问孔》，可谓石破天惊。

由于王充的这本《论衡》挑战了汉代的儒家正统思想，因而被视为"异书"，受到当时统治者的攻击和禁锢。但他独特的人生观和哲学观在当时犹如一道闪电，刺破了沉闷晦暗的学术天空，影响了后世无数人。

118. 认死理的盖宽饶

盖宽饶是儒士出身，因为通晓儒经而被举荐，刘询一眼看出盖宽饶严于律人的特长，把他召到京城做了谏大夫。

这哥们儿他恪守礼仪到了偏执的程度，不管谁人违礼，立刻弹劾。凡是不合儒经的事他都要管，凡是不按儒经行事的人他都要整，性情和名字截然相反。

有一天，阳都侯张彭祖过甘泉殿门没有下车，身为谏大夫的盖宽饶知道以后，立即弹劾，顺便把张彭祖的父亲张安世也捎上了。结果经查发现，张彭祖其实下车了，盖宽饶举奏不实被贬为卫司马。

虽然遭贬，盖宽饶依然对工作尽心尽责，体恤下属，广受好评，因此又逐步被提拔为司隶校尉。他刺举无所回避，公卿贵戚及郡国吏至长安者，皆恐惧莫敢犯禁，长安风气为之一清。

汉宣帝的岳父、平恩侯许广汉搬新家，丞相、御史、将军、中二千石等官员都来恭贺，但盖宽饶愣是不去。直到许广汉亲自登门拜访，盖宽饶这才去。

筵席热闹非凡，许广汉一一亲自酌酒，不敢倨傲。轮到盖宽饶时，这位司隶校尉坐在案后，用手将耳杯一罩，拒绝饮酒。

· 343 ·

许广汉还要敬酒，盖宽饶摇摇头，说了一句很扫兴的话："别给我倒酒，我一旦喝了酒便要发狂，恐会惹得许伯不快。"

一旁的魏相大笑着给盖宽饶解围："次公醒着时就有些发狂，哪里一定要喝酒呢？还是喝了吧。"

本以为他会顺着魏相给的梯子下，结果盖宽饶坚持不喝酒，场面一度非常尴尬。

饮至酒酣时，伴随着乐曲响起，跳舞的时间到了。长信少府檀长卿率先起身，在庭中舞蹈起来，结果越跳越不像话，最后跳起了民间醉翁常跳的"沐猴舞"。

看到这滑稽庸俗的一幕，众人乐不可支，唯独盖宽饶满脸愠色，仰头看着平恩侯府这装饰华丽的厅堂，长叹道："真漂亮啊！可惜富贵无常，转眼之间就会物是人非，换了主人，和传舍逆旅有何区别呢？"

说完离席而去，上书弹劾檀长卿学猴子跳舞，失礼不敬。

这事儿让汉宣帝很是不爽，许广汉亲自赔罪，这事儿才算过去。

眼见皇帝开始重用弘恭、石显等宦官，盖宽饶又坐不住了，他再次上书，坚决反对用宦官执政。不过刘询对自己驾驭臣下的霸道颇为自信，对他的劝告很是不爽，下令逮捕盖宽饶，还让中二千石官员讨论这封奏疏。

盖宽饶不愿受辱于狱吏，在未央宫北阙下拔刀自杀。

119. 儒生灭叛贼

东汉安帝时，羌胡作乱，边境紧张，并州和凉州两地同时陷入危机。时任大将军邓骘认为朝廷军力有限，不如放弃凉州。好在虞诩据理力争，说服了张禹，为大汉保住了大西北。

虞诩在凉州问题上立了大功，却也得罪了一位大领导——邓太后的亲哥哥，大将军邓骘。

正好朝歌县的叛匪宁季等数千人杀官造反，聚众作乱连年，把朝歌这个地方搞得鸡犬不宁。邓骘瞅准机会，极力推荐虞诩到朝歌任职。

明眼人都看出来了，这分明是要把虞诩往火坑里推啊！

亲朋好友得知消息，纷纷对虞诩表达同情和担忧："兄弟你太不走运了，竟然被安排去朝歌。"

不料虞诩却哈哈大笑道："志不求易，事不避难，这是做臣子的本职，不遇盘根错节，怎么识别利器？"

到了朝歌，虞诩并不急着上任，而是先去拜访河内太守马棱。

马棱问他："你一个儒生，不在朝中任职，怎么被安排到朝歌这么混乱的地方来了？"

虞诩答："刚受命那天，京城中不少官员都跟你一样来安慰我，好像我此去必死无疑。其实在我看来，叛贼不过是些目光短浅的无能之辈，我虞诩根本没把他们放在眼里。"

马棱被逗笑了："无能之辈？你倒是说说看。"

虞诩淡然答道："你想想看，朝歌位于韩、魏交界之处，背靠太行山，面临黄河，离敖仓不过百里，青州、冀州流亡到这里的有几万人。叛贼不知占敖仓、据成皋，劫库兵，守城皋，开仓放粮，招兵买马，截断天下右手，这就足以说明他们是些草包白痴，不足为虑。"

马棱一拍大腿："高手啊，一眼就看出了问题的关键！你接下来准备怎么做？"

虞诩答："如今叛贼势力正盛，不好正面交锋。兵不厌诈，希望您多给兵马，我自有筹划。"

随后，虞诩先招募了一帮劣迹斑斑的地痞流氓，有打家劫舍的，有聚众斗殴的，也有东遛西逛的无业游民，总计上百人。他给这些有犯罪前科的人摆了一桌酒席，宣布免除他们的罪责，然后让他们伺机加入叛军中，引诱他们劫掠，并设伏兵见机行事，趁机斩杀叛贼数百人。

这之后，虞诩又派会缝纫的贫民为叛贼缝制衣物，将红色的丝线缝在衣襟上作为标记，只要叛贼出门上街，官兵立即动手，一抓一个准。叛贼们人心惶惶，以为有神灵在帮助官府，四散而去。

很快，叛贼团伙被团灭，朝歌恢复昔日安宁。原本是一次有意刁难，没想到却成了虞诩秀实力的机会，他也因此升任怀县县令。

120. 东汉官场模范

公元 124 年,洛阳城外的几阳亭。

夕阳残照下,一位七旬老者坐在亭中,凝望着天边绚丽的落日余晖。他身后站着一群人,脸上皆是悲戚和不舍。

老者转过身,对子孙、门徒们说道:"死亡是常有的事,但我蒙受皇恩身居高位,痛恨奸臣却不能将他们绳之以法,厌恶外戚宦官倾轧而不能加以禁止,还有什么面目苟活于世?我死之后,以杂木为棺,被子只要能盖住遗体就行,不必归葬祖坟,不设祭祠。"

言毕,老者端起毒酒一饮而尽,高大的身躯渐渐瘫倒在暮色哽咽之中。

东汉最正直最清白的官员被逼死了,这一切还要从头说起。

杨震少年时即好学,通晓经术,博览群书,当时的儒生们都称他为"关西孔子杨伯起"。他在老家教生授徒 20 多年,面对州郡官府的延聘征召,一概谢绝。后来有冠雀衔了三条鳣鱼,飞栖在讲堂前,主讲人拿着鱼说:"蛇鳣是卿大夫衣服的象征,三是表示三台的意思,先生怕是从此要高升了。"

直到 50 岁时,杨震才正式出仕,在大将军邓骘的提携下一路攀升,接连出任荆州刺史和东莱太守。

前往东莱郡的路上,途经昌邑,杨震先前举荐的王密时任昌邑县令。为了感谢杨震当年的举荐之恩,王密揣着10斤金深夜登门,送给杨震作为报答。

杨震大怒:"老友知你,你为何不知老友,还要做出这样的举动?"

王密讪讪笑道:"现在是晚上,没有人知道。"

杨震愤然道:"天知、地知、我知、你知,怎能说没有人知道?"

王密被弄得面红耳赤,大为羞愧,只得揣着黄金走了。

这就是流传千古的"暮夜却金"的故事,杨震也因此被称之为"四知先生"。

杨震眼睛里揉不得沙子,进入官场后,他火力全开,逮谁喷谁。王奶妈和太监玩伴胡作非为,他上书开喷;王奶妈的女婿想封侯加薪,他上书阻拦;皇后的哥哥求官,他拒绝签字;大太监李闰的哥哥求官,他坚决不准。

就这样,杨震将当朝势力全都得罪完了。他明知自己活成孤家寡人,却还要坚持给皇帝提建议。

君子往往斗不过小人,并不是输于智商或者迂腐,而是小人们惯用的下三滥手段,君子即便熟悉也耻于使用。皇帝虽然知道杨震正直,但有事没事就被这老头数落一顿,心里也是很不爽,索性将其罢免。

杨震被收了太尉印绶，紧闭门户不见宾客。樊丰等人不肯放过，诬陷杨震不服罪，心怀怨恨，皇帝于是下令将杨震遣回老家。

怀着满腔怨愤，杨震在洛阳城郊外饮鸩而死，时年70余岁。杨震之死是悲壮的，他的死震惊了朝野，也使他的子孙后代刻骨铭心。一年后，安帝去世，顺帝继位，樊丰等人被杀，杨震的冤案才得以昭雪。

121. 东汉首恶

如果要评历史上的大恶人，梁冀算得上东汉朝货真价实的首恶了。恶人还不可怕，怕就怕在既恶还坐在官位上，且把持朝政近20年。

本着把权力用尽、把坏事做绝的原则，梁冀命爪牙搜罗登记各地富户，在历史上鼓捣出了首份财富榜。然后他随意编排一个罪名，把这些富户抓起来百般折磨，再让其家人出重金赎回。

永昌太守刘君世为了巴结梁冀，特意铸了一条金蛇，结果被人告发而金蛇充公，梁冀因此就终日怏怏不乐。

全国首富孙奋，更是梁冀眼中的摇钱树。梁冀他看上了孙奋的家产，送去了4匹马，张口就要借钱5000万。孙奋死活不肯，他岂不知这是有借无还？但不给又不行，那人不是别人，是梁大将军啊，给一百个胆子，也不敢不借啊！

最后咬咬牙，只借了3000万。

这下把梁冀给惹怒了，他马上举报，说孙奋的母亲曾是他家里的奴婢，曾偷了他10斛白珠、1000斤紫金逃跑了。

结果因为舍不得那两千万，孙奋兄弟二人被抓起来打死，一亿七千多万的家财被没收，归梁冀所有。

梁冀奢侈无度，他家的园林比皇家园林还大得多，西至弘农，东以荥阳为界，南直通鲁阳，北达黄河、淇河，有深山、丘陵和荒野，方圆将近千里，园林里的奇珍异兽，比皇家动物园还多。

梁冀喜欢兔子，他花费数年时间，专门建了一个方圆几十里的兔苑，还为每一只兔子上了户口和档案，给兔子打上印记防止丢失。有个西域商人初来乍到，误吃了梁冀的宝贝兔子，梁冀大怒，连杀数十人才解恨。

梁冀的府库里堆满了金盏、银瓶、水晶钵、玛瑙盅、琉璃碗、珊瑚树、夜明珠等物，还有西域各国的名马数十匹。他家的花园，有用人工堆成绵延数里的假山，有泉水淙淙、芳草满径的长堤，有画栋雕梁的一座座楼阁。

梁冀通过各种方式，积累了三十万万的家财，过着穷奢极欲的生活。

延熹二年（公元159年），汉桓帝先发制人，联合宦官发动政变，包围了梁冀住宅，梁冀自杀。梁冀朋比为奸的公卿、将校等数十人亦皆伏法，其他受此株连而被罢免、流放的官员达300多人，朝廷上下拍手称快。

122. 怕老婆的"魔王"

梁冀是汉顺帝刘保的老婆梁皇后的哥哥，堪称东汉历史上最嚣张的一个人。他先后立了3位皇帝，毒杀一位皇帝，一门七侯权倾天下，但却有一个致命的弱点：怕老婆。

梁冀的老婆叫孙寿，据史书上说，孙寿长得特别漂亮，而且很会打扮，发明了很多新奇的穿戴和化妆方法。搁到今天，孙寿绝对是美妆界的先驱，引领潮流的时尚达人。

梁冀对孙寿喜欢得不要不要的，而孙寿生性刻薄，这让天不怕地不怕的大将军梁冀对她又爱又怕。

当初老爹梁商献给刘保一个美女，名叫友通期，不知什么原因，刘保又把美女还给梁商了。皇帝的女人，梁商哪敢留下？打算给她找个老实人嫁了。梁冀可不管这一套，他悄悄派人把美女抢了回来。

恰在此时，梁商去世了，梁冀就把友美女安顿在城西，守孝期间经常偷偷与其私通。

很不巧，这事儿被老婆孙寿知道了。孙寿一生气，后果很严重。

她一早就派了探子监视老公，得知某天梁冀外出，立即带了一帮家仆把友美女抢回家中，先给剃个大光头，再把脸给划花了，然后让人把友美女抽得皮开肉绽。

收拾完小三，孙寿告诉梁冀，自己要去见皇上，告你服丧期间公然嫖妓，睡的还是皇帝的女人！

梁冀立马尿了，找到孙寿的老娘，央求丈母娘劝劝孙寿。

孙寿其实也没想过真去告老公，她只不过是想吓唬一下梁冀，让他老实点儿。

但这件事儿还没完。

江山易改，本性难移，没过多久，梁冀又跟友通期搞到一块儿了，还搞出个爱情结晶，生个儿子，取名伯玉。

这一次，梁冀吸取了上次的教训，保密工作做得很好，可纸终究包不住火，这事儿又让孙寿知道了。孙寿醋意大发，派儿子梁胤把友美女全家都杀光了，梁冀不敢吭声，害怕孙寿杀害伯玉，只能把伯玉藏在夹壁里边。

孙寿虽然对梁冀管得挺严，但她自己的私生活也不检点。

梁冀宠爱家里一个叫秦宫的奴仆总管，让他做了太仓令，得以出入孙寿的住所。孙寿每每见到秦宫都要屏退下人单独与之相处。因为梁冀和孙寿的共同宠爱，秦宫的仕途一帆风顺，威权大震。朝廷任命的刺史、郡、国两千石级别的官员，赴任前都要去拜见秦宫，向他辞行。

123. 感动了刺客的读书人

专横跋扈几乎是东汉外戚的共同标签,可是被皇帝钦赐为"跋扈将军"的,唯有梁冀一人。

自从老爹去世后,梁冀愈发张扬,他充分放纵自己的流氓天性,贪财、奢侈、淫乱、弄权、霸道、滥杀,他一个人几乎占尽了所有的负面词汇,简直就是五毒俱全。

梁冀有个朋友,是当时的著名文学家崔琦,他见梁冀做事太过分,常常拿那些古今成败的例子来劝,没文化的梁冀当然不可能听得进去。崔琦不死心,又写了一篇《外戚箴》,劝梁冀少行不法。

梁冀未加理会,崔琦又写了篇散文《白鹄赋》,继续对梁冀进行讽谏。

崔琦是既老实又忠诚,他是真心对待梁冀,所以才不厌其烦讲那么多大道理,希望梁冀能悬崖勒马,可他高估了梁冀的道德水平。

他的忠心与啰唆,反而惹恼了梁冀,梁冀叫来崔琦问道:"天底下有过错的人多了去了,朝廷百官人人都这样干,难道只有我最坏?你为何独独针对我一个,这样讽刺我?"

崔琦答:"昔日管仲做齐国的宰相,愿听劝谏的话;萧何辅佐汉高祖，设立了记录过失的官吏。如今将军身居高位，和伊尹、周公一样责任重大，可却没有听闻将军有任何德政，只有生灵涂炭。将军不但不结交忠贞贤良，反而想要堵塞众人的嘴，蒙蔽陛下耳目，是打算让天地变色，学赵高那样让天下人都指鹿为马不成？"

这一番反驳让梁冀无言以对，他害怕崔琦老提反对意见，找了个借口将崔琦打发回家了事。

崔琦发配原籍后，杳无音讯，江湖上也没再传出他不利梁冀的言论。梁冀以为经历了这段磨难，崔琦变得"懂事"了，不会再反对自己了，又产生了收买之心。

他建议皇帝授予崔琦临济长的官职，不料崔琦依然不改本性，对梁冀给的官坚辞不受。

这样明目张胆的"非暴力不合作"终于让梁冀明白，崔琦是不可能被他收买的。为了防备他写文章揭露自己的暴行，梁冀决定杀人灭口，派了一名刺客去刺杀崔琦。

刺客接到任务不敢怠慢，千里迢迢来到崔琦的老家，却看到了令他极为震撼的一幕：炎炎烈日下，崔琦和普通老农一样，正在田里挥锄劳作，只是怀中比别人多了一卷书。累了就坐在田垄间，打开书卷俯仰吟咏，一副怡然自得之态。

看到这一幕，刺客的内心极受触动，他把实情告诉了崔琦："梁冀派我来杀您，今日见您是个贤人，我不忍下手，您赶快逃，我也要亡命天涯了。"

崔琦因此得以逃脱，但最终还是被梁冀抓到，丢了性命。

124. 反腐先锋

公元142年,东汉王朝已呈颓败之势,贪官污吏横行,怨声载道。汉顺帝决心反腐败,重塑朝廷威严,召集8名专使巡行各州郡,到地方巡查官员的不法行为。

被指派的八名巡视组成员中,有一位名叫张纲的,很有个性。只见他出了洛阳城,把车轮埋在城外的都亭下,然后不走了。

旁人问张纲:"你不赶紧去执行任务,怎么还把车轮埋起来了?"

张纲愤然答道:"豺狼当道,安问狐狸!"

豺狼者,朝中梁冀也,地方上的那些贪官污吏只是小狐狸。

随后,张纲愤然提笔,弹劾朝中大臣尸位素餐,贪赃枉法,而后笔锋一转,直指幕后首脑梁冀:"大将军梁冀、河南尹梁不疑,身为外戚,世受皇恩,肩负辅佐陛下的重任,理当匡君辅国、安汉兴刘,可他们却大肆贪污、任情纵欲、多树诣谀、以害忠良。臣列举出他目无君王、贪赃枉法的15宗大罪,请陛下严查!"

张纲这封上书在京城引发震动,梁冀的妹妹是皇后,梁家姻亲遍布朝中,哪那么容易撼动?

果然,皇帝读完张纲的上书后深以为然,满朝大臣也很钦佩张纲的勇气，然后——

就没有然后了。

梁冀背后有梁皇后，梁皇后当时又盛得天恩，皇帝不愿意，更不敢贸然惩处梁家。

张纲的上书就这么不了了之，梁冀恨得咬牙切齿，但也不敢轻易动张纲。加害这样的仁人志士，不仅无损于他的形象，而只能更增其英名，并进而彰显出施害者的丑恶。

对于张纲而言，一个把生命置之度外的人，何惧打击报复？

当时，广陵郡有个叫张婴的人，聚集了数万人在扬州和徐州一带对抗官府，刺杀刺史，前后达十余年，朝廷深感棘手。梁冀意欲借刀杀人，指使尚书推荐张纲出任广陵太守。

张纲浑然不惧，孤身赴广陵，带着郡吏十余人来到张婴的大本营。张婴不解来意，闭垒严防，张纲派人将手书传谕张婴，说自己是奉诏宣慰，并非开战讨伐，并以利害祸福晓谕张婴，仅凭一张嘴就消弭了一场叛乱。

朝廷论功行赏，张纲本是首功，但却被梁翼拦住了。朝廷准备重用张纲，要召他入朝任职，但被张婴等人极力挽留，只得留在广陵。

朝堂上豺狼当道，已没有张纲的容身之地。

张纲在广陵一年，病殁于任上，年仅36岁。无数百姓自发前去哀悼送行。张纲病重后，当地官员、父老百姓纷纷为他祷告求福，大伙儿都在感慨："千年万载，何时才能再遇此君？"

125. 以血祭道德

汉桓帝继位时，东汉帝国已近暮年，昏庸无能的皇帝，嚣张跋扈的外戚，贪赃弄权的宦官，首鼠两端的朝臣，构成王朝暮年的昏黄画卷。

而在乌烟瘴气的朝堂中，有一个人却是个另类，他就是太尉李固。

李固是名臣之后，属于典型的清流派知识分子。小的时候，江湖相士曾评价他："头生角，脚长文，非富即贵，必成大器。"对于相士的话，李固不以为意，只顾博览经典古籍，四处寻师求学。当地官府多次征辟，却被他一概拒绝。

公元133年，东汉帝国凶兆多发，汉顺帝照搬照抄老祖宗的做法，下诏罪己，要求文武百官、四方贤达直言不讳上书。

众人极力推举不惑之年的李固入朝对策。这一次，李固不再推阻，初次登上政治舞台的他提了两条有针对性的建议：剥夺外戚朝政大权，罢黜宦官参政议政的权力。

紧接着，李固将目标对准宫中受宠的乳母及宦官，火力全开。一时间朝野风气为之一振，李固也被提名为议郎。

然而，李固的炮火太过猛烈，外戚、阉党及刁妇是绝不甘心失利的。很快，诬陷他的匿名信雪片般飞到了皇帝的桌案上，皇帝只得下令查办李固。

李固在政治舞台上第一次亮相，展现了自己的锋芒，也看到了对手的强大。皇帝似乎有意偏袒外戚宦官，自己在政治上也没有机会作为，索性退一步，暂时观望。

梁商当了大将军后，向李固发出诚挚邀请，请他出山。李固看出了梁商性格柔弱、不能整饬法纪的弱点，给他写了一封信，希望他能激流勇退，保全自己。不仅如此，李固还操心皇位的继承人问题，明里暗里讽刺梁皇后。

这就让外戚梁氏很不爽了。由此，李固与以梁冀为首的外戚集团的斗争开始了。

梁冀掌权后，第一个要对付的就是李固，当时荆州盗贼兴起，梁冀撺掇皇帝任李固为荆州刺史。

然而李固到任后，慰劳盗匪，赦免其罪，收编叛贼600多人。半年多时间，荆州所有盗贼全部投降，州内从此太平无事。

梁冀又鼓动皇帝将李固派到盗贼常年屯聚的太山任太守。

李固到任后，将郡兵罢遣回去种田，只挑选有战斗力的100多人，用恩信招诱盗贼投降。不到一年时间，别人解决不了的匪患被他轻轻松松解决了。

李固为国家清污除垢，为百姓除暴去奸，但他本人却与外戚及宦官集团结下了深仇大恨。他眼睁睁看着梁冀毒死了年幼的汉质帝，但却无能为力，只能伏在刘缵的尸体上流涕痛哭——既哭皇帝，也是在哭他自己。

在拥立桓帝的问题上，李固和梁冀的矛盾达到巅峰。最终，势单力薄的李固功败垂成，献出了自己的生命。

126. "李" "郭" 同舟

东汉有一个高士叫郭泰,他出身贫贱,却志向高远,特立独行,才华横溢,虽然远离权力,不愿做官,但京城里不少牛人反而想见其人。郭泰经陈留名士符融引荐,与河南尹李膺相识,李膺也是当时的名士,与郭泰一见如故,遂成知己。

要知道郭泰这人"天子不得臣,诸侯不得友",高贵冷艳惯了,而唯独看得上李膺。很少称赞人的李膺第一次见郭泰,当即称赞道:"我见过的士人颇多,却从未有像郭林宗者。此人聪识通朗,高雅密博,今之华夏,鲜见其俦。"

李膺一句话,让郭泰名震京师。

有一次,郭泰回乡,送他的粉丝数以千计,车多达数千辆。到了黄河边后,郭泰唯独与李膺同船而行,那些送别的粉丝们非但不嫉妒,反而款款地目送归舟,觉得船上两人宛如神仙。"李郭同舟"由此成了一段佳话。李白曾作诗"洛阳才子谪湘川,元礼同舟月下仙",刘禹锡也有"无因接元礼,共载比神仙"的诗句传世。

郭泰名气很大,却不想做官。有人劝他考个公务员,他回绝说:"我夜观乾象,昼察人事,天下大事已不可支。"

有人问名士范滂："郭林宗是怎样的人？"

范滂回答："隐居能侍奉双亲，清贞而不绝俗尘，天子不得臣，诸侯不得友，我不知其他。"

郭泰没有做官，但他一直在做着实事，不少恶人在他的教导下改恶从善，不少后生在他的点教下发愤图强。

和同时代的士人相比，郭泰从不做危言，他虽憎恨宦官集团，但不激进，而是一步一个脚印，一点一滴引导民众。从某种意义来说，他的使命更加任重道远，也更富于历史意义。

127. 李膺为什么能获得"天下楷模"的盛誉

李膺出身于高级官僚家庭，父亲曾任赵国国相，他性格孤高，不善交际，只把同郡的荀淑、陈寔当作师友。他最初被举荐为孝廉，又被司徒胡广征召，举为高第，再升任为青州刺史。

青州的郡守县令害怕李膺的严明，听闻李膺到青州任职，一个个选择了弃官跑路。

李膺后来被征召，调任为渔阳郡太守，不久又转任蜀郡太守，因母亲年老申请辞职，再后来被调任护乌桓校尉。当时鲜卑人不安分，多次侵犯边境，李膺虽是一介儒生，但能文也能武，打得了鲜卑，守得住边疆，多次打退鲜卑的侵犯，以至后来羌人一听到李膺的名字就会害怕。

后来李膺被免官回了老家，教授学生近千人。南阳人樊陵想做李膺的学生，被他谢绝，樊陵后来攀附宦官，官至太尉，但依然被士人所耻。

名士荀爽因为曾经和李膺同乘一车并为之执御，喜不自禁，逢人就说："我可是为李膺赶过车的！"

永寿二年（公元 156 年），鲜卑侵犯云中郡，刘志听说李膺能打，征召他担任度辽将军。得知李膺到了边境，羌人顿时就屁了，将以前掳掠的男女统统送还到边境，从此李膺声威远播。

延熹二年（公元159年），一向敢与宦官硬斗的李膺转任河南尹。当时宛陵郡的豪强羊元群从北海郡被罢官回来，李膺发现他贪赃尤甚，不但携回大批金银财宝，甚至连郡府厕所的小玩意儿也被他卸下带回。

这就很过分了，李膺上书朝廷，要求对他严加制裁，结果羊元群贿赂宦官，导致李膺被判为诬告，反而被发配到左校服役。

好在朝中不少人为他求情，李膺才得到赦免。

延熹八年（公元165年），中常侍张让的弟弟张朔做了野王令，张朔贪残无道，甚至以杀害孕妇为乐。李膺出任司隶校尉后，严厉打击不法官僚和宦官，张朔一看李膺走马上任，知道自己的末日到了。他弃了官，逃回洛阳，藏在张让家的夹柱内。

对于这种民愤极大的犯罪分子，李膺自然不会放过。他侦知张朔藏在张让家，带着人上门，劈开夹柱，从里面揪出张朔，审讯完当即诛杀。

这下子，张让不干了，他向刘志诉冤，刘志找来李膺诘问："为什么不先请示就杀人？"

李膺昂然答道："孔子做鲁国司寇，7天便杀了少正卯，我到任已经10天了，才杀了这个贼子。我还以为陛下叫我来是责备我行动迟缓呢，没想到竟说我杀得太快了！我知道我有罪，只求陛下让我在这一职务上再干5天，待我把首恶抓起来杀掉，然后任由陛下处罚！"

一席话把刘志说得哑口无言,刘志掉转头来,严斥张让:"这都是你弟弟的罪,司隶校尉有什么过失?"

李膺全身而退,成了所有宦官的梦魇。

自此,那些平日里飞扬跋扈的宦官顿时老实了许多,一个个躲在宫中不敢外出。刘志有一次问他们:"平日里你们都张扬得很,近来为什么这么老实?"

宦官们叩头答道:"我们怕李校尉啊!"

128. 名士张俭的逃亡之路

公元1898年,康有为、梁启超发起的百日维新宣告失败,光绪被囚,康、梁逃亡国外,戊戌六君子被害,年仅33岁的谭嗣同甘为变法流血。临刑前,他写下了一首诗:"望门投止思张俭,忍死须臾待杜根。我自横刀向天笑,去留肝胆两昆仑。"

这首诗首句写的正是张俭得罪宦官,一路逃亡的故事。

党锢之祸中,宦官集团列了一个党人名单,对其大开杀戒。名士张俭也在此列,不得不踏上逃亡之路。

逃亡途中,张俭一见人家便前往投奔请求收留。百姓敬重他的名望,他每到一地,百姓宁愿冒着家破人亡的风险也会庇佑他,收留他。

张俭和鲁国人孔褒是旧友,当初他去投奔孔褒时,正好遇上孔褒不在家,孔褒的弟弟孔融年仅16岁,自作主张把张俭藏在了家中。后来事情泄露,张俭虽然得以逃走,但鲁国相将孔褒、孔融逮捕,送进监狱。但在处罚谁的问题上,地方官员犯起了难。

孔融一口咬定,说自己是匿主:"保护张俭并把他藏匿在家的,是我孔融,应当由我抵罪。"

孔褒则把责任揽到了自己身上："张俭是来投奔我的，不是弟弟的罪过，这事儿跟他没关系，一切责任由我承担。"

负责审讯的官吏询问他俩的母亲，孔母说："一家之事，由家长负责，应该由我抵罪。"

母子三人争相赴死，地方官也没辙了，只得向朝廷请示。皇帝随后下诏，判定将孔褒诛杀抵罪。

再说张俭继续逃亡，辗转又逃到东莱，投宿一个叫李笃的人家中。正值外黄县县令毛钦领兵追到，李笃只好和毛钦讲道理："张俭是天下知名的君子，大家都知道他是无辜的，今天你忍心把他抓走吗？"

毛钦拍着李笃的肩膀道："蘧伯玉以独为君子可耻，你为何一个人独专仁义？"

李笃会心，明白毛钦想放了张俭，顺水推舟道："我想分仁义，请您载一半去。"

两人一唱一和，就这么把张俭给放过，让他出塞避难去了。

张俭自逃亡以来，有数十户百姓因掩护他被诛灭，宗族亲属尽皆被灭，郡县为之残破。即便如此，没有一户人家透漏张俭的行踪，他们用自己乃至合族的性命保护了张俭，为天地留了一股正气。

129. 东汉名士排行榜

东汉后期，宦官开始掌权，引起士大夫和一众官员的反感，士大夫们对宦官实施了严厉的惩罚和打击。宦官也想独掌大权，双方来了一场殊死的争夺战，结果清流党人遭遇惨败。

虽然汉桓帝气消后释放了党人，但宦官不许他们留在京城，打发他们一律回老家，将他们的名字通报各地，终身不得做官。

不仅如此，桓帝还将一份党人的名单抄在了宫中的墙上，意思再明显不过，警告党人不要因开释而忘乎所以，否则一切还会重新开始。

按照桓帝的估计，走出监狱回到故乡的党人理应叩谢浩荡天恩，从此洗心革面，再不跟自己作对，可他错了，党人是吓不倒的。

总结此次教训，党人认为他们之所以失败，是因为名望还不够，未能鼓动更多的读书人加入自己的阵营。为了将士人之名整合成阶层之名来影响天下、左右舆论，清流党人在朝野列出了一份大名士榜。

这份大名士榜分为五档，具体吐下：

第一档是"三君"：窦武、陈蕃、刘淑。

君者，意为一世之宗。

第二档是"八俊"：李膺、荀翌、杜密、王畅、刘祐、魏朗、赵典、朱寓。

俊者，意为人中之英。

第三档是"八顾"：郭泰、范滂、尹勋、巴肃、宗慈、夏馥、蔡衍、羊陟。

顾者，意为德行之表。

第四档是"八及"：张俭、岑晊、刘表、陈翔、孔昱、苑康、檀敷、翟超。

及者，意为导人之师。

第五档为"八厨"：度尚、张邈、王考、刘儒、胡母班、秦周、蕃向、王章。

厨者，意为疏财之豪。

这大名士榜不是他们拍脑门想出来的，而是有仿照依据的：三皇五帝时代，颛顼的8个儿子和帝喾的8个儿子被分别誉称为"八凯""八元"。

结果就是，海内希风之流，共相标榜。

士人慷慨激昂，不搞倒宦官集团誓不罢休，可一旁冷眼旁观的名士申屠蟠给大伙儿泼了一盆冷水。

他认为，昔日战国时士子横议，被各国国君视为先驱。然谁知，这样做埋下了坑儒烧书之祸，今日之事，必当重蹈覆辙！

随后，申屠蟠断绝了与士人的往来，销声匿迹，躲到僻地，找了个树洞当屋,给人帮佣。

两年后,名士范滂等果然遭遇党锢之祸,有的死了,有的判刑,涉及数百人,而申屠蟠幸免于难。

汉朝冷知识

女性掌故

130. 汉朝最凄惨的皇后

在政治场上角逐、较量，牺牲是常有的事情，吕后为了控制国政做过许多事情，其中一件就是牺牲了外孙女的一生幸福。

张嫣是吕后的外孙女，鲁元公主的女儿，父亲是宣平侯张敖。张嫣的外祖母是皇太后，舅舅是皇帝，母亲是公主，按理说她应该有着一个美好的生活，然而在她11岁时便沦为了外祖母巩固权力的政治工具。

那一年，吕后为了亲上加亲，控制国政，将自己的小外孙女嫁给了自己的儿子汉惠帝刘盈，张嫣就这样嫁给了自己的舅舅。

刘盈为人敦厚，平时很喜欢这个颇为懂事的外甥女，经常逗她玩耍。但那种喜欢完全是出于对外甥女的关爱、呵护，是亲情上的喜欢，而绝非男女之情。

刘盈对母亲的许多做法都耿耿于怀，特别是"人彘"事件发生后，他彻底绝望了，夜夜笙歌，沉迷于酒色之中，自暴自弃。但对这段畸形的、败坏人伦的婚姻，他充满了厌恶和反感，出于对外甥女的保护与尊重，他自始至终不想亵渎那份儿纯真和美好，所以至死也没有和张嫣圆房。

婚后不久，吕后便着急想要让张嫣怀孕生子，但11岁的张嫣显然没有这个能力。着急的吕后想出一个办法，将汉惠帝与宫女生的孩子给张嫣，对外界谎称这个孩子是张嫣的孩子。这个孩子就是刘恭，后来被立为皇太子，而他的亲生母亲早已被吕后处死。

几年后，刘盈驾崩，吕后当机立断让刘恭继位，史称前少帝。当时刘恭年纪还小，吕后继续临朝称制，称皇太后，外孙女张嫣称皇后。小皇帝刘恭懂事后，得知张嫣并非自己的亲生母亲，自己的亲生母亲早被杀了，十分生气，扬言长大之后要复仇。吕后得知后，索性废了刘恭，将其幽禁并处死。

刘恭死后，刘弘继位，史称后少帝，朝中大权仍然掌握在吕后手中。

公元前180年，吕后执天下8年而崩，周勃、陈平等诸臣诛灭吕氏，并以后少帝刘弘以及济川王等非惠帝之子的名义全部诛杀。独留孝惠皇后张嫣，废徙北宫（未央宫之北）。立代王刘恒为帝，是为汉文帝。

张嫣的宫廷生活是孤独寂寞的，没有留下一男半女。她被废后一直住在北宫的幽静院子里，整整待了17年，直至走完她可怜又可悲的一生。

张嫣死后，为她敛尸的宫人惊奇地发现她依旧保持着处女身。她11岁进入深宫，40岁离世，这29年中，她耐住了寂寞，守住了孤寂。她本应有一个幸福的人生，却沦为吕后政治斗争的牺牲品，落得了个尴尬又凄凉的下场。

131. 一封情书背后的危机

汉帝国在经历了白登之围的耻辱后，从此开启了中国历史上无奈的和亲时代。然而这种政策虽然换得了一时的和平，但也助长了匈奴的嚣张气焰，刘邦死后，不安分的匈奴又开始挑衅汉帝国。这一次，他们送来了一封冒顿写的信，收件人正是吕后。

信中写道："我是孤独寂寞的君王，出生在湿地草泽，成长于广阔原野、牛马成群之乡，多次到达汉朝的边境，希望能够到汉朝游览。陛下现在孤身一人，寂寞独居，我们两人，身为一国之主，彼此都不快乐，没有什么可以自娱自乐的，不如你就嫁给我，正好可以互补有无，不知你意下如何？"

这哪里是求爱信？分明就是侮辱！

《水浒传》中，丘小乙唱过一首歌，跟这个意思差不多：你在东时我在西，你无男子我无妻。我无妻时犹闲可，你无夫时好孤恓。

咱俩现在都是单身狗，好不寂寞，不如在一起了吧！

吕后怒了，面对朝堂上的文武百官，她将信扔在地上，恨恨道："匈奴小儿欺人太甚！我要发兵出击匈奴，诸位意下如何？"

话音刚落，只见一人挺身而出，脱口而出："臣愿带领10万兵马出击匈奴，杀他个片甲不留！"

吕后一看，原来是自己的妹夫樊哙，樊哙一带头，其余的人也看出了风向，个个慷慨激昂，唾沫横飞，给樊哙点赞："还是樊将军牛啊，此次出征，定能将匈奴人打到怀疑人生！"

吕后听得很舒服，一片马屁声中，独有一人站了出来，喊了一嗓子："我反对！"

大伙儿目光扫过去，正是中郎将季布。

只见季布昂首挺胸，大声道："就凭樊将军刚才这句话，就该把他拉出去砍了！"

季布语惊四座，吕后脸色铁青。季布倒是很淡定，不慌不忙道："当初高祖皇帝率32万兵马出征匈奴，尚被围困白登山。彼时你樊哙身为上将军，都不能解围，现在居然大言不惭地说10万兵就能摆平匈奴，这不是睁眼说瞎话吗？这种口出狂言之人难道不该拉出去斩首吗？"

季布的一番话震住了在场所有人。是啊，当初刘邦带着32万兵马亲征，结果在白登山上困了七天七夜。连刘邦都没有把握能打赢匈奴，你樊哙何德何能，敢夸下这海口？

吕后很生气，宣布退朝。

生气归生气，对于双方实力，吕后心中还是有一本账的。季布的话虽然不留情面，但也不是没有道理。汉朝建国已有十年，随着刘邦的去世，当初从血与火的战争中脱颖而出的名将如韩信、彭越、英布早已离世，放眼望去，朝中能打仗的人寥寥无几。

放眼国内，帝国百废待兴，百业待举，一穷二白的汉朝再也不能保证打赢一场大规模战争了。

经过一番激烈的内心挣扎后，吕后不得不向匈奴低头。她派大谒者张释写了一封言辞谦卑的回信：

"单于还记得老身，赐我书信，令我诚惶诚恐。可我现在已经年迈气衰，头发跟牙齿都开始掉了，走起路来也摇摇晃晃的。我想单于一定是误听了别人的话，要跟我这样的老太婆结秦晋之好，单于您这不是在污辱自己吗？老身反省一番，自以为没有做过什么对不起单于的事，您还是放过我吧。我送给您两辆马车，八匹骏马，望您笑纳。"

霸气的吕后以这种忍气吞声的方式，为汉帝国保存实力，化解了一场国家危机。

132. 比窦娥还冤的女人

唐朝天宝元年（公元742年），大诗人李白被唐玄宗征召入京，临行前他写了名为《南陵别儿童入京》的诗，其中有一句这样写道："会稽愚妇轻买臣，余亦辞家西入秦。仰天大笑出门去，我辈岂是蓬蒿人！"

这里有一个典故，讲的是西汉时朱买臣和他妻子的故事。

朱买臣家境贫寒，自幼喜欢读书，整天抱着书不离手。为了维持生计，他只好靠打柴为生，但也仅够填饱肚子。妻子自从嫁给他后，每天跟着丈夫上山砍柴，生活苦点也没啥，可丈夫有个奇葩习惯，每次挑着柴走路时总喜欢大声吟诵文章，从来不管身边是否有人，乡邻讥笑他是"神经病"。

时间一长，老婆受不了了，要跟他离婚。朱买臣说："你再等等，人家以前给我算过命，到50岁就大富大贵，现在我已经40多岁了，这么多年都过来了，就差这一小段时间了。"

老婆却不吃他这一套，说："像你这样的早晚得饿死，还想什么功名富贵！你趁早休了我，我不跟你一块儿受罪了。"

朱买臣没辙，只能写了一封休书，听任妻子改嫁。

此后朱买臣一个人上山砍柴，路上还是诵书不止。有一次，前妻和丈夫去上坟，意外地遇见朱买臣。妻子非常善良，见前夫十分落魄，请他吃了一顿饭。

几年后，朱买臣到长安谋生，但他的事业并不顺利，随身携带的粮食吃完了，眼看就要沦为乞丐，幸好同乡严助拉了他一把。

严助是汉武帝身边的红人，有他的推荐，朱买臣终于等来机会，受到赏识和重用，后又立下战功，位列九卿，果然飞黄腾达了。

发迹之后的朱买臣回了趟老家，又见到了自己的前妻和她的丈夫。两人混得并不好，均是修路的苦工，朱买臣让人把夫妇俩接到太守府，安置在园中，每天好吃好喝候着。

当时有人称赞朱买臣，说他胸怀宽广，对前妻不计前嫌，充满爱心。但事实果真如此吗？

明眼人一看就明白，朱买臣是在雪耻。当年妻子不顾一切离开他，让朱买臣恨之入骨。如今自己发达了，一定要让她看一看，看看她如何错过了一只"潜力股"。

前妻受不了这份刺激，上吊自杀。

很多人说前妻是羞愧自杀，但我觉得，不必对她报以如此大的恶意。一个女子，嫁给一个穷酸丈夫，陪他吃糠咽菜数十年，却在最后时刻离他而去，不能共享他后来的富贵，这确实是一个遗憾。但我们不能因此就对她幸灾乐祸，极尽嘲讽之能事。

以朱买臣妻子这样一个普通妇女，看不到自己丈夫的光明前途，太正常不过了，更何况朱买臣后来的发迹也是充满着偶然性的。从前妻偶遇朱买臣请他吃饭来看，她的本性并不坏。

前妻再嫁后，本来可以安心过自己的小日子，却被迫住进太守府中，看着他耀武扬威，还要接受他的嗟来之食。但凡有骨气的人，都不可能长久地住下去。看似好心，实则用心险恶。

所适不良，所嫁非人，奈何奈何！

133. 缇萦救父的背后

汉文帝十三年（公元前167年）五月，齐国的粮食局局长、太仓令淳于意被人举报下狱，按律要处以肉刑。他的女儿缇萦上书皇帝，痛陈肉刑之苦，还说愿意卖身为宫中婢女，替父赎罪，以待其父改过自新。汉文帝被缇萦的上书所感动，废除了肉刑，后世将这一故事视为汉文帝仁厚的典型。

但其实，这事儿细究起来会发现没那么简单。

先说第一点，缇萦一个民间女子，怎么有机会直达天听？

其实，淳于意的身份可不简单，他可是被司马迁重点关注，和扁鹊同在一篇列传里的名医。

淳于意被释放时，刘恒问他给哪些人看过病，淳于意回答："我给齐王的太后、齐王、济北王、淄川王、阳虚侯、济北王的宠妃、济北王的奶妈、齐王的孙子、齐王宠妃的哥哥等人都看过病，赵王、胶西王、济南王、吴王也来请我，我怕治不好被他们抓起来，都没敢去。"

由此可见，淳于意不仅名气大，还有着广泛的人脉关系。缇萦的呼声能被汉文帝听到，并不是她文笔多好，而是有地方诸侯的帮忙，各级官僚一路给她开绿灯。

再来聊一个问题：汉文帝是如何废除肉刑的？

根据史料记载，主要有以下几条：

黥（在面部刺字）改为剃光头，脖子戴上铁圈，去筑城服役；

劓（割鼻子）改为鞭笞三百；

斩左足改为鞭笞五百；

斩右足改为弃市，也就是在闹市中当众处死。

等等，有没有搞错，原来的砍右脚现在居然变成了死刑？

是的，你没看错，这就是汉文帝的骚操作。表面上是废除了肉刑，但实际上花样更多了，留下了很大的操作空间。比如鞭打三百，刑罚的轻重就完全掌握在了执法者手中，他可以根据自己的好恶和领导的意图控制板子的力度，很多人根本耐受不住，反而因伤致死。《汉书·刑法志》就说，这种做法"外有轻刑之名，内实杀人"。

汉景帝继位后，颁布了"定箠令"，规定了笞刑所用刑具的长度、质料、大小及受刑部位（屁股），而且行刑中执杖者不得换人，但还是阻止不了被打死的情况发生。

在这之后，笞刑的门道越来越多，甚至在明朝时执杖人要专门接受训练。用皮革做成两个人体模型，一个里面放砖头，一个里面包上纸，然后穿上衣服。放砖头的模型是来练习"外轻内重"手法的，要求做到看起来打得很轻，衣服都没有破损，但其实里面的砖头都被打碎；包纸的模型是用来练习"外重内轻"手法的，要求做到看起来打得很重，但其实包裹里的纸都不曾毁损。

134. 卫子夫受宠几十年，为何最终自尽

《灰姑娘》的故事大家都耳熟能详，而在汉朝就有这样一位灰姑娘，她本是歌女出身，却因为一场机缘被皇帝看中。在她盛宠时，民间甚至还流传了一首歌谣："生男无喜，生女无怒，独不见卫子夫霸天下。"

卫子夫出生于河东平阳，家境寒微，母亲卫媪是平阳侯府的女奴。一个阳光灿烂的日子里，她邂逅了汉武帝，年轻的汉武帝被她的歌声征服，在自己的更衣车上直接临幸了她。

作为这一切的幕后策划人，平阳公主当然了解弟弟的脾性，既然皇帝喜欢，那就跟着进宫吧。临走时，平阳公主拍着卫子夫的背，脸上已不再是主人对下人的表情："将来你若是富贵了，可别把我给忘了呀！"

卫子夫一脚踏入了汉武帝后宫的圈子，但现实却并不是她想象的那般美好。自打进入汉宫之后，整整一年，她再也没有见过汉武帝的面。她就像隐藏在森林中的一片树叶，根本得不到刘彻的注意，那一日的临幸，成了她一生中最为珍藏的记忆。当她在灯下独自神伤，为自己的命运而流泪之时，可曾有人给这个可怜的女人以哪怕轻微的一瞥？

一入宫门深似海，果然如此。

没有爱情滋润的女人，犹如没有雨水浇灌的花朵，时间一长就会枯萎。一年后，宫中按照惯例，要清退一批久不承欢的宫女。卫子夫得知消息后，托各种关系，终于见到了刘彻。

一见到他，卫子夫哭得梨花带雨，泪如雨下。既然不喜欢自己，当初为何要带自己入宫？如果真的不爱了，不如放手，还自己自由吧！

对于男人而言，女人的眼泪是温柔的武器，何况又是这样一位楚楚可怜的女子。刘彻一时动了怜香惜玉之心，再次临幸了她。

这一次，命运之神向她招了手。

此后的卫子夫接连为刘彻生了三个女儿一个儿子，儿子刘据被立为太子。

母以子贵，卫子夫被立为皇后。

卫子夫一人得道，卫氏家族也从此改头换面，卫子夫的哥哥卫长君、弟弟卫青都成了皇帝身边的侍从人员。尤其是卫青，因出击匈奴有功被封长平侯，官居大司马大将军，成了朝中炙手可热的人物。

鲜花着锦、烈火烹油，说卫氏是京城第一显贵，恐怕没人会反驳。

可惜，美好的事物都是暂时的，包括女人的容颜。色衰而爱弛，随着卫子夫的年老色衰，汉武帝开始恋上了其他女人，王夫人、李夫人先后霸占了武帝的龙床。

当渐渐失去宠爱后,卫子夫没有像阿娇一样撒泼打滚,而是选择了坦然接受,接受红颜易老的事实。

然而世事难预料,谨小慎微的卫子夫终究没能躲得过那场灾难。

巫蛊之乱中,太子刘据兵败自杀,武帝派人收回象征皇后实权的皇后玺绶。虽然没有废后,也没有让她搬出椒房殿,但卫子夫早已明白了自己的结局。

隐忍了一辈子的她选择了自杀,以这种最决绝的方式向武帝发出抗争。

整个卫氏家族都在这场大洗牌中退出了历史舞台,黄门苏文、姚定汉用一副小棺材收敛了卫子夫的遗体,将她葬在了桐柏亭。

当了38年皇后的卫子夫自始至终都没有迷失本性,虽然决绝,却也活得干干净净。

135. 皇帝的母亲竟是二婚

在很多人的印象中，古代的礼教甚严，皇家最在乎的就是"颜面"二字。然而凡事总有例外，比如雄才大略的汉武帝，他的生母就是先嫁了平民，而后离婚改嫁进入皇宫，最终贵为皇后的。

王娡的人生几乎颠覆了古代社会的游戏规则，那她是如何完成了从已婚妇女到帝国皇后的华丽转身呢？

其实在汉朝，妇女改嫁是很普遍的事，改嫁的妇女不仅不会受到世人的谴责，还能得到二婚丈夫的尊重。不仅如此，她们还拥有户主继承权和爵位继承权，这种特权在考古发掘出土的汉简《二年律令》中有明确记载。

王皇后名叫王娡，是汉初异姓王燕王臧荼的外曾孙女，臧荼后来因反汉被刘邦所灭，所以王娡出生时已是一介平民。

王娡长大成人后，嫁给了一户金姓人家为妻，生了一个女儿名叫金俗，日子过得简单而温馨。如果王娡就这样平淡地度过一生，大汉王朝只会多一位乡间劳作的村妇，少一位呼风唤雨的皇后。

很快，这种平静的生活就被打破了。一个算命先生给王娡的母亲臧儿算了一卦,告诉她:王娡有大富大贵的命,能生天子,就这么嫁了,亏!

臧儿一听,顿时来了精神,可这时的王娡早已嫁为人妇,还生了一个女儿,这可怎么办呢?

臧儿硬着头皮跑去金家要求离婚,把女儿退回来。金家自然是不肯,好不容易娶到的老婆,哪能就这么轻易还回去?不过臧儿还是动用了各种关系,跳过离婚冷静期,顺利办理了离婚手续。

而后,她拜托熟人把王娡送到了长安,隐瞒了王娡的婚史,将她送到了太子宫里做了一名宫女。

王娡确实有几分姿色,加上她待人接物情商超高,让年轻的太子刘启充分体会到了女人成熟的温柔,王娡很快就获得太子刘启的宠爱。她为刘启生下了三个公主,并在刘启继位第二年,为他生下了一个男孩,乳名叫刘彘。

这个名字大家可能不太熟,但他另外一个名字世人皆知:刘彻!

王娡上了一个台阶,成了王美人,运气不错,得到刘启的宠爱。可后宫受宠爱的美女何止一人,王娡怎么才能脱颖而出呢?

王娡很有心计,她编了一个谎话,说自己怀孕时,曾做过一个梦,梦见太阳钻进了她的肚子里,后来没过多久,就生下了刘彻。

这个故事既无法被证实也无法被证伪,但却很合刘启的胃口，至少在他心里留下了深刻印象。

刘启登基成为汉景帝后，皇后薄氏一直没有生育，但由于她是汉景帝祖母薄太后的同族，碍于祖母的面子，刘启一直没有废除薄皇后的后位。

当时汉景帝最得宠的妃子是栗姬，栗姬之子刘荣是汉景帝的长子。原本王娡是没有机会再往前一步的，然而薄太后去世后，失去靠山的薄皇后被废，皇后之位空了出来。

王娡不甘心，此时的她面临了人生中最大的危机，都知道栗姬善妒，如果自己无法上位成功，儿子和自己的命都可能不保。这个时候就看出王娡的手腕了，她果断投向了汉景帝的姐姐——馆陶长公主刘嫖，和长公主结成了儿女亲家，同时也结成了政治同盟，顺利扳倒了栗姬，成功上位。

136. 阿娇为什么被汉武帝嫌弃

说起陈阿娇，不得不提"金屋藏娇"。

刘彻4岁时，馆陶公主刘嫖曾把他抱在膝盖上问："彻儿，你想娶媳妇吗？"然后指着左右宫女问哪个最适合，刘彻都说不好。刘嫖又指着自己的女儿问他："娶表姐阿娇好不好？"

刘彻笑道："如果能娶到阿娇做妻子，我一定建一座金屋让她住。"刘嫖听后大喜过望，便向景帝提出要求，最终促成这门亲事。

由于馆陶公主在拥立刘彻称帝的过程中立了大功，出于对姑母的感激，刘彻上台之初就封陈阿娇为皇后，专宠她一人，多次给予陈家大量的赏赐。

这时候的阿娇集万千宠爱于一身，成了全天下所有女人羡慕的对象。她没有参与过宫闱角逐就成为皇后，可以说出场就是巅峰。

可就是这样一副好牌，最终让阿娇打个稀巴烂。

阿娇从小没有吃过苦，是在蜜罐里长大的，母亲馆陶公主是皇亲国戚，其人泼辣大胆。阿娇继承了母亲的性格，在同刘彻相处的日子里少了几分谦逊，多了几分骄横，一味索求无度。

在后宫中，阿娇更是飞扬跋扈，悍然垄断侍寝权，不允许其他嫔妃"雨露均沾"。可惜阿娇的肚皮实在不争气，一直没能生下一儿半女。

母亲馆陶公主坐不住了，到处给阿娇寻医问诊，前前后后总共花了九千万钱。可大夫找了一大堆，补品吃了一大堆，阿娇的肚子却是半点反应都没有。

看过宫斗剧的你一定知道，要想在后宫中站稳脚跟，除了皇帝的宠爱，还得有皇子支撑。母凭子贵，如果没有孩子，在后宫中将会是何等凄清冷落，不光是自己在后宫地位保不住，还会失去圣心。

阿娇太过娇纵，又喜欢吃醋，每一次遇到问题只会跟刘彻大吵大闹，最后闹得不欢而散。

除此之外，馆陶公主的掺和也加速了刘彻对阿娇的反感。

帮过女婿的丈母娘很容易插手女婿的家事，当女婿的表现不尽如人意时，丈母娘就会忍不住提醒："你小子有今天，可都是我们家帮的，没有我，你还在胶东玩泥巴呢，做人可不能没有良心！"

不过很可惜，这种提醒每每让刘彻很恼火，面对骄纵的阿娇和跋扈的丈母娘，刘彻感觉自己压力山大。

很多时候，刘彻都会问自己，如果自己不是皇帝，阿娇会嫁给他吗？

想来是不会的，他与阿娇属于政治婚姻，俩人能走到一起，不过是各有所图而已。馆陶公主需要与皇帝联姻来维持自己的权力和地位，而刘彻也需要馆陶公主的大力扶持，以便在皇位争夺战中逆袭。

每一次，刘彻受了气，总会到母亲那里倾诉。母亲总会耐心劝他："你现在刚刚即位，羽翼未丰，大臣人心不服，还需要长公主协助，所以还得笼络她们。"

擦干眼泪，刘彻回去后只能继续哄阿娇。

心情郁闷的时候，刘彻经常到外面驰骋游猎，偶尔也会到自己的姐姐平阳公主府上坐一会。有一次，他在姐姐家遇到了舞女卫子夫，温柔善良的卫子夫填补了刘彻内心的不安和空缺。随着卫子夫生下皇子，阿娇彻底失宠了。

没有子嗣，爱情也离她而去，阿娇已失去理智，她开始相信巫术，企图帮助她重回以往。刘彻平生最讨厌巫蛊之术，知道后大怒，最终废掉了陈阿娇皇后之位，令其迁居长门宫。

被废后的阿娇更觉凄清落寞，她花重金请来大才子司马相如，写下了极具深情的《长门赋》：

> 夫何一佳人兮，步逍遥以自虞。魂逾佚而不反兮，形枯槁而独居。言我朝往而暮来兮，饮食乐而忘人。心慊移而不省故兮，交得意而相亲。
>
> 伊予志之慢愚兮，怀贞悫之欢心。愿赐问而自进兮，得尚君之玉音。奉虚言而望诚兮，期城南之离宫。修薄具

而自设兮，君曾不肯乎幸临。

然而，人心终非如初见，帝王心肠不可挽，倒是让司马相如又火了一把，以史上最贵的言情文稿费，留下一篇著名的闺怨诗。

137. 钩弋夫人为什么必须死

公元前95年，61岁的刘彻外出巡游。

路过河北河间时，随行的一位术士望了望天，告诉刘彻，此地天上云彩不同寻常，必有奇女子。

刘彻一颗苍老的心瞬间活了过来，立即派人寻找。

随行官员很快找到一位年轻女子，只见她乌发如漆，肌肤如玉，美目流盼，一颦一笑之间流露出一种说不出的风韵。

刘彻对她一见倾心，随行人员介绍说，这名女子姓赵，有个奇怪的毛病，她的双手握拳，无法张开。

刘彻不信，轻轻抚摸了一下赵氏的双拳，双拳张开，里面握着一只小巧的玉钩。

众人立即恭维，天子的神威治愈了美人的怪病，实在是天赐吉兆。

刘彻也很开心，乐呵呵地将赵氏带回皇宫，封为婕妤。大家也叫她拳夫人，钩弋夫人。

钩弋夫人很得汉武帝宠爱，生下了儿子刘弗陵。这个孩子的出生也颇为稀奇，据说刘弗陵与上古尧帝一样，都是怀胎14个月才出生的，于是钩弋夫人的宫门被称为"尧母门"。

明眼人都看出来了，刘彻想换太子了。

庙堂之上，从来不乏善于钻营、揣摩人心的人。随着卫子夫逐渐失宠，不少心怀叵测之人认为太子刘据失去了依靠，开始给他挖坑。

很快，巫蛊之祸爆发，卫氏一族遭到清洗，太子刘据自杀。

刘彻沉浸在悲伤之中，带上钩弋夫人移居甘泉宫。

在甘泉宫，刘彻周密盘算起了身后事，他让人画了一幅《周公辅成王图》，向群臣表明想立刘弗陵为太子。

众人开始羡慕年轻的钩弋夫人，然而皇帝喜怒无常，几日后，刘彻因为无关痛痒的小事情痛责了钩弋夫人。钩弋夫人赶紧摘去首饰，叩头请罪。

不料，刘彻的态度异常严厉，他让人把钩弋夫人拉出去，关到掖庭狱中。钩弋夫人向刘彻求饶，刘彻冷冷地说："快走，你不得活！"

不久之后，钩弋夫人死于云阳宫。

风波平息后，刘彻有一次问左右随从，外边对处死钩弋夫人一事怎么看？

随从回答，人们都说她儿子即将成为太子，陛下为什么还要杀他母亲？

刘彻道："这不是你们这些人能明白的。古来乱国之事，都是因为国君年幼而其母青春正盛。女主一旦大权在握，就会骄横不法，荒淫秽乱，为所欲为，无人能够禁止。你没听说过吕后之事么？"

　　宫廷权力之争充满着血腥和斗争，怪不得南朝皇帝临死前说："愿永世永生不再生在帝王家。"

138. 被严重黑化的赵飞燕

中国历史上有一个怪现状，凡国家衰亡，都要将责任推给某个女子，所谓红颜祸水。夏亡怪妹喜，商亡怪妲己，西周灭亡怨褒姒，到了西汉，则是将赵飞燕、赵合德姐妹作为祸根。班固就在《汉书》之中直言不讳地说：

"飞燕之妖，祸成厥妹。"

然而我们翻开史书，会发现历史上的赵飞燕并无太多恶迹，为什么她会背上这么多恶名呢？

很显然，她是被黑的。

赵飞燕出生于长安城内的一个贫民之家，因为家境贫穷，父母把襁褓中的赵飞燕放在野外。结果3天后，父亲实在放心不下，跑到野外发现赵飞燕还活着，于是又将她抱回了家。

为了糊口，赵飞燕长大后被家人送入阳阿公主府中当婢女。由于相貌出众，阳阿公主让她学习歌舞。赵飞燕自身条件很好，又天资聪颖肯吃苦，很快练就了一身过人的舞技。

有一次，汉成帝出宫游玩，到阳阿公主家歇脚，阳阿公主为了讨好皇帝，把赵飞燕叫出来跳舞助兴。本来就喜好美色的汉成帝看到赵飞燕，顿时就被迷住了，将她带入宫中。不久，汉成帝听说她还有个妹妹赵合德，美貌更胜姐姐一筹，又把赵合德也收进宫中，一并封了婕妤。

从此，姐妹二人共侍一夫，专宠后宫10余年。

赵飞燕的得宠，让许皇后和班婕妤很是不爽，于是又一番宫斗的老套路上演，当然结局也毫无新意，由来只有新人笑，有谁知道旧人哭？最终赵飞燕胜出，成功上位成为皇后。

公元前7年，汉成帝暴病而死，由于生前没有子嗣，继位人成为问题。赵飞燕迎立定陶王刘欣入宫成为新任皇帝，史称汉哀帝。赵飞燕因拥立之功，晋封为皇太后。

6年后，汉哀帝驾崩，权力的游戏再一次上演，赵飞燕在这次斗争中失败，被废为庶人，被迫自尽。

这就是赵飞燕的一生，你可能会问，这和坊间流传的各种故事不一样啊！赵飞燕到底有没有做过那些祸国殃民的事？

我只能告诉你，正史上并没有赵飞燕的黑料，坊间流传的赵飞燕姐妹害死皇子、让皇帝精尽而亡的那些花边新闻，都是《赵飞燕别传》《赵飞燕外传》等野史小说瞎编的。这些野史小说在民间流传颇广，影响力远大于史书，导致赵飞燕被严重黑化。

139. 大汉第一贤妃

历来才貌双全却红颜薄命的女子数不胜数，班婕妤的不同之处不在于她的容貌，也不仅仅是她的才华，而在于她的美德。

历史上的班婕妤本名叫班恬，出身功勋之家，自幼聪明伶俐，秀色聪慧。汉成帝即位后，按照当时的门阀惯例，她被选入后宫。

班婕妤进宫时品级很低，但凭借自己的美貌和才华，很快赢得了汉成帝的宠爱，一下子连越八级，晋封为婕妤，仅次于皇后和昭仪。

后宫里面的女子通常都用尽心机和手段以求笼络住帝王心，免得失宠，但班婕妤不屑于这样做。她行为端庄，满腹诗书，知书达礼，处处拿古时贤妃的标准要求自己，时常与成帝谈古论今。

汉成帝特别喜欢班婕妤，为了能与她形影不离，特别命人制作了一辆华丽的辇车，以便同车出游，不料班婕妤却拒绝了："看古代留下的图画，圣贤之君，都有名臣在侧。夏、商、周三代的末主夏桀、商纣、周幽王，才有嬖幸的妃子随侍，最后都落到国亡毁身的境地。我要是和陛下同车出入，那不就跟她们一样了吗？"

可以想象一下，一位年纪轻轻的帝王用尽心思送给爱人一件高大上的礼物，结果对方不但不领情，还把自己比成昏君，这心里是何滋味？

无奈的汉成帝只得让人烧了那车，从此历史上有了一个新的典故："辞辇之德"。王太后得知此事十分欣慰，夸赞说："古有樊姬，今有班婕妤。"

班婕妤希望自己能协助丈夫成为一位明君，可惜汉成帝不是楚庄王，班婕妤也不是樊姬。

赵氏姐妹入宫后，汉成帝开始移情别恋，专宠二人，两姐妹恃宠而骄，班婕妤备受冷落。

被冷落的许皇后偷偷行巫蛊之术，结果被赵氏姐妹揭发，许皇后废居昭台宫。班婕妤并未参与此事，但赵氏姐妹利用这一机会对班婕妤加以打击，诬陷班婕妤也参与了"巫蛊"一案。

汉成帝听信谗言，向班婕妤问罪。班婕妤淡然道："我知道人的寿命长短是命中注定的，人的贫富也是上天注定的，非人力所能改变。修正尚且未能得福，为邪还有什么希望？若是鬼神有知，岂肯听信没信念的祈祷？万一神明无知，诅咒有何益处！我非但不敢做，并且不屑做！"

这一番话打动了汉成帝，汉成帝不予追究，反而厚加赏赐，以弥补心中的愧疚。

经历这次打击后，班婕妤深知自己斗不过赵氏姐妹，打心底里不屑于争宠媚主。为免日后是非,她决定明哲保身,上书请往长信宫侍奉皇太后。

沉溺在赵家姐妹帷帐中的汉成帝欣然应允,班婕妤悄然隐退,把自己置于太后的羽翼之下。在长信宫的淡柳晨月中,她调琴弄墨,以抒发心中的感慨,其中有一首《怨歌行》,亦称《团扇歌》:

新裂齐纨素,鲜洁如霜雪。
裁为合欢扇,团团似明月。
出入君怀袖,动摇微风发。
常恐秋节至,凉飙夺炎热。
弃捐箧笥中,恩情中道绝。

从此以后,团扇成了失宠女子的代名词。千年后,纳兰性德作了一首词,将班婕妤的无奈写入其间,其中有这样一句:人生若只如初见,何事秋风悲画扇?

140. 意外得来的太子妃

在古代能成为皇后，通常需要具备两大条件之一——要么女方家族有很大的政治势力，要么皇帝对女方极为宠爱，而王政君哪个都不占。

母亲怀她时，曾梦到一轮圆月进入自己的腹中，这在古代往往意味着诞生之人不平凡。

王政君的父亲叫王禁，做过廷尉史，嗜酒好色，娶了好几个小老婆，生有四女八子。母亲李氏实在受不了丈夫，选择了离婚，年幼的王政君自此失去了母爱。

长大后的政君温婉贤惠，父亲给她许配了一户人家，结果人还没嫁过去，男方就死了。后来东平王看上了王政君，想把她纳回家当妾，结果也死了。

两任丈夫通通暴毙，这可不是个好兆头，父亲听信一个江湖术士之言，认为女儿贵不可言，将其送进了宫。

王政君进宫一年后，太子刘奭最宠爱的司马良娣病故。由于司马良娣临死前说是有其他姬妾咒她，太子郁郁寡欢，又迁怒其他姬妾，不与她们接近。

太子的养母王皇后一看，这样不行啊，带着王政君等人到东宫探望太子，问他喜欢哪个。

看着面前的这5个女人，刘奭心里其实是拒绝的，但他又不敢违逆皇帝和皇后的好意，只好随手一指："就她吧，看着还凑合。"

王政君离太子最近，其他几个宫女都打扮得花枝招展，唯独王政君比较素雅，着装与他人不同。王皇后以为刘奭喜欢王政君，赶紧命人将其送入东宫。

就这样，出身普通宦官之家的王政君一跃成了太子妃。因为是随意一指，太子对王政君并没有什么真情实感，更别提宠爱有加，但王政君很珍惜这个机会，很快为太子生下一个大胖小子。

汉宣帝尤其疼爱这个孙子，亲自为其取名为刘骜，时时带在身边。

再往后，王政君的儿子刘骜继承皇位，成为汉成帝，而王政君成为皇太后，开始了她万人之上的尊贵人生。

141. 王政君的巅峰人生

作为一个女人，王政君的一生可谓巅峰至极，她是汉元帝的皇后，儿子汉成帝的皇太后，还是后来继任的汉哀帝刘欣、汉平帝刘衎、孺子刘婴以及新朝王莽的太皇太后。仅就头衔而论，可谓是中国历史上的第一女性。

然而，她又是败掉西汉天下的间接责任人。

成年后的王政君先后嫁过两任丈夫，夫家通通暴毙，父亲听信江湖术士的话，将她送进了宫中。因为太子刘奭的随意一指，她成了太子妃，并且很快生下第一个儿子。

公元前48年，汉宣帝驾崩，太子刘奭登基称帝，是为汉元帝。

汉元帝膝下只有刘骜一子，刘骜顺利升格为皇太子，太子之母王政君顺理成章成了王皇后。

自古皇后这个位置能坐得安稳的人不多，王政君也是如此。汉元帝不喜欢她，只宠爱傅氏和冯媛。

两人皆为汉元帝生下了皇子，其中傅氏所生的皇子刘康聪明伶俐，多才多艺，深受汉元帝宠爱。汉元帝几次想要废除王政君母子，改立傅昭仪母子，好在大臣们都不同意。

就这样战战兢兢度过了15年，王政君母子终于熬死了汉元帝，度过了人生中的第一个危机。

随着王政君的儿子刘骜继位成为汉成帝，由皇后升级成太后的王政君，终于可以摆脱束缚，活出自我了。

从这一刻起，王政君开始大肆提拔自家人，大哥王凤为大司马大将军领尚书事，统管朝政。其他兄弟如王谭、王音、王崇、王商、王根等皆封侯，食邑万户。

汉成帝刘骜也无可奈何，掌握大权的这些人不是他舅舅就是他的表兄弟，牵一发而动全身。汉成帝也没能耐动他们，只能沉溺在声色犬马中，借酒消愁。

王氏子弟个个飞扬跋扈，权势熏天，唯独有一人例外：王莽。

王莽他爹死得早，没赶上当年王政君封五侯。老太太很关心自家人，提携王莽进入朝廷中枢，历任黄门郎、射声校尉，继承了他爹留下来的新都侯爵位。

公元前7年，汉成帝驾崩，刘欣即帝位，史称汉哀帝，王政君也从太后变成了太皇太后。

不过汉哀帝并不信任王氏家族，先后尊奉自己的生母丁姬为丁太后，祖母傅昭仪为太皇太后，让她们与王政君并列，而后将王氏外戚集团成员一个个踢出权力中心。

然而，汉哀帝7年后驾崩，王氏家族卷土重来，王政君也以太皇太后的身份重新掌控朝局。重新返回朝堂的王莽也已经不甘心再给汉室皇帝打工了，他在天下人的欢呼声中一步步接近权力顶峰，最终颠覆了西汉王朝。

直到王莽准备称帝，糊涂了一辈子的王政君才幡然醒悟，怒摔玉玺，可她已经无力阻止了。在大局上没有远见和把握力，不及早防微杜渐，让王莽坐大，只死护着一个玉玺不肯给他，有什么意义呢？

她没有灭西汉，但西汉却因她而亡，正如王夫之所说："亡西汉者，元后之罪通于天矣。"

142. 陆续母亲的高端教育

东汉明帝时，楚王刘英企图谋反，暗地里搜求人才，编了一本"天下英才录"，为将来谋反做准备。后来楚王刘英谋反事泄被诛，这份"英才录"被人搜了出来，许多人牵连进去，严刑逼供，其中就包括陆续。

陆续是会稽吴县人，世代为名门望族，只是到了他这一代，家道中落，从小就成了孤儿，后来在郡府谋了个户曹史的差事。有一年郡里闹饥荒，太守尹兴派他给百姓分发稀饭，陆续一一询问流民们的姓名。

赈灾结束后，尹兴问他能够吃到稀饭的人有多少，陆续不假思索回答说有六百余人，还逐一说出他们的姓名，无一错漏，当场就把尹兴给惊着了，随后向上面推荐了此人。

此后刺史到基层巡视工作，召见陆续，征召为别驾从事。后来陆续因病辞官，回到郡里混了个门下掾。

在狱中，陆续、梁宏、驷勋等人受到各种酷刑拷打，皮肤溃烂，就是不肯认罪。

陆续的母亲赶到洛阳打听消息，见不到陆续，只能做好饭菜，请狱卒转送。陆续虽遭拷打，毫无惧色，但在看到这一篮子饭菜后，突然放声大哭，不能自制。

审案官问是何缘故，陆续哭道："母亲来看我，而我却无法与她相见！"

审案官大怒，认为是狱卒暗中帮忙传递消息，要召来审讯。

陆续道："不关狱吏的事，我看到这饭菜，就知道是我母亲做的。"

审案官问他："你怎么就知道这饭菜是你母亲做的？"

陆续道："母亲切肉，无不方方正正，切葱，全是一寸长短。今天一看这饭菜，我就知道是她来了。"

审案官回头细查，得知陆续的母亲果然来了，心想，这不就是孔子所说的割不正不食吗？于是把这一情况上报了皇帝刘庄。

刘庄一琢磨，陆家的规矩这么多，应该不会是乱臣贼子，于是赦免了陆续、尹兴等人，但终身禁止做官。

虽然陆续此后与仕途无缘，但老陆家世世代代为会稽郡的大姓，家风很好，在两汉三国长盛不衰，人才辈出。陆续的三个儿子中，长子陆稠官至广陵太守，政绩卓越；儿子陆逢是乐安太守；小儿子陆褒力行好学，不喜欢做官，官府几次征召都被他拒绝了。

此外，陆续还有一个家喻户晓的后人，就是三国时期吴国大都督陆逊。

143. 历代皇后楷模：中国第一位女史家

马革裹尸的主人公马援一生为国征战，却在帝王猜忌与奸佞诋毁之下凄惨收场。幸运的是，他的小女儿也很出色，虽贵为皇后，却低调谦虚，俭朴淡泊，很好地继承了马援传下的家风。

马皇后是伏波将军马援的小女儿，当年父亲病死于征讨五溪蛮的途中，因为结怨权贵，遭人诬陷，被刘秀削去爵位，含冤而死。马援的家人甚至不敢将马援的灵柩运回原籍，只在洛阳草草安葬，亲朋故旧也少有人吊唁。

遭此巨变，马援的侄子马严上书刘秀，恳请他在马援的三个女儿中为太子刘庄选妃，13岁的马氏被选入太子宫。年幼的她继承了父亲的智慧，又比父亲更懂为人处世，懂规矩知礼仪，深得阴皇后和刘庄的宠爱。

刘庄继位后，马氏被封为贵人。大臣们奏议刘庄立后，太后阴丽华一锤定音：马贵人德冠后宫，就她了！

由此，没有生育皇子的她成了汉帝国的皇后。

马氏虽当了皇后，但其为人越来越低调，不喜声色犬马，穿着依旧是素雅得体，不做过多浮夸的装饰。她喜欢读书，没事时便沉浸在《易》《春秋》《楚辞》《周礼》等书籍的海洋中。

马氏的低调俭朴，让皇帝都有些不自在，外出游乐，皇帝从来不带她。

有一次，刘庄的兄弟子侄等诸侯王来洛阳朝觐，刘庄请他们吃饭。酒酣之际，有人提议，今天自家人喝酒团圆，要不把皇后也请过来吧！

刘庄说，皇后不喜欢这些，要是她来了恐怕要扫大家的兴。

有一次，马皇后穿着一身朴素的衣服，别人看见后对她说："你都是皇后了，怎么还这样穿呢？"

马皇后淡淡答道："这种布料容易染色，而且染上以后不会掉色，平日里穿最合适不过了。"

马皇后对中国历史还有一项贡献，她为丈夫刘庄编撰了一部《显宗起居注》，这是中国历史上最早专门记录皇帝日常言行的著作，为后世开创了"起居注"这一新的史书体例，被称为中国第一位女史家。

144. 东汉第一女强人

公元 105 年，27 岁的汉和帝刘肇去世，接替他掌管这个帝国的，是 25 岁的皇后邓绥。

邓绥堪称东汉第一女强人，她在宫中的经历，就是妥妥的东汉版"甄嬛传"。

邓绥出身豪门，爷爷邓禹曾经与刘秀一起打天下，是云台二十八将之首。邓绥的母亲来头更大，是阴丽华的侄女。

邓绥的奶奶很疼爱她，有一次，奶奶亲自为孙女剪头发，结果头发没剪好，额头还被奶奶的剪刀刺伤了。聪明懂事的邓绥一声不吭，脸上还露出高兴的表情。

头发剪完后，侍女心疼地问她："你不怕痛吗？"

邓绥答："我不是不痛，太夫人怜爱我，亲自为我剪发，我不忍让老人难过，所以忍着不哭。"

这一年，邓绥 5 岁。

15 岁那年，邓绥入掖庭为贵人，她的美惊动了整个后宫，连阴皇后也自愧不如。但她没有因自己的美貌而沾沾自喜，一言一行都格外小心。其他妃嫔都在绞尽脑汁地邀宠，每有宴会，一个个打扮得花枝招展，只有邓绥穿着朴素，清雅脱俗。

她从来不争风吃醋，对其他嫔妃亲切友好，对宫人克己体下，常常施予恩惠。

邓绥生病，皇帝刘肇特许她的家人入宫探望照顾，且不限时日，却被邓绥拒绝："宫中乃是禁地，至关重要，妾的母亲兄弟都是外人，不宜久留宫禁之地，否则陛下会有偏袒之嫌，对我也会有不知足的诽谤，妾不能这样做啊！"

看着病中的邓贵人如此懂事，刘肇很是心疼："别人都以经常能到禁宫走走为荣，而你却反以为忧虑，宁愿自己吃亏也不愿意坏了规矩，真是难能可贵啊！"

对待阴皇后，邓绥更是谦恭谨慎。每次面见阴皇后，她都一直弯曲膝盖，低眉顺目；与阴皇后一起见皇帝，她从不正坐，而是站立一旁；偶尔与阴皇后撞衫，她都会立即更换。皇帝每有垂问，邓绥都表现出迟疑的样子，绝不在阴皇后面前出风头。

刘肇了解邓绥的良苦用心，感叹道："修身进德，竟是这样的艰难么？"

然而在善妒的阴皇后看来，邓绥的谦卑全是演戏，对她心里怀恨。阴皇后每次想找碴儿整治她，可邓绥笑脸相迎，阴皇后无计可施。

和帝病重，阴皇后没表现出难过忧虑，反而很兴奋。她对身边人说："等我掌了权柄，一定将邓家人斩草除根！"

话传到邓绥耳朵里，她绝望地大哭道："我无论怎样侍奉阴皇后，阴皇后都对我有偏见，我唯有一死，上以报陛下的恩宠，中以解除我邓氏宗族的灾祸，下不让阴皇后蒙受将我弄成人彘的讥讽！"

死是死不了的，旁边的宫人赶紧拦住了她。就在这时，外面有人进来通报，说皇帝的病好了。

邓绥信以为真，打消了自杀的念头。第二天，刘肇的病果真好了。

紧接着，有人向刘肇密报，阴皇后与其外祖母多次在后宫密谋，以巫蛊之术害人。

巫蛊是汉朝历代皇帝的逆鳞，谁碰谁死。大病初愈的刘肇怒火中烧，立即下诏，派中常侍张慎与尚书陈褒仔细拷问检查，果真搜到了一堆证据。刘肇大怒，废黜其皇后之位，将其打入桐宫，家属流放外地。

而后，刘肇提议立她为后，邓绥再三推辞，深闭宫门，称病不出。在大臣们一致上书和和帝的坚持下，22岁的邓绥被立为皇后，妥妥地从女二号晋级成大女主，完成了人生的逆袭。

145. 权力的奴隶

经过漫长的 7 年，东汉王朝汉和帝的皇后邓绥终于在宫斗游戏中完美通关，她取代阴皇后，妥妥地从女二号晋级成大女主。

历史上的她是贤德后妃，然而她临朝称制 16 年，把权力抓在手里，不愿还政于刘氏，一代贤后最终也沦落为权力的奴隶。

曾经的邓绥出身名门，颜值出众，聪明贤淑，小小年纪就已经是受誉无数。入宫后，邓绥凭借低调与隐忍一路逆袭，取代阴皇后成为后宫之主。3 年后，刘肇突然离世，帝国的重任落在了 25 岁的邓绥身上。

她意识到这是个千载难逢的机会，通过一系列操作，两次扶立天子，将权力牢牢攥在自己手里。

浸淫在权力场中的人，就像置身于磁力场的铁块，不管你有多不甘心、多么疼痛，终究逃避不了被磁化的命运。在掌握了最高权力后，邓绥终其一生，再也没有松手。

这使得朝中一些大臣对她很是不满，比如郎中杜根。他和几个郎官联名上书，说小皇帝已经长大了，太后该归政了。邓绥大怒，逮捕了杜根等人，下令用白袋子装着，在大殿上活活打死。

执法官估计比较敬佩杜根，悄悄告诉行刑人打的时候不要太用力，打完用车将杜根接出城，杜根得以苏醒过来。邓绥不放心，专门派人检查杜根的尸体，看他死透了没有。杜根就躺在那里装死，硬是躺了好几天，眼睛里都生了蛆，总算蒙混过关，跑到宜城山里做了一个酒保。直到十多年后，邓氏一族被连根拔除，杜根才重新出山。

后世谭嗣同写过一首《狱中题壁》，以邓绥专权险杀杜根之事影射慈禧太后："望门投止思张俭，忍死须臾待杜根。我自横刀向天笑，去留肝胆两昆仑。"

不只是朝臣，太后的弟弟、越骑校尉邓康也对她的专权颇为不满。自古以来，女主专权有几个能落得善终？

邓康怕邓氏家族被邓绥牵连，得一个外戚干政的污名，最后被满门抄斩，多次谏劝邓绥还政。兄妹俩在长乐宫争得面红耳赤，一度还吵了起来。

邓康见她一意孤行，索性请了病假。邓绥派宫人去探望，宫人自以为年纪大、在宫里时间长，自报"中大人"。邓康一看，原来是自己府第送入宫廷的奴婢，居然敢自报"中大人"，顿时火冒千丈，将她痛骂一顿。

宫人回到邓绥跟前，说邓康装病，而且出言不逊。邓绥随后就免去了邓康的官职，遣送归国，将其从邓氏族谱里除名。

接连两位朝臣遭了殃，皇帝刘祜也被吓了一跳，不敢再提归政之事。

邓绥死后，终于亲政的安帝立即发动反攻倒算，着手清理邓氏门户。安帝以邓后久不归政有废置意图为由，对邓氏家族大开杀戒。

146. 优柔寡断的恶果

汉灵帝建宁元年（公元168年），东汉宫廷发生了一场政变，朝官和宦官兵戎相见、武力相向，经过殊死搏斗，在一片血雨腥风中，正直的朝官都遭到诛杀，而宵小宦官却以胜利告终。

彼时汉灵帝年幼，窦太后临朝听政。她任命自己的父亲窦武为大将军，前太尉陈蕃为太傅，并行使尚书职权。

陈蕃是一代名臣，敢于仗义执言，匡扶正义，窦武虽然是外戚，但他名声很好，任城门校尉期间积极征召当世名士，打击黑恶势力。第一次党锢之祸发生后，窦武也曾积极上书营救党人，与党人关系密切。

士人没拿他当外戚看，将他视为自己人，给了"三君"之一的美誉，名列榜首。

道同志同，陈蕃和窦武配成了最佳搭档，二人决定彻底铲除宦官集团。

以曹节和王甫为核心的宦官也审时度势，与灵帝的乳母赵娆及宫中各女官搞好关系，刻意讨好窦太后。

一天朝堂集会，陈蕃私下对窦武说："曹节、王甫等人从桓帝时就操弄朝政，扰乱天下，如果现在不将他们杀掉，今后除之更难。"

得到窦武的首肯后，陈蕃不禁大喜，开始共商大计。此时正好发生了日食，陈蕃对窦武说："昔日御史大夫萧望之败在一个宦官石显的手上，何况如今有几十个石显。我以80岁高龄想为将军除害，现在可以借助日食的天象异变，罢黜宦官，消弭隐患，以防天变。"

窦武不想贸然行动，他希望说服女儿，名正言顺地扫灭宦官，于是去找窦太后："按旧例，黄门、常侍这样的宦官，只负责宫廷门户，主管宫内各署的财物；如今却让他们参与政事，委以重权。他们则安排子弟党羽，专门干一些贪赃暴虐之事。现在天下舆论汹汹，正是因为这些事情，应当将他们全部诛杀废除，还朝政以清明。"

孰料，窦太后却有自己的判断："自汉朝开国以来，世代都有宦官。只应诛杀有罪之人，岂可尽废？"

二人争持不下，争到最后，窦妙总算给了父亲一个面子，同意诛杀中常侍管霸、苏康等人，但不准动曹节、王甫等人。

窦武说不动窦妙，陈蕃更无能为力。当月星象出现异变，侍中刘瑜发现星象对大臣不利，上书太后："如今的星象异变按照《占书》所说，是宫门应当紧闭，这不利于将相，奸人就在君主身旁，希望太后紧急防范。"

接着他又写信给窦武和陈蕃，说星辰错乱，对于大臣不利，应当立即决断大计。

二人抓紧调整人事和布防，陈蕃准备了收捕曹节、王甫等人的文书，但窦武执意按程序办事，非要让刘瑜去禀告窦太后，请她核准。

窦武觉得大功即将告成，下班后一脸满意地回家了。然而就在此时，宦官集团行动了，曹节、王甫搞了个花样，将窦武、陈蕃即将尽数诛灭宦官的消息透露给了掌管太后宫的长乐五官史朱瑀。

朱瑀当即怒了，宦官确实该杀，可为什么要打击我们啊，既然你不仁，那也不要怪我们不义了。

朱瑀大声说道："陈蕃、窦武奏白太后，要废帝，实为大逆！"当夜召集了太后宫的心腹壮健宦官共普、张亮等10多人，密谋抢先诛灭窦武、陈蕃等人。

一行人挟持了皇帝和太后，命人去逮捕窦武等人。一番厮杀，陈蕃被捕死于狱中，窦武被诛族，窦太后被软禁，士大夫集团遭到毁灭性打击。从此，十几岁的汉灵帝刘宏身边就只有太监和奶妈了。

147. 了不起的母亲

建宁二年（公元169年），汉灵帝诛杀党人，诏令紧急逮捕范滂等人，汝南督邮吴导紧闭屋门，抱着诏书伏在床上哭泣。官吏不知缘由，此时已赋闲在家的范滂得到消息后，肯定地说："这一定是为我而来。"

范滂主动投案，县令郭揖大吃一惊："天下这么大，你怎么偏偏到这个地方来了？"他当即解下印绶，拉着范滂要跟他一起跑路。

范滂拒绝了他的好意："我死了，这场大祸也就到此为止了。哪能连累你？况且我还有老母，难道要让老母流离失所？"

范滂的母亲来和他诀别，范滂眼含热泪，向母亲告别："儿子不孝，不能为您养老送终了，弟弟孝顺恭敬，足可供养您，我要追随父亲归于九泉之下，生者和死者各得其所。还望母亲舍弃不忍之情，不要太难过。"

母亲强忍悲痛，安慰范滂："你今天得以和李膺、杜密齐名，死有何恨？既已享有声名，又要盼望长寿，二者岂能兼得？"

这位深明大义的母亲不愿儿子违背忠义，她理解儿子，支持儿子的决定。

范滂跪倒在地，聆听母亲教诲，而后，起身告别。

一旁的儿子已经哭成了泪人，范滂给他留了句话："我想要你为恶，可恶不可为；要你为善吧，我不为恶，竟是这般下场！"

说罢，掉头而去。

过路的人见此情景，无不感动流涕。

将时针拨到约 1000 年后的北宋，彼时的苏洵常在外游学，苏轼及其弟苏辙都是由母亲程氏亲自教读。苏轼从小就熟读经史，心怀壮志，10 岁那年，他见母亲看《后汉书·范滂传》后，慨然叹息，就问："若我做像范滂一样的人，母亲会同意吗？"

母亲答道："你能做范滂，我难道就不能做范滂的母亲么？"

母亲的教导影响了苏轼的一生，成年后的他宦海浮沉，甚至几度入狱，但他和范滂一样，明知自己所为的结果，仍义无反顾。不为别的，只为心中的那盏明灯不灭。

汉朝冷知识
大汉逸事

148. 汗血宝马真的存在吗

汗血宝马的故事流传了2000多年，传说它能"日行千里、夜行八百"，甚至传说它高速奔跑时流出的汗是血色的。也不知道司马迁有没有见过，他在《史记》中写道："西域多善马，马汗血。"

汉武帝元鼎四年（公元前113年）秋，有个名叫"暴利长"的敦煌囚徒，在当地捕得一匹汗血宝马献给了汉武帝。汉武帝得到此马后欣喜若狂，称其为"天马"，还写下了一首《天马歌》："太一贡兮天马下，沾赤汗兮沫流赭。骋容与兮跇万里，今安匹兮龙为友。"

为了得到更多的汗血宝马，汉武帝两次发兵大宛国。

一开始，汉武帝派百余人的使团，带着一具用纯金制作的马前去大宛国，希望以重礼换回大宛马的种马，却被大宛国王拒绝。更不巧的是，汉使归国途中金马在大宛国境内被劫，汉使被杀害。

汉武帝闻讯大怒，决定出兵争夺，他命李广利率领骑兵数万人，行军4000余公里到达大宛边境城市，不料初战失利，只好退回敦煌，回来时人马只剩下十之一二。

三年后，武帝再次命李广利率军远征，带兵6万人，马3万匹，牛10万头，还带了2名相马专家前去大宛国。此时大宛国发生政变，不得不与汉军议和，允许汉军自行选马，并约定以后每年大宛向汉朝选送2匹良马。

汗血宝马固然名贵，也使很多人垂涎欲滴，但调动帝国资源发动一次大规模的远征，绝非汉武帝脑袋一热就决定的，他的心里有一个"通西域以断匈奴右臂"的战略构想，有一个"图制匈奴"的长远规划。

三国演义中，吕布的坐骑赤兔马据说就是汗血宝马，能日行千里，还能夜走八百，所以有"人中吕布，马中赤兔"之说。

从汉朝到元朝，上千年里，中原大地上一直都有汗血宝马的身影。据说成吉思汗的坐骑也是汗血宝马。可是元朝以后，汗血宝马突然消失了。

近千年来，我们只闻其名，不见其影。于是有人开始怀疑：汗血马真的存在吗？如果存在，真的是会流汗如血么？

幸运的是，在汗血宝马的祖居之地——中亚的土库曼斯坦，我们依然可以找到这种马的身影，不过数量非常少，纯种的汗血宝马全世界只有2000多匹，常常被当作国礼馈赠。

汗血宝马的学名叫阿哈尔捷金马，是世界上最古老最纯正的马种之一，距今已有3000多年的历史。由于其高贵的体态和出色的品质，汗血宝马备受欢迎。

还有一个问题，汗血宝马的名称怎么来的？真的会流出血么？

传说，土库曼斯坦有一条神秘的河，凡是喝过这河水的马，疾速奔跑之后就会流汗如血。也有外国专家认为，"汗血"现象是受到寄生虫的影响，这种寄生虫尤其喜欢寄生于马的臀部和背部，因而马皮在2小时之内就会出现往外渗血的小包。

	还有一种说法是，汗血宝马的皮肤较薄，高速奔跑时体内血液温度可以达到40多摄氏度，血液在血管中流动容易被看到。另外，马的肩部和颈部汗腺比较发达，马出汗时往往先潮后湿，对于枣红色或栗色毛的马，出汗后局部颜色会更加鲜艳，给人以"流血"的错觉。

149. 从长安到西域

汉武帝时代,大探险时代的序幕正式拉开,张骞、傅介子……一代代冒险家们怀揣着激情与梦想踏上了通往西域的道路。他们以无畏的勇气,向着未知世界进发,硬生生凿空了西域!

这是属于华夏的地理大发现。

那么问题来了,如果你是一个汉朝人,想从长安去趟西域,路上到底有多难?

单枪匹马肯定是闯不了西域的,必须跟随汉朝使节团,最好跟一位大人物,比如傅介子。

先看地图,楼兰离长安 6100 里,龟兹离长安 7480 里,大宛离长安更是有万里之遥。这一路上要跨越令人谈之色变的白龙堆、三垄沙,要随时防备可能出现的北边匈奴人、南边羌人的袭击,还有无数未知的危险和困难。

使节团出了玉门关,随时都有可能会陷入险境,意外险是没有的,意外倒是随处可见。

从玉门关到楼兰,中间相隔 1600 里,要穿越如无数条黄土巨鲸搁浅的雅丹魔鬼城,跨过两片大沙漠,一个是三垄沙,一个是白龙堆。

三垄沙沙很滑，风也大，南北长达100公里，北接雄伟的库鲁克塔格山，南方则是一望无垠的库木塔格大沙漠；白龙堆是罗布泊东部渐渐干涸后留下的一片不毛之地，方圆近百公里。白龙堆的白色盐碱层相当厚，如同鳞片，硬如顽石，哪怕是骆驼行走，几天下来也会四蹄流血。

三垄沙和白龙堆是汉朝西出玉门的必经之路，长达数百里。当年李广利两次征伐大宛，大部分汉军没有倒在郁成之战或轮台之战中，而是倒在了这两道天险中。

只有跨越三垄沙和白龙堆天险，才能抵达水草丰饶的罗布泊。当时的罗布泊还不是死亡之海，而是生命之海，这里河流纵横，绿树成荫，非常适宜人类居住，正是它滋养了楼兰国。

而楼兰，就位于罗布泊的西面。

当你跟着使节团一路西行，出了玉门关，进入荒凉的塞外，顶着大风或烈日跨过三垄沙和白龙堆，一个月后便可以看到一座城市。

这个时候我要恭喜你，因为你看到的就是传说中的古城——楼兰国！只是楼兰是离开玉门的第一站，它与玉门关、阳关的距离，足足有1600汉里！

楼兰国位于今天新疆巴音郭楞州的若羌县，别看只是一个县，面积却有两个江苏省那么大。楼兰在全盛时期的势力范围非常广，基本覆盖了塔里木盆地东部的地盘，是名副其实的西域强国。无论你是去轮台龟兹乌孙的北道,还是去于阗莎车疏勒的南道,都要在楼兰中转。

如果你还能说一点楼兰话,恭喜你,你可以轻松融入当地生活了!

150. 汉朝与罗马之间的互相仰慕

"条条大路通罗马"，古罗马帝国可谓是西方文明史的巅峰，法律制度、理性精神、商业文明，无一不垂范后世。

"秦时明月汉时关"，辽阔的疆域、灿烂的文明，汉朝的盛世气象也是中华在数千年的历史岁月中一座瑰丽的奇峰。

抛开谁更强大的争论，我们来聊一个有意思的话题：同是超级强国，汉朝与罗马如何评价彼此？

答案可能会让很多人感觉不可思议，当时的汉朝与罗马双方不仅没有多少敌意，反而进行了一番"商业互吹"。

先说一下汉朝对罗马的评价。

汉朝承认罗马是西方大国，甚至以大秦命名，这或许赋予了大汉帝国对远方那个神秘帝国传统的尊重。中国有关大秦的资料，最详尽的史料来源为《后汉书·西域列传》："大秦国一名犁鞬，以在海西，亦云海西国。地方数千里，有四百余城，小国役属者数十，以石为城郭。"

除了大国形象，在当时的人眼中，大秦国富饶、华丽，珠宝云集。《后汉纪》称，大秦国多金银、珍珠、珊瑚、琥珀、琉璃、金缕罽、杂色绫、火浣布等人间宝物，宫殿建筑，金碧辉煌。

对于罗马的政治模式，汉朝人的认知也比较准确。

据《后汉纪》《后汉书》记载，大秦都城有宫殿五所，各相去十里，国王每日至一宫听事，五日一轮，周而复始。百姓有欲言事者，可随时投书国王；国王之下，设三十六相或三十六将，悉数与会"乃议事"；并称其"王无常人"，遇到重大变故、灾异，可再推贤者为王。

《三秦记》中将这种政治模式称为"让贤而治"，葛洪认为大秦是令人向往的理想国度。

同样的，罗马对汉朝也极为尊重。

早在春秋战国时期，罗马就知道中国的存在。强大而傲慢的罗马军团以秋风扫落叶的速度横扫欧、亚、非三大洲，拥有无尽财富和无边疆域，却对这个神秘的国度心生向往，称之为"赛里斯"，取"丝绸"之意。

在他们眼中，汉朝"平和度日，永无战争，人口众多，幅员辽阔，充满智慧，法律严明，充满正义，物资丰富"。

罗马人痴迷于中国生产的丝绸，恺撒大帝是第一个接触到丝绸的罗马皇帝。历史记载，恺撒和埃及艳后克里奥帕特拉都喜欢穿丝绸衣服。有一天，恺撒穿着丝绸长袍出现在剧场内，一下子就吸引了周围所有人的目光，让贵族们无比羡慕。

151. 汉朝人吃什么

如果你一不小心穿越到汉朝，最重要的事是什么？如果你去问一个吃货，答案必定是吃饱肚子最要紧！

但现实往往很残酷，因为汉朝的食物肯定不如今天丰富。我们现在吃的大部分食物，在汉朝根本没有传入！

西红柿、土豆、玉米、青椒、红薯，不好意思，一样都没有！

想吃石榴、黄瓜、蒜、旱芹、香菜、蚕豆、芝麻、豌豆、胡椒、大葱和洋葱？

那你得选好时间，要穿越到武帝朝，问问张骞从西域回来了没有。

想吃豆腐？那你得去找淮南王刘安。这哥们儿一直琢磨怎么能长生不老，不惜重金招纳数千方士为自己炼丹，结果丹药没炼成，反而被方士们阴差阳错用豆浆、石膏粉、盐做出了"菽乳"，也就是豆腐。

如果你是普通人，那就比较惨了，基本一天只能吃两顿饭。饭菜种类也不丰富，大概率只能吃麦饭，或者加点蔬菜粮食熬成羹，豪华点可以加点肉做肉羹。如果运气好，还能吃到粽子，不过极有可能是肉粽。

如果你去当兵，日子就比较苦了，当时出征携带的干粮叫糗糒（qiǔ bèi），就是做熟后晒干的粟米，想想也蛮拼的。"粟"就是北方人常吃的小米，作为汉代北方地区的主要粮食作物，曾一度成为北方人餐桌上的主角，但吃过小米的人都知道，这玩意儿不经吃，容易饿。

如果你体力消耗大，一个月就能吃掉一石粟，相当于今天的三十公斤。一天干掉一公斤米，实在有些夸张，但在副食品缺乏的汉朝，这只是你的寻常饭量。

如果你喜欢吃肉，那就比较难了，当时的肉可是妥妥的奢侈品，据吕思勉先生在《秦汉史》考证，当时只有贵族和老人才吃肉。

汉朝人在制作肉食的时候，烹饪方法主要有炙、煮、煎、腊、脯。

如果你穿越成贵族和富商，就可以一天吃三顿，饭菜种类也会丰富很多。当时流行八种"网红美食"：焖炖甲鱼、烩鲤鱼片、红烧小鹿肉、煎鱼子酱、炸烹鹌鹑拌橙丝、枸酱、肉酱、酸醋拌河豚或黑鱼。

西汉著名的词赋家枚乘在《七发》中列出了能被称为"天下之至美也"的超级美味：

肥美的小牛腩肉，配以嫩脆的笋尖和蒲心；红焖肥狗肉，夹着爽脆的石耳；云梦泽的香粳米，拌着松散的菰米饭，又黏又爽口；软韧的熊掌，蘸着五香的鲜酱；叉烧鹿里脊，嫩滑又甘香；新鲜的鲤鱼片，烩溜黄熟的紫苏；打过霜的菜苔，炒起来嫩绿甘脆，真叫人陶醉；用兰香酒来荡涤齿颊，使人食指大动；清炖豹胎，让你回味无穷。

如果你不小心穿越成皇帝，那恭喜你，一天可以吃四顿，天上飞的，水里游的，地上跑的，只要你想吃，宫廷内专门负责膳食的少府都可以给你做出来。

大冬天突然想吃新鲜蔬菜了？没问题，汉朝就有温室大棚，不过这种大棚和今天的不太一样，一般是在墙壁较厚的屋子中，将蔬菜种子种于土壤之中，然后在屋内升火提升室温。

虽然这种方法看起来十分先进，但却要耗费不少钱，只有皇室成员才能有这种口福。汉朝皇帝主要还是吃《周礼》中的八珍——淳熬、淳母、炮豚、炮牂、捣珍、渍、熬、肝膋。"淳熬""淳母"其实就是盖浇饭，饭上盖肉末、浇汤汁，可以理解为现在的台湾卤肉饭。

汉代人非常喜欢吃羊肉，比如两汉之际的那个短命皇帝更始帝刘玄就是如此，厨师只要做得一手烂熟味美的羊肉，就可授以将侯之爵。

烤猪、炖羊、烧里脊和腊肉这些肉制品管够，估计等你吃完，裤腰带都要撑爆了。

152. 汉朝的流行乐器

每朝每代有其自己的流行乐器，有些现如今我们看来十分古老的乐器，在当时却是最流行的乐器。

刘邦最喜欢的乐器是筑。公元前195年初冬，刘邦带兵追击谋反的淮南王英布，回京途中路过了自己的故乡沛县，在当地摆酒设宴，召故人父老击筑唱歌，留下了绝唱《大风歌》：

大风起兮云飞扬，
威加海内兮归故乡。
安得猛士兮守四方！

遗憾的是，筑的演奏方式单一，仅能击弦，且一弦一音，在后世逐渐失传。

司马相如擅长弹琴，他弹的是古琴。古琴又称瑶琴、玉琴、丝桐和七弦琴，是传统拨弦乐器，有三千年以上历史，属于八音中的丝。

古琴音域宽广，音色深沉，余音悠远。昔日司马相如以一曲《凤求凰》打动了卓王孙的女儿卓文君。卓文君喜好音律，当时正从帘后偷看。等到相如一曲终了，便已心生好感。卓文君仰慕相如才华，二人遂决定私奔。

蔡邕是东汉时期著名的音乐人，他曾制作过有名的"焦尾琴"。相传他曾于烈火中抢救出一段尚未烧完的梧桐木，又依据木头的长短、形状，特制成一张七弦琴，果然琴音非凡尘所有，因琴尾尚留有焦痕，便取名为"焦尾"。

唐朝"诗鬼"李贺曾写过《李凭箜篌引》："吴丝蜀桐张高秋，空山凝云颓不流。江娥啼竹素女愁，李凭中国弹箜篌。"让箜篌又火了一把。

你以为箜篌只在唐朝有？错！

据传，箜篌最早出现在春秋战国时期，也有不少人认为箜篌出现在西汉时期。司马迁在《史记》中记载，汉武帝祭祀太一和后土时，让乐人侯调依照琴的样子，制作一种乐器来演奏坎坎之乐，说坎坎之乐的节奏非常好，并以侯调的"侯"姓来命名这种乐器。

也有人说，之所以这种乐器名叫"箜篌"，是因为这种乐器是侯调创制的，而且它的中间是空的，因此名为"箜篌（空侯）"。

如果你在节日里去田间地头，或许有机会能看到百姓载歌载舞的场面，西汉的杨恽最喜欢这种田园生活，他在写给孙会宗的一封信中这样写道：

种田人家劳作辛苦，一年中遇上伏日、腊日的祭祀，就煮羊肉烤羊羔，斟上一壶酒自我慰劳一番。我老家本在秦地，所以我擅长秦地的乐器。妻子是赵地的女子，平素擅长弹瑟，奴婢中也有几个会唱歌的。酒后耳热，昂首面天，信手敲击瓦缶，按着节拍呜呜呼唱。歌词是："在南山上种田辛勤，荆棘野草多得没法除清。种下了一顷地的豆子，只收到一片无用的豆茎。人生还是及时行乐吧，等享富贵谁知要到什么时辰！"

如果你有幸参加大型聚会，或许还能看到专业乐队。比如山东诸城前凉台画像石《乐舞百戏图》中的乐队就有21人，其中6人演奏排箫、1人吹篪、1人吹埙、1人击铙、1人敲小建鼓、1人持鼗鼓说唱，其余人有的敲击柷敔，有的驻唱，简直太热闹了。

153. 从皇帝到百姓都爱玩的桌游

我们通常说，玩是人的天性，会玩是一种能力。今天的我们有各种各样的娱乐方式。那么在汉代，古人闲暇时间会玩什么呢？

也许你会认为生活在汉代很无聊，但其实，汉朝人民业余生活很丰富，他们也有很多游戏可以玩：蹴鞠、斗鸡、投壶……

但如果要在这些游戏当中选一款国民级游戏，估计大多数汉朝人会把票投给六博棋了。

那么问题来了，何为六博棋？

"六博"又作"陆博"，该词最早见于屈原《楚辞·招魂》中："菎蔽象棋，有六博些。分曹并进，遒相迫些。成枭而牟，呼五白些。"

一套六博棋包括三个部分：棋盘、棋子、箸或荥，棋盘用一块正方形或长方形的木板制成，一般长30—45厘米，棋盘上面有"┌""┐""┬"等曲道。棋子共12枚，双方各6枚，用不同颜色区分，大小在2—5厘米。据记载六子分别为"枭、卢、雉、犊、塞（二枚）"五类棋子。如果想玩得高级点，可以用墨绿色的青玉棋子和白色的水晶棋子。

六博还有"大博"和"小博"之分，主要差别在大博用6根箸当骰子；小博用2颗"茕"。茕与我们今天的骰子非常像，只不过茕不是固定的正方体，还有14面、18面体等不同的类型。

六博棋早在先秦时期就已经十分流行了，当时的热门游戏排行榜中六博棋一家独大，玩围棋的反倒很少。对于这种现象，孔子还发了一通感慨："今博独行于世，而弈独绝。"

这也不难理解，相较于复杂的围棋，六博棋的门槛很低，普通人不需要花太多精力学习便可上手，此外六博棋还带有很强的赌博性质，这点对大伙儿有极大的吸引力，上到九十九，下到刚会走，没事儿都喜欢玩两把。当时的人们聚会的时候少不得各自捉对、凑队友，玩上几局六博棋。据《西京杂记》记载，六博的行棋口诀在当时非常流行，长安周边的小儿都会背。

回到汉朝，从汉文帝到汉宣帝等多位帝王都是这款游戏的骨灰级粉丝，帝王们为了满足自己的业余爱好，还在宫廷中设置了博侍诏官，专职陪玩，这一官职后来伴随围棋的复兴，又变为了棋待诏。

汉文帝时，吴王刘濞的儿子入宫陪太子刘启喝酒玩六博棋，结果刘启年轻气盛，为争一时输赢居然用棋盘砸死了吴国太子，在某种程度上为后来的七国之乱埋下了隐患。

《史记·滑稽列传》中则记载了齐国著名辩士淳于髡对六博流行状况的形容：男男女女一边饮酒，一边热热闹闹地玩六博、投壶，勾肩搭背放浪形骸以致耳环发簪都掉了一地。

光自己玩还不够，汉朝百姓觉得自己喜欢的游戏，仙人们肯定也喜欢。成都曾出土过仙人六博图画像砖，图中的两位仙人肩披羽饰，相对博弈，好不惬意！

三国时期曹植在《仙人篇》中也提到："仙人揽六箸，对博太山隅"，在他的想象中，仙人也是喜爱六博的。

说了这么多，这么受古人欢迎的六博到底是怎么玩的呢？

很遗憾，虽然各地陆续出土了各种六博棋，但东汉以后，六博棋开始衰落，具体玩法早已失传，如何投掷箸、茕，如何行棋，已经不能详知。六博就是这样一款让国人遗憾的游戏，今天的我们看着这些精美的棋盘和棋子，很难想明白古人究竟在其中寻找到了怎样的乐趣。

好在一些典籍中有零星记载，我们可以大致推断出游戏规则：两人相对而坐，各自排好6枚棋子，双方轮流掷骰子，按点数行棋。棋子进到规定的位置即可竖起，名为"骁"，这枚"骁棋"便可以进入棋盘中央的"水"中，吃掉对方的"鱼"，叫作"牵鱼"。

每牵鱼一次，获得博筹二根，连牵两次鱼，获得博筹三根，谁先获得六根博筹，就算获胜。

聪明的你想必已经发现了，投骰子、按点数行棋，这不就是古代版的飞行棋嘛！

154. 汉朝的酒

自古以来，中国人骨子里便带着一种对美酒的喜爱。刘邦御驾亲征平叛归来，在故乡喝着小酒击着筑写下了"大风起兮云飞扬，威加海内兮归故乡。安得猛士兮守四方！"司马相如也曾同卓文君当垆卖酒，让老丈人脸上好一阵臊。海昏侯刘贺被废后，经常与其妻子儿子一起喝酒，甚至将酒器带到了墓中。

《汉书·食货志》中这样赞美道："酒者，天之美禄，帝王所以颐养天下，享祀祈福，扶衰养疾。百礼之会，非酒不行。"

汉代之前，酒主要是作为贵族间饮宴豪奢之物或皇家祭祀所用，饮酒之风也并未盛行。到了汉代，由于酿酒业的迅猛发展，酒逐渐融入了日常生活中，上至皇家士族、文人雅士，下至平民百姓，贩夫走卒，都可以喝上两杯。

当然，这酒也不是想喝就能喝的。汉文帝时，朝廷颁发了一条略显奇葩的法令：禁止3人以上无故群饮，违者罚金4两。

汉律规定，只有节日、婚嫁以及皇帝规定的日子才能聚众喝酒。而皇帝规定的饮酒日也被称为"酺"。

既然酒是与宴会、饮食联系在一起的，必然会有喝酒的习俗，汉代的酒桌上又有哪些规矩呢？

汉代酒宴上的礼节可不少，从各人的进出次序、座位方向到膳馐种类、摆宴方法都有严格的规定，就连谁在什么时候说什么话都有规定。如果不守规矩，极有可能被拖出去砍了！

刘邦去世后，吕后专权，刘氏子弟大为愤怒。有一天，吕后在宫中设宴，吕后令刘邦的孙子刘章监酒。刘章说："臣是将种，请以军法行酒！"

吕后表示同意，饮酒饮到高潮时，吕氏子弟中有一人酒醉逃席，刘章追而杀之，然后回报吕后："有一人逃席，臣已按军法处斩！"

吕后大惊失色，但也无可奈何。

就座次规矩来讲，秦汉时期以东向为尊，以右为尊。鸿门宴时，项王、项伯东向坐，亚父南向坐，沛公（刘邦）北向坐，张良西向侍。喝酒时也不是盘腿而坐，而是跪坐以臀压足，两膝外向。

那么，汉朝人到底喝什么酒？

汉代酒的种类很多，常见的有谷物酒，如稻酒、黍酒、秋酒（高粱酒）、米酒，还有果物酒，如葡萄酒和甘蔗酒。还有一些添加配料的酒，如椒酒、柏酒、桂酒、兰英酒、菊酒等，也有以产地命名的酒，如宜城醪、苍梧清、中山冬酿、鄘绿、鄾白等。

这种酒最高也只有十多度，若想喝高浓度酒，只能忍忍了，因为据传，蒸馏高度白酒的工艺元朝时才引进中国。

如果你是平民百姓，大可以在街头小巷随地撸袖伸拳，猜拳玩乐。但如果你是有身份的人，参加宴会可不能只会撸起袖子划拳了，因为这个圈子里的人玩法比较多样，不但延续了先秦的投壶、博弈、骰子、祝酒词等花样，而且推陈出新，演绎出了六博、樗蒲、藏钩、射覆、钱令（意钱）、博茕、歌赋等酒令，如果搞不清游戏规则，那可要出丑了！

155. 海昏侯墓里都有什么宝贝

汉朝尚厚葬之风，又经历了两次比较大的动乱，导致汉墓遭殃严重，所以考古界人士常说"汉墓十室九空"。

然而，有这样一座汉墓，历经两千多年，却依然保存完好，它的主人就是海昏侯刘贺。

刘贺是汉武帝的孙子，因为做事荒唐，只当了27天的皇帝就被霍光给废了，堪称货真价实的"汉废帝"。汉宣帝即位后，看在同宗的分上封刘贺为海昏侯，食邑四千户，这才有了海昏侯国。4年后，刘贺郁郁而终。

2000年后，考古学家打开刘贺墓，被里面丰富的陪葬品惊呆了！

迄今为止，海昏侯墓共出土了10余吨、近200万枚五铢钱，相当于豫章郡太守约50年的俸禄。出土各类文物1万余件，成套出土的编钟、编磬、琴、瑟、排箫、伎乐俑，数以千计的竹简、木牍以及有文字的漆笥、耳杯，惟妙惟肖的青铜雁鱼灯、青铜火锅，镶嵌着玛瑙、绿松石和宝石的青铜镜，等等，都是汉代考古文物珍品，不少是首次发现。

在众多的陪葬物品中，考古工作者还发现了不少补品，后经专家鉴定，这些补药应该是冬虫夏草。

考古工作者在海昏侯墓葬出土的文物中还发现了一个形似制酒用品的青铜"蒸馏器"，经过仔细鉴定后，发现了芋头的残留物。海昏侯墓"蒸馏器"的发现，一下子将蒸馏酿酒的技术提前了上千年。

此外，海昏侯墓中还出土了一件孔子屏风，尽管画像遭到严重腐蚀，但文字部分清晰可见，因为画像标注了姓名，所以我们很容易辨认出一个是孔子，一个是颜回。画像中的孔子是一个纤瘦且风度翩翩的儒雅男子，头顶与常人无异。

最让人惊喜的，是墓中出土的5000多枚竹木简牍，这批竹简被寄予厚望，甚至被认为是整座海昏侯墓出土的最重要文物之一。

经过专家们的修复，发现内容包括《悼亡赋》《论语》《易经》《礼记》《孝经》《医书》《六博棋谱》等文献。其中，考古人员在这些竹简中发现了失传1800年的《论语·知道》篇，并初步断定属《论语》的《齐论》版本。这对学术界来说，无疑是一个非常重大的发现。

作为一个被废黜的皇帝，为什么刘贺的墓中会有这么多宝贝？

刘贺虽然因品行不端被赶出了长安，但家产却一点没受到损失，所以刘贺下葬时的规格至少是王爷级别的，甚至可能是按照帝制而来。西汉以孝治国，厚葬是孝，海昏侯刘贺去世正好是西汉厚葬之风盛行的中期，所以海昏侯墓里全是宝贝也就不难理解了。

156. 传国玉玺的下落

如果给历朝历代的国宝排个序号，相信很多人都会把传国玉玺排第一。

众所周知，传国玉玺的前身就是历史上大名鼎鼎的"和氏璧"。

公元前228年，嬴政派王翦攻灭赵国，和氏璧落入秦国之手。为了彰显秦朝的国威，和氏璧被玉工大师孙寿雕琢成为传国玺，并刻上了由秦帝国丞相李斯写的"受命于天，既寿永昌"八个大字，上纽交五龙，通体剔透，气度至尊，堪称国之重器。

传国玉玺的每一次易主，便意味着一次朝代的兴衰更替。

公元前206年十月，刘邦率军入咸阳，末代秦王子婴素车白马，用丝带系着脖子，封存了皇帝的印玺和符节，在轵道旁向刘邦投降。

到了西汉末年，孺子婴被王莽扶立上位，但因为年幼，传国玉玺被收藏在太皇太后王政君手中。

公元8年，王莽篡汉，建立新朝，派王舜去逼姑姑王政君交出玉玺。糊涂了一辈子的老太太终于幡然醒悟，气得大骂道："你们父子宗族承蒙汉家恩惠，才能世世代代享受荣华富贵。可是你们不思报答，反而趁受人托孤的机会，夺取汉家江山，完全不在乎恩义，简直就是猪狗不如！既然你们要改朝换代，何不自己做个新的玉玺？为什么还要找我这个汉家的老寡妇来讨要亡国的不祥玉玺？我反正要死了，这个玉玺我是准备要陪葬的，你们休想得到！"

王舜也趁机挤出了一点眼泪，继续劝说："您骂得都对，我无言可答。但是王莽是无论如何都要得到这颗传国玉玺的，您难道能至死都不拿出来么？太后还是交出来的好。"

悲愤至极的老太太举起传国玉玺，骂道："我老了，快要死了，王家有你们兄弟这样的人，早晚会被灭族的！"

说完，她举起传国玉玺，然后狠狠地摔了出去！

哐当一声，玉玺被摔在了地上，等王舜扑过去捧起来时，发现玉玺的一个角已经被摔坏了。

玉玺虽然被摔坏了，但摔坏了角也是传国玉玺，王莽命人将坏掉的那个角用黄金补上，也算是为传国玉玺加了一个终身的防伪标记。

王莽兵败被杀后，传国玉玺被献给更始帝刘玄。后来刘玄被赤眉军杀死，立刘盆子。后刘盆子兵败宜阳，将传国玉玺交给刘秀。

东汉年间，玉玺一直在皇宫中岁月静好。一直到东汉末年，董卓带大军入洛阳，汉少帝逃出皇宫，传国玉玺被一个宫女挂在脖子上的锦囊中，宫女投井而死。

十八路诸侯讨董卓，孙坚攻入断壁残垣的洛阳城，从井中捞出宫女的尸体，获得了传国玉玺。

孙坚战死后，袁术拿到了玉玺，狂妄无边，自立为皇帝，冒天下之大不韪，众叛亲离，被各路诸侯围殴而死。

袁术败亡，玉玺归了曹操，曹操将玉玺交还给汉献帝。

后来曹丕逼汉献帝禅让，建立魏国，在传国玉玺肩部刻下八个隶字"大魏受汉传国之玺"。

此后传国玉玺几经辗转，多次失踪又失而复得。明清两代多有献玉玺者，然而皆为赝品。真正的传国玉玺，恐怕早就在某次战乱中遗失，沉睡在地下深处了。

157. 匈奴人最后去哪儿了

近些年有一种说法：被汉朝赶走的北匈奴被东汉彻底打残后，经过数个世纪的迁徙，到达了遥远的欧洲，把欧洲给整崩溃了，成了让欧洲人胆寒的"上帝之鞭"。很多人认为，公元4世纪后出现在多瑙河流域的匈人其实就是西迁的匈奴。

这一说法给广大需要历史自信的人提供了精神兴奋剂，然而真相到底是什么？匈人是不是西迁的匈奴人？

东汉时，匈奴遭遇了严重的自然灾害。史载，当时匈奴"连年旱蝗，赤地数千里，草木尽枯，人畜饥疫，死耗太半"。为了活命，蒲奴单于遣使赴汉朝和亲，但匈奴内部对此意见并不统一。

经过一番博弈，日逐王比抢先一步投降了汉朝，成为南匈奴；蒲奴政权在北方建立了北匈奴。

公元91年，窦宪率领汉军再次出击北匈奴，双方在金微山（今阿尔泰山）展开了最后的决战，北匈奴战败，率部西迁，另寻生存之地。至于他们去哪里了，无人知晓。

公元374年，一支号称匈人的骑兵突然出现在东欧，他们所向无敌，征服了哥特人，从而改变了欧洲历史。然而这些匈人的来历却是一个谜。

18世纪，法国东方学家德金提出了一个观点：战败的北匈奴人西迁，活动到了欧洲，并在其后威震亚欧大陆的"上帝之鞭"阿提拉的带领下，在东欧平原上建立了极盛的匈人帝国。

19世纪末，晚清状元洪钧在出使沙皇俄国时，在相关史籍中看到了这些记载，并将其带入国内，中国学者章太炎、梁启超等人普遍采纳了这种意见。

斯塔夫里阿诺斯在其著名的《全球通史》中也认为，匈奴人被汉朝打散后有一部分流落到欧洲，建立了匈人帝国。

事实上，这一说法早已被主流历史学界抛弃。

要知道，匈人和匈奴在传统习俗与文明水平上存在着极大的差异，匈人的文明非常原始，他们不从事任何农耕劳动，也不会修筑建筑和搭建帐篷，只会用石器和骨头作武器。而匈奴人的军事力量、生产水平、组织制度都比匈人强，他们从汉朝学到了冶铁技术，到武帝时期已经有和汉军铁骑一样制式的匈奴甲骑。

匈奴的墓葬中也发现了大量金属武器、箭头，这些证据都表明匈奴人早在迁徙之前几百年就已经拥有了农业和城市，以及较高的生产能力，早已比匈人高出了一个文明等级，二者显然不是同一拨人。

总的来说，向西迁移的匈奴人一直到了帕米尔高原以西，位于费尔干纳盆地和伊朗高原之间的粟特国，他们最后出现在历史中是公元452年，而南部投靠中原政权的南匈奴，在五胡十六国时期同样被不同分支的胡人和汉人击败，最后被彻底汉化。

158. 西汉与东汉有啥区别

西汉与东汉看上去很像是一个朝代的延续，但实际上是两个不同的朝代。

西汉和东汉无论立国基础、皇权强弱还是社会结构等等，都是非常不同的。

西汉建立在秦朝的废墟之上。彼时六国贵族已被始皇帝打残，留下的都在蛰伏。平民刘邦击败了项羽为首的旧贵族，建立起了西汉的中央政权。

刘邦本人出身于布衣草莽，他身边的人除了张良、萧何还算文化人外，其余的都是底层平民百姓：樊哙是卖狗肉的，曹参是牢头，夏侯婴是车夫，周勃是丧事上的吹鼓手，灌婴是布贩。这些开国显贵大多不是世袭阶层，背后没有盘根错节、根深蒂固的利益集团。

西汉草创之时为了安抚群雄，搞了个郡国并行制，也就是在地方上继承秦朝的郡县制，同时又分封同姓诸侯国，汉朝一半以上的领土都在他们手里。

这显然不是刘邦的本意，很快，他利用各种借口渐次剪除了异姓王，拆分同姓王，强化了中央集权。

东汉不一样，帝国的根基是强势的豪族。刘秀本就是南阳大族，兄弟二人起兵就是以刘氏宗室与南阳豪杰为班底，他哥的威望其实比他要高，不料死于斗争之中。刘秀继承了兄长的遗产，又有出身豪族的"云台二十八将"辅佐。

刘秀生命中的两个女人也出身不凡：阴丽华所在的阴氏家族代表南阳集团豪族，郭圣通背后站着的则是河北豪强。

从起家班底上来说，刘秀显然要比刘邦丰厚得多。

从中央官制来看，西汉沿袭秦制，中央设三公九卿，以丞相、太尉、御史大夫为三公，汉初还曾设置相国职位。东汉官制的最大不同就是三公权力被削弱，尚书台成为政府中枢，掌握实际权力。

从行政区域划分来看，二者还有一个很大的不同——州。

汉武帝时期设置部（州）作为监察区域，由刺史负责监督，刺史威重但权轻。

东汉时期州成了与郡、县一样的行政区域，位在郡之上，州牧（原刺史）也从原来的监察变成一州军政长官，在太守之上。

因此，刘秀建立的东汉虽然是西汉的延续，但其实可以说是另一个崭新的政权。

159. 真假地动仪

东汉永和三年（公元 138 年），这一年是汉顺帝执政时期。二月初三这天，都城洛阳那台地动仪的一个龙机关突然发动，吐出铜球，掉进了蟾蜍的嘴里。

设计师张衡拿起铜球，望向西北方，轻轻说了一句话：地震了。随后便将此事上报皇帝。

周围人对此不屑一顾，因为当时的洛阳一点震感都没有，大伙儿严重怀疑张衡是在造谣，并对他发明的那台奇怪机器嗤之以鼻。

几天后，陇西的信使快马加鞭赶到洛阳报告，陇西发生了大地震，金城郡（治今甘肃永靖西北）、陇西郡（治今甘肃临洮南）受灾最为严重！

消息传来，京师震动，朝野上下都对张衡佩服得五体投地，也对他设计的地动仪产生了强烈的兴趣，越看越觉得不可思议。

上面这个故事记载于《后汉书·张衡传》中，因为这段记载，后世一些科技史著作声称，张衡发明的地动仪是人类历史上第一台能测量感知地震的仪器，比西方第一台地震仪早了 1700 多年，是中华民族古代科技文明的结晶。

遗憾的是，这台地动仪在公元200年前后就毁于战火之中了。

那么问题来了，今天我们在课本上看到的那台地动仪是怎么来的？它和张衡原版地动仪是一样的么？

很遗憾，张衡候风地动仪的样貌，以及内部设计图已经全部失传。大家在教科书看到的候风地动仪，实际上是20世纪50年代，由我国考古学家王振铎复原的仿制品。

早在1934年，在燕京大学读书的王振铎诞生了复制"地动仪"的念头。为此，他认真研究了各种资料，结合英国地震学家米尔恩的"悬垂摆"的结构原理，画出了地动仪模型图稿。

新中国成立后，王振铎又放弃了"悬垂摆"原理，用倒立的直杆原理复制出了1∶10比例的"张衡地动仪"模型，此后被编入全国中小学教科书中。

模型一出，立即引发了极大的震动，成为中外文化交流的载体，多次走出国门展览，曾置于联合国世界知识产权组织总部，与美国人从月球上带来的岩石一起并排展览。

然而，这款模型内部结构缺乏合理性，根本无法监测地震，从诞生之初就受到了国内外专家学者的质疑。王振铎的老朋友、中国地震学奠基人傅承义院士当面指出了1951年模型的原理性错误并说道："房梁下吊块肉都比你那个模型强。"

很多人开始怀疑，张衡的地动仪到底是真的还是假的？到底能不能监测地震？

虽然复原地动仪很难，但国内外专家们对这个问题的探索并未停止。

物理学家李志超 1994 年提出了自由杆模型，王湔则借鉴现代地震仪的垂直摆结构，也设计了一款地动仪。

20 世纪初，中国科学院的教授冯锐和他的课题组做了大量研究并做出一款模型。这是一个真正可以动的地动仪，可以对横波做出反应。

那么问题来了，冯锐设计的这款地动仪，是不是真的复原了张衡的地动仪？

很遗憾，依然不是。由于太过久远，我们已经很难知道张衡的地动仪到底是什么样子，也很难推测其工作原理。

但我们不必悲观，科学本就是一个不断探索的过程，而早在 1800 多年前，那个叫张衡的中国人已经开始了这种尝试，去破除迷信，打破人们对于"天谴"的错误认知，足以鼓舞我们后来人。

160. 大汉与罗马的擦肩而过

汉朝与罗马，是两座矗立于轴心文明时代的高峰，各自代表了一方的文明最高水平。不过二者相距万里之遥，只能依靠地处丝路要冲的诸多民族、国家居间传递信息，犹如盲人摸象，总是看不真切。

由此引发了一个遗憾，两大帝国各自屹立在欧亚大陆两端，很长一段时间内居然没有任何交流。

虽然二者在汉朝时没有直接接触，但中国人对世界的探索是永无止境的，西汉时张骞凿空西域，正式开通了这条从中国通往欧、非大陆的陆路通道，不过汉朝时的西域是指南疆一带，后来扩展到天山以北和中亚东部。彼时汉朝遣使者最远到过安息、奄蔡、条支和身毒等国，可离罗马依然很遥远。

到东汉时，班超经营西域，封为定远侯，食邑千户，登上了人生巅峰。此时的他早已年过花甲，然而当他从西域商人口中了解到更遥远的西方，有一个大国叫大秦，汉家的丝绸在经过安息人（帕提亚人）的转手买卖后，其利百倍，他胸膛中的热血又涌动起来。仍然胸怀壮志的他决定"振威德于荒外"，将自己恢宏的汉家气概向更遥远的西方传递。

这是班超的终极梦想，从沙漠到大海，继续向西，沟通大秦，航向无穷无尽的世界！

这个想法一经说出，整个都护府的人都傻了，大秦离大汉不知几万里之遥，中间还要渡过茫茫大海，还不一定能与对方取得联络，怎能让都护冒险？

班超仰天长叹，他也知道自己老了，从42岁到西域，今年已是64岁了，年老体又衰，军政务缠身，他哪里还有精力再去大秦？

无奈之下，他把手下几个得力干将叫到身边，问谁敢冒险出使大秦。众人沉默以对，此时一个年轻小吏站了出来，自告奋勇愿出使大秦。班超一看，正是属官甘英。

班超在他身上看到了年轻时的自己，立刻为其准备出行物资，亲自送行。

甘英自龟兹它干城（当时西域都护的治所）出发，经疏勒、莎车、西逾葱岭，过蒲犁、无雷至大月氏，再西出木鹿、和椟、阿蛮国、斯宾国、于罗国，历经长途跋涉、重重险阻，最后抵达安息西界的波斯湾，准备从这里渡海去大秦。

可惜的是，他最终止步于波斯湾的海边，因为一位安息西界船人的话吓住了他："海水广大，往来者逢善风三月乃得度，若遇迟风，亦有二岁者，故入海人皆赍三岁粮。海中善使人思土恋慕，数有死亡者。"

这种说法应该来自古希腊传说，据《荷马史诗·奥德赛》

载：在喀耳刻岛与斯库拉之间的海岛上，生活着一群鱼尾人身的女妖，她们善于用曼妙歌声吸引过往水手，骗至岛上残害。希腊神话中的英雄奥德修斯途经海妖岛时，有巫师建议他用蜡封耳，以免听到歌声。奥德修斯吩咐随从依此行事，自己却不以为意，让水手将其绑在桅杆上，结果被歌声所惑，所幸同行水手以蜡堵其耳，才平安驶离。

安息西界船人刻意夸大渲染海上风险，也许是不愿他们渡过波斯湾进入阿拉伯沙漠丧命，也许是想阻止汉帝国与远方的罗马帝国建立直接联系。而甘英听完长老的话，决定返程。

一场汉朝人的西域大冒险终究遗憾告终，一场大汉与罗马跨越万里的沟通最终擦肩而过。

假如甘英迟来18年，可能会碰上亲征帕提亚的罗马皇帝图拉真，不过届时东汉在西域的势力已开始收缩。东西两大帝国各自扩张至顶点时，失之交臂，未能建交。

161. 佛教是怎么传入中国的

永平七年（公元 64 年），汉明帝刘庄做了一个奇怪的梦。

在梦中，刘庄看见一个高大的金人，头顶上射出白色的光芒，降临在宫殿的中央。刘庄对此很奇怪，正要开口询问，那金人却又腾空而起，一直向西方飞去。

次日醒来，刘庄对此百思不得其解，向群臣详述梦中所见，大多数人都不知其由。

刘庄又问管天文的太史官："这是什么预兆？"

太史傅毅想了半天，答道："听闻西方有神名佛，身形长五六丈、身现黄金色，与陛下所梦之人极为相似。"

刘庄于是派了蔡愔、秦景、王遵等 18 人到天竺去请佛。

佛教的创立是在公元前 6 世纪，此时距汉明帝在位时期已经有 600 多年的历史了。一行人走到大月氏国时，正好遇到了在大月氏国传教的天竺高僧迦叶摩腾、竺法兰。蔡愔、秦景二人于是邀请两位尊者到汉朝讲佛，还用白马驮载来了一批佛经、佛像。

刘庄见天竺高僧应邀而来，非常高兴，在洛阳城仿天竺式样修建了一座寺院，作为两位尊者翻译经典的场所。而他们最初翻译的经典就是《四十二章经》，这是由印度文翻译成中文的第一部佛学经典。

由此便诞生了中国历史上第一座寺院——白马寺,刘庄这段求佛故事此后也被称为"永平求法"。

《四十二章经》后来在白马寺中的清凉台收藏,主要是小乘佛教的一些思想论述。遗憾的是,原本早就毁于兵火,倒是朝鲜的佛教徒们保存有从汉译本译过去的高丽版《四十二章经》。

不过佛教并没有在东汉时发扬光大,毕竟儒家思想观念根深蒂固,岂能一夕一朝改变?直到游牧民族内迁时,佛教才广泛传播开来。

162. 士大夫是怎么诞生的

中国古代社会的独特政治形态，自汉代以后表现为一种"士大夫政治"。所谓士大夫，其实就是有政治身份的知识分子。官僚就是士大夫在官位时的称号，绅士是士大夫的社会身份。

士大夫其实是官僚与知识分子的结合物。《辞源》为"士大夫"这一语辞提供的解释中就包含"居官有职位的人"及"文人"两个义项：既是"居官者"，又是"文人"。

我们都知道，汉朝选拔人才主要靠的是察举制，由地方官向中央推荐人才。刘秀在察举制的基础上又增加了一条，规定地方官如果看上了一个人才，必须先让他做一个小官，让他熟悉一下政务工作。等过了试用期，考核合格，确定能够胜任了，再向朝廷推荐。

儒生当了官后，无论是出于个人仕途升迁还是其他考虑，都不得不学习文法律令，进而向职业文吏的角色靠近。你说你就是不想学法律，不好意思，不懂法，如何参与司法讨论？如何定罪量刑？如何开展审判听讼工作？如何通过试用期的考核？

只要考核合格，儒生们自然不会再反对法治，高唱德治、人治的迂论。

这就使得当时的儒生们为了有更好的前途，只能一边学习经术，一边捏着鼻子学习律法。

这样的好处是显而易见的，其中一点就是儒生们从只会夸夸其谈的键盘侠迅速成长为沉稳的实干家，变得更加务实。

当然，儒法合流是一个长期演进的过程，早在西汉就已经开始了，但中间经历了漫长的冲突斗争。西汉时虽然也有儒生参与政治，但彼时还有一个与之并立的文吏群体，且后者才是帝国政务的实际承担者。

直到东汉，儒生与文吏才加速了融合。到了东汉中期以后，儒和吏就你中有我，我中有你，很难分得清了。

由此也诞生了一个新的阶层：士大夫。

士大夫一经出现，便展现出了旺盛的生命力，此后延续了2000多年。有了士大夫这一阶层，中国社会的稳定性大大提高，由此也衍生了一种特殊类型的官僚政治——士大夫政治。

163. 巨量黄金消失之谜

读史书时，我们常会感慨于西汉的豪气，皇帝们动不动就赐予手下几十上百斤的黄金。

刘邦就特别爱挥霍，楚汉战争时，陈平献计离间楚国君臣，刘邦直接拿出 4 万斤黄金送给他，并且不问出入。

刘邦称帝，赏赐叔孙通黄金 500 斤；吕后的遗诏也提到赐诸侯王黄金各千斤；卫青战胜匈奴，封赏黄金 20 万斤；霍去病出击匈奴，赏赐 50 万金；汉宣帝继位后，赏赐霍光 7000 斤，广陵王 5000 斤，诸王 15 人各百斤；王莽聘史氏女为后，一次就用了 3 万斤黄金作为聘礼；他即位时，府内藏有黄金 70 余万斤！

以汉代 1 斤约等于现代 250 克来算，西汉合计赏赐的黄金数量为 250 吨左右，可见汉朝黄金数量之多。

但到东汉末年，黄金却突然消失在市面上，这些巨量黄金究竟去了哪里？

对于这个谜团，历史上有不少人作出了各种各样的推测和考证。

第一种说法认为，西汉的黄金其实是指黄铜。

从历史文献记载得知，秦汉时期黄金开采量没有那么多，人们习惯称钱财为"金",所以有可能把当时流通的铜钱称作"金"。《汉书·食货志》记载,当时的1斤黄金可以兑换1万五铢钱(铜钱)。

如果这里的黄金是黄铜,就会出现汉人以1斤铜兑换1万个加工后的五铢钱,这可能么?

第二种说法认为,当时佛教盛行,为佛像镀金身已成风气。加之当时佛教寺庙众多,也许就把西汉大量黄金消耗完了。

但这种说法也站不住脚,因为佛教是到东汉明帝时才传入中国,南北朝才盛行,东汉怎么可能因为佛教消耗黄金?

第三种说法认为,西汉的黄金突然消失是因为对外贸易大量输出国外造成的。

这种说法也缺乏根据,因为西汉时期,中国是世界上少有的经济和文化都很发达的国家,是商品输出国,只有少量的黄金流到西域、南海各国。加上其他国家相对落后,对黄金的需求量并不大。

第四种说法认为,黄金被埋入了地下。

西汉时的黄金很可能被制成各种金器金物随葬或遗落地下,另一部分则以金币形式随富商大贾和各级官吏而埋葬。

这种说法有考古发掘为证,目前还是比较可信的。西汉末年爆发了农民大起义,窖藏了大量黄金的富豪官吏或死或逃,从而使其窖藏的黄金无从可考。东汉时窖藏黄金者也大有人在,如董卓筑坞于郿,"坞中珍藏有金二三万斤,银八九万斤。"

从后来出土的钱币看，中国历史上窖藏金银珍宝之量大确实惊人。比如海昏侯刘贺墓中，累计出土了20块金板、25块麟趾金、48块马蹄金、385块金饼等总重量超过230斤的黄金器物，刷新了迄今为止中国汉墓考古发掘中黄金器物出土数量的历史纪录。

当然，以上这4种说法也只是猜测，真正的原因还有待探索和发掘。

164. 造纸术到底是不是蔡伦的发明

人类自从发明文字后，其载体始终困扰着文字传播。聪明的祖先把文字刻在龟壳或者兽骨上，就是甲骨文；把图画刻在石头上，就是岩画。

在石头上刻画，在龟壳上刻字，成本太高，后来人们把字刻在竹简上，所以才有读书破万卷之说。秦始皇勤于政务，每天要阅读120斤（相当于今天的30公斤）重的文书；东方朔为了求见汉武帝，一次上书就用了3000片竹简，汉武帝读了两个月才读完，费时又费力。

既然竹简太笨重，那就换轻一点的材料吧，于是有了"帛书"。

1973年12月，长沙马王堆汉墓中出土了一批文物，其中有两张帛书，比竹简轻薄多了。然而它也有个大问题，帛是一种丝绸，即使今天，丝绸也是稀罕物，古代就更贵了，普通人可用不起这么贵重的材料。

蔡伦有感于此事，立志改进技术，制造出更为轻便的材料。

他挑选出树皮、破麻布、旧渔网等，让工匠将其切碎剪断，放在一个大水池中浸泡。过了一段时间后，其中的杂质烂掉了，而纤维不易腐烂，保留了下来。再让工匠们把浸泡过的原料捞起，放入石臼中，不停地搅拌，直到它们成为浆状物，然后再用竹篾把这黏糊糊的东西挑起来，待干燥后揭下来就变成了纸。

元兴元年（公元105年），蔡伦上奏汉和帝，献上了他制造的纸张，和帝夸赞其才能，下令推广天下。

自此之后，百姓给这种纸张起了一个名字："蔡侯纸"。

纸张虽然被造出来了，但唐朝以后，有不少人开始对蔡伦发明造纸术提出了异议。

唐朝张怀瓘在《书断》中说，早在汉朝初年，就已经用纸逐渐代替竹简作书写材料了。到东汉和帝年间，蔡伦领导皇家作坊里的工匠，改进和提高了造纸技术。

北宋陈槱在《负暄野录》中说，纸张早就有了，蔡伦是能工巧匠不假，但造纸绝非他首创。

南宋史绳祖在《学斋占毕》中认为，纸笔不始于蔡伦、蒙恬，这两样东西在二人之前就已经有了。

《资治通鉴》中引用毛晃的话说得更加明白：俗以为纸始于蔡伦，非也。

如果说他们的质疑缺乏足够的证据，那么后世的考古发现则进一步佐证了这一观点。

考古发现指出，早在西汉时期，中国已造出了麻质植物纤维纸。1986年甘肃天水放马滩的一个汉墓里，出土了一张纸，这张纸又薄又软，纸面平整光滑，上面有墨绘的山、川、路等。据考证，这是西汉早期用麻做的纸，也是目前世界上已知的最早的纸。甘肃敦煌悬泉置遗址也出土了古纸550张，其中西汉纸297张，7张西汉纸上有字，成为目前我国考古发掘中发现古纸最多的地方。

由此不难得出结论，蔡伦发明纸的说法并不准确，他只是改进了造纸技术，将其推广天下。即便蔡伦不是纸张的原创发明人，但他对造纸术的贡献依然令人肃然起敬。1978年，美国学者麦克·哈特鉴于蔡伦对世界的贡献，在《影响人类历史进程的100名人排行榜》一书中把蔡伦排在第7位。

165. 差点被抛弃的凉州

公元 110 年，东汉朝堂上正在举行一场激烈的辩论，辩论的焦点只有一个：是否要放弃凉州。

凉州，古称雍凉之地，位于今天河西走廊一带，是丝绸之路的要冲，是一块战略价值重大的经济、军事重地。为什么东汉朝廷要放弃凉州？

彼时的凉州附近以羌人居多，但汉朝并没有把他们当人看，认为他们不过是一群廉价劳动力而已。羌人在沉重的压迫之下，心中充满了愤恨，自从东汉建立始，羌人就不断地发动暴乱，而且一次比一次猛烈。

汉安帝时，凉州羌人再次暴乱，并州的南匈奴也趁势作乱，朝廷无力应对，于是一些人便提出要放弃凉州，迁徙当地人民于三辅，以此来收缩防线，减少战争开支。

事实上，放弃凉州的说法从东汉建国就有了，后来马援率兵平定了当地的羌人叛乱，总算稳固了东汉对于凉州的统治。汉安帝时，羌人的叛乱加剧，放弃凉州的说法又出来了。

当朝国舅邓骘提议放弃凉州，他认为现在国家多难，南匈奴和羌人同时作乱，汉朝无力同时解决这些问题，只能集中力量一个个地来。为了说服众人,他还打了个比方:"这好比两件衣服都破了,用其中一件去补另一件,这样还可以有一件衣服;如若不然,则两件衣服都不能穿了。"

公卿大臣们也想不出更好的办法,纷纷附和邓骘的意见。

关键时刻,一个猛人挺身而出,制止了此事。

这个猛人叫虞诩,他找到当时的太尉张禹,向他面陈"弃凉"计划的"三不可取":

第一,凉州是先人打下的领土,决不能轻易放弃。

第二,如果凉州丢了,关中三辅就成了前线,如果吃了败仗,是不是连三辅都要放弃。

第三,凉州人彪悍敢战,强迫他们放弃故土,岂不是逼他们造反?到时候,这些人和羌人一起造反,朝廷怎么办?

张禹听得脊梁发凉,向虞诩虚心请教:"是我们欠考虑了,如果不是你提醒,几乎要坏了大事。你觉得该如何应对?"

虞诩道:"现在凉州骚动,人心不安。为了防止凉州由于动荡不安而发生变故,应该下令四府九卿,从凉州的豪杰和官吏子弟中选拔人才到洛阳做官,表面上是朝廷对他们表示嘉奖,实际上是监视他们,以防非常之变。只要他们有抵抗的决心,足以消弭边患。"

张禹赶紧联合司空张敏一起,召开第二次全体代表会议。在朝会上,张禹和主张"弃凉"的邓骘发生了激烈的争执,不过"保凉"派最后还是占了上风。

为了保住凉州，朝廷采取了笼络凉州本地人的政策，以"凉州人守凉州之土"，与明朝以"辽人守辽土"颇有异曲同工之妙。

166. 东汉为啥搞不定羌人叛乱

熟悉历史的都知道，羌乱是东汉覆亡的重要原因。东汉时，北匈奴被汉军彻底打残，羌乱反而成了东汉政府最为头疼的问题。

终东汉一朝，"羌乱"如一根坚硬的骨头，卡在东汉帝国的喉咙里，咽不下、吐不出，并最终导致疲于应付的东汉王朝在群雄逐鹿中走向覆亡。

要知道，羌人部落在组织结构和武器装备上不但远远落后于东汉，连匈奴人都远远不如。他们一开始起兵叛乱时，连基本的武器铠甲都没有，只能操起木棍作兵器，扛起桌板当盾牌。

更何况，羌人种姓极其繁多，上百大种、几千小落各不统属，十分混乱，内部仇杀争端严重，异种如仇雠。这样的一盘散沙，为何每次战败，却仍能继续向东发展，不但遍布凉州，还涉足三辅？

实际上，羌人之所以能成为东汉帝国的心腹大患，其主要原因只有两个字——内迁。

羌人以畜牧为主业，他们部落众多，居无定所，强弱不一，没有统一的首领，为了争夺地盘，几代人相互掠夺仇杀，还曾依附于强大的匈奴。

霍去病夺取河西后，一部分西羌部落被驱赶出河西，涌入河湟谷地。几十万人挤在那狭小地域里，为了求生存，有的羌人选择继续远迁，有的羌人决定拼一把，从汉朝口中夺食，双方在河湟谷地摩擦冲突不断。

将投降者内迁，朝廷可谓是得心应手。当年汉景帝就干过这事儿，朝廷接纳羌人研种留何，安置于陇西河谷牧草之地，以为内属。

这样做的好处显而易见，天水、安定、上郡等地条件艰苦，地多人少，三辅关东之人可不想去那里吃沙子，朝廷干脆把羌人迁进来，这样既能削弱边郡羌人，稳定河湟局势，还能充实当地人口，增加徭役赋税，简直就是一举多得。

尝到甜头后，朝廷遂视内迁为解决边患的灵丹妙药，在对付边境反叛、投降的异族部落时，一言不合就是帮你搬家。

殊不知，祸根已经埋下。

羌人由于部落散乱，武器低劣，很难攻破汉朝的边塞。而如今，朝廷大力招安搬迁，帮他们过了这个坎，将羌人引入内地边郡。通过这种强制迁徙，自古生活在河湟谷地的羌人在反叛前夕就已广泛分布于陇右、益州、河西、河内，并深入三辅、河东。

这就等于将外患变为内乱，为后来的叛乱铺平了道路。

对于羌人而言，朝廷胡乱强迁显然非羌人之愿。他们丢下自己的牧场，举族搬迁，沿途还要遭到汉人官吏的欺压虐待，到了地方后与汉人习俗不同，语言不通，生计没着落，只能沦为汉人的奴隶。羌人自是满心怨恨，双方矛盾日渐加深。

等到时机恰当，羌人首领登高振臂一呼，被奴役压迫的羌人百姓便会群起响应，引发一场反叛，与汉人的破产平民合流后，越发壮大。

羌人种姓虽然极其繁多，且互相多有仇怨，但在面对汉朝这个共同的敌人时，往往能暂时放下仇怨，互为呼应，结果便是一羌反，众羌反。加之没有关隘阻拦，羌人便能迅速东进，使得五州残破，六郡削迹，糜烂中原。

到了汉末魏晋时就更夸张了，由于三国乱战，中原人口锐减，土地空虚。为了充实内郡，朝廷不但迁羌人，匈奴、羯人、鲜卑、乌桓也纷纷内迁，结果外族人口占了关中人口的一半。

当时有个叫江统的人写了篇《徙戎论》，历数了内迁的种种坏处，并发出了预言：再不将羌胡迁回老家，恐怕就要有大祸发生了！

果然不出几年，战乱开始了。

167. 东汉的"血亲复仇"

东汉有个酷吏叫阳球，从小习武，性情严厉，好刑法之学。有一次，当地一个郡吏辱骂他的母亲，阳球一怒之下纠集了几十个少年，追上门砍了那名郡吏，灭其家门，由此闻名全郡。

可结果呢？官府不仅没有追究他的责任，反而将其举为孝廉，阳球由此步入仕途。

很多人不理解，阳球灭人满门，这是典型的犯罪啊，证据确凿、事实清楚，为何没有受到法律的制裁，反而被官府提拔？

要说清这个事，不得不提到一个词：血亲复仇。简单来说就是，如果有一天自己的亲人被仇人杀害，自己该不该复仇？

关于血亲复仇，中国自古以来就有传统。五经之一的《礼记》有这样的记载："父之仇，弗与共戴天；兄弟之仇，不反兵；交游之仇，不同国。"

简单来说就是，杀父之仇不共戴天，不能和仇人活在同一片天空下，不是你死就是我死；杀兄弟之仇，如果在路上碰到仇人了，别等回家拿兵器再报仇，手上有什么就抄什么往前上；杀害朋友之仇，那就别和仇人住在同一个地方。

西周时，朝廷司寇处有一个叫"朝士"的机构，如果自己的父兄为人所杀，就可以到这个机构登记仇人的姓名，然后就可以杀死仇人无罪。

《公羊传》中说："九世犹可以复仇乎？虽百世可也。"血亲之仇过了九世能不能报呢？别说九世，过了百世都要报！

这就是当时的观念，能报血亲之仇，在儒家看来是大忠义，也是自己义不容辞的责任。孝亲的观念深植于每个人心中，无论孔孟还是墨子游侠，都认为为血亲父母复仇是理所当然。

春秋战国时期，血亲复仇之风盛炽，出现过许多荡气回肠的复仇故事，著名的有如伍子胥鞭尸、夫差为父雪耻等。血亲复仇在当时的社会文化氛围渲染下带有天然的正义性，复仇者往往被视为有侠义之气的英雄。

然而法家对这一行为很是看不惯，商鞅变法中，一条很重要的内容就是不许私人斗殴，要使国民"勇于公战，怯于私斗"。

但到了东汉，朝廷对于血亲复仇开始态度暧昧，有时禁止，有时放纵。对血亲复仇认账吧，朝廷法度颜面何存？不认账吧，朝廷提倡的孝道往哪里安放？

唐宋后的法律开始禁止私人复仇，但也兼顾了礼与法，方式较为灵活。比如元律有规定，为父报仇而杀人者，不仅无罪，且杀父之家须赔偿五十两。明、清亦有所变通，如《大清律例》规定，若祖父母、父母为人所杀，即时复仇者无罪。

168. 第一场学生运动

永兴元年（公元153年），东汉发生了有史以来的第一场学生运动，这场运动声势浩大，震动了朝野，也让汉桓帝不得不做出妥协。

事情的经过还要从一次灾难说起。当年秋初，国内发生了大蝗灾，波及了32个郡国，赤地千里，紧接着是黄河泛滥，饥民流亡几十万户，盗贼蜂起。其中，冀州的情况最为严重。

为了平定危机，汉桓帝下诏任命侍御史朱穆为冀州刺史，前去收拾局面。

朱穆是有名的铁面，出发前，3个冀州籍贯的中常侍前来拜访，想让他关照他们的宗属，结果被朱穆严词拒绝。

消息传到冀州，尚未等朱穆渡过黄河，当地劣迹斑斑的地方长官立即有40多人解下印信绶带，自动离职。

朱穆到任后，一面上奏弹劾各郡的贪官污吏，一面整结部队镇压盗贼，贪官吓得自杀，有的死在了狱中。紧接着，他一鼓作气，将矛头直接对准了朝中的宦官。

中常侍赵忠的父亲去世，他将棺材运回故乡安平国埋葬，结果这哥们儿为了排场，葬礼超出制度，用皇帝和王侯才准许穿的玉衣装殓。

朱穆得知这一消息，令州吏挖开坟墓，劈开棺木，把尸首抬出来进行检查。

赵忠哪里咽得下这口气？当即向汉桓帝打小报告，诬陷朱穆。汉桓帝看到报告后大怒，征召朱穆到廷尉问罪，他被判处到左校（兵器制造机构）罚作苦役。

消息传来，太学生和士人们感愤不平，关心国事的学生们经商议，在领袖刘陶等人的率领下愤然推开书桌，走上街头，掀起了大规模的抗议活动。

刘陶等学生代表还写了一封信，为朱穆申辩：

"囚徒朱穆，秉公处事，尽忠报国，从他被任命为冀州刺史那一天起，就立志铲除奸佞和邪恶。中常侍居位尊贵，又受到皇帝的宠信，其父亲、养子、兄弟散布在各州各郡，如虎狼一般竞相吞食小民，所以朱穆才伸张国法，修补连缀破漏的法纲，惩处残暴和作恶的人，以合天意。宦官们对他都很痛恨，非议和责难四起，谗言接踵而来，使他遭受刑罚，被送到左校营罚作苦役。天下有识之士都认为朱穆勤于王事，如同大禹和后稷，而最终却与共工和鲧一样，遭到惩罚，如果死人有知觉，唐尧帝将会在崇山坟墓里发怒，虞舜帝也会在苍梧坟墓里愤恨。如今皇帝左右亲信窃据和把持着国家权力，手中掌握着生杀予夺大权，他们说的话就等于是皇帝的旨意，行赏时可使快要饿死的奴隶变得比季孙还要富有，不高兴时也可将伊尹、颜渊顷刻化作桀和盗跖。然而

· 479 ·

朱穆却昂然而出，奋不顾身，并不是因为他憎恶荣耀而喜爱羞辱，憎恶生命而喜爱死亡，只是因为他深感朝廷的纲纪不振，畏惧国家法令长久丧失，所以竭尽忠心，报答国家，为皇上深谋远虑。臣愿受刑，代朱穆服役。"

　　学生们为朱穆摆功，为朱穆呼冤，愿代朱穆受刑，代朱穆服苦役。汉桓帝没经历过这场面，迫于舆论，向学生作了妥协，赦免朱穆，削职回家。